Le Journal d'Aurélie Laflamme

India Desjardins

Le Journal d'Aurélie Laflamme

Tome 8 : Les pieds sur terre

Michel Lafon

DÉJÀ PARUS :

Le Journal d'Aurélie Laflamme,
tome 1 : *Extraterrestre… ou presque !*

Le Journal d'Aurélie Laflamme,
tome 2 : *Sur le point de craquer !*

Le Journal d'Aurélie Laflamme,
tome 3 : *Un été chez ma grand-mère*

Le Journal d'Aurélie Laflamme,
tome 4 : *Le monde à l'envers*

Le Journal d'Aurélie Laflamme,
tome 5 : *Championne*

Le Journal d'Aurélie Laflamme,
tome 6 : *Ça déménage !*

Le Journal d'Aurélie Laflamme,
tome 7 : *Plein de secrets*

Illustrations intérieures : Josée Tellier

7-13, boulevard Paul-Émile-Victor – Île de la Jatte
92521 Neuilly-sur-Seine Cedex

www.lire-en-serie.com

À ma sœur,
le plus beau cadeau
que mes parents m'ont fabriqué.

Février

Peur de son ombre

vendredi 1er février

Je suis en suspens. Je suis dans cet instant de flottement, juste avant qu'un des pieds ne retombe sur le sol, lorsqu'on se sent voler.
Je gambade. J'adore ça. Gambader devrait être accepté comme moyen de transport officiel. Ça va plus vite que marcher. Et c'est vraiment plus agréable que courir. Bon, j'avoue qu'en février, ce n'est pas très pratique pour se déplacer. S'il a fait très froid et que la neige a gelé au sol, c'est très dangereux car on peut glisser. Et s'il a fait un peu chaud et que la neige a fondu, on se fait éclabousser et on a le bas du pantalon tout sale.
Malgré tout, j'adore gambader. Mais ce n'est vraiment pas, disons, accepté par la société lorsqu'on a dépassé l'âge de six ans. Même que six ans, c'est généreux comme âge limite. Parce que alors on est déjà en primaire et, donc, on va à l'école, on apprend à lire, on est censé être « grand ». Et quand on est officiellement « grand », on ne peut plus gambader. Pourtant, quel sport ! 1) C'est fun et 2) c'est super bon pour renforcer le système cardio-vasculaire. Je peux même tout à fait envisager ça comme un sport olympique. Les critères seraient d'aller le plus haut possible, le plus vite possible. Personnellement, quand je gambade, j'ai l'impression, pendant ce

court instant où mes pieds ne touchent plus le sol et où je suis en suspension dans les airs, que je défie toutes les lois de la gravité. Et, à un moment, seul un petit élan est nécessaire pour me propulser une fois de plus. Non, vraiment, je ne comprends pas pourquoi, lorsqu'on le fait, on se fait regarder comme si on était carrément sorti d'une pochette surprise.
Il me semble que ce serait si cool de vivre sur une planète où les gens gambadent comme ça, tout naturellement. Il y aurait des gens qui marchent, des gens qui gambadent, des gens qui courent. Ce serait normal. Naturel. Personne ne se poserait de questions. En plus, ce qui est super avec le gambadage (OK, il n'y a pas de nom pour ça, je l'ai carrément inventé et j'essaierai de le faire entrer dans le dictionnaire quand j'aurai fait accepter au reste de la planète que gambader peut être un sport exceptionnel), bref, ce qui est super, c'est qu'on a envie de le faire quand on se sent heureux, survolté. Et si on ne se sent pas heureux ou si on a une baisse d'énergie et qu'on se met à gambader, on se sent tout à coup comme si on avait envie d'éclater de rire. Non, mais vraiment, qui a un jour décidé que c'était étrange de faire ça dépassé l'âge de cinq ou six ans ? Cette personne qui a fait les règlements de société était vraiment une personne hyper-ennuyante !

22h12

Il neige. Je viens de partir de chez mes voisins où je gardais les enfants. Et je gambade. Jusqu'à ma maison. Parce que personne ne me voit. Parce que du coup on a le droit. Je repense à Victor, le petit garçon de six ans dont je devais m'occuper. Je l'aidais à faire ses devoirs lorsqu'il m'a avoué qu'il avait des difficultés à l'école. Je lui ai alors confié que moi aussi, j'avais des difficultés à l'école et que j'avais toujours eu l'impression qu'on m'avait implanté des neurones d'écureuil par erreur. Il m'a regardée et, en balançant la tête de droite à gauche, il m'a demandé :

– C'est quoi, des symptômes d'écureuil ?

Moi : Des neurones. C'est comme, disons, des cellules dans notre cerveau, qui le font fonctionner. C'est parce que je ne suis pas super bonne à l'école. Alors j'ai l'impression d'avoir le cerveau d'un écureuil.

Lui (toujours en balançant la tête de droite à gauche, avec un haussement d'épaules) : Mais c'est intelligent, un écureuil !

Ça m'a fait réaliser, comme ça, bang, que dans la vie, tout est une question de point de vue. Pour moi, les écureuils sont carrément bêtes. Ils ne pensent qu'à ramasser de la bouffe et à la cacher pour l'hiver (souvent, j'ai même l'impression qu'ils oublient où ils l'ont cachée, mais bon, c'est une opinion personnelle, je ne les ai jamais observés au point de pouvoir confirmer cette théorie) et ils s'attendent à ce qu'on leur en donne, et quand on ne leur en donne pas, ils deviennent agressifs et on dirait qu'ils veulent nous sauter dessus (ce qui me fait penser qu'ils ont oublié où se trouve leur bouffe). Pour Victor, les écureuils sont intelligents pour les mêmes raisons, parce qu'ils ramassent des noisettes, les gardent pour l'hiver et ont développé un sens de la persuasion qui fait qu'ils arrivent à inciter les gens à les nourrir sans être obligés de retrouver leurs réserves.

Tout est donc une question de point de vue.

Ce n'est pas ce qui me donne envie de gambader. Car malgré l'opinion de mon voisin de six ans, les écureuils ne me donneront jamais envie de gambader. Je gambade juste comme ça, sans raison, parce que ça me semble être la meilleure façon de me déplacer lorsque personne ne me regarde.

22h14

Je suis arrêtée dans mon élan, car mon téléphone vibre dans ma poche arrière de jean. En ce moment, chaque fois que mon téléphone vibre, je m'inquiète, j'ai peur qu'il soit arrivé quelque chose à ma mère. Vu qu'elle est enceinte. J'ai toujours peur qu'elle se soit blessée, qu'il soit arrivé quelque chose au bébé ou que... (Je ne sais pas trop comment finir cette phrase, car mes connaissances en matière de grossesse sont très limitées.) Bien sûr, ma mère a tous les livres sur la grossesse, et je pourrais réellement être une déjà-bonne grande sœur en lisant plus sur le sujet. Mais ça ne me tente pas. Et il faut dire que j'ai été très occupée ces derniers temps. Non seulement la fin de l'année approche, mais également la fin du lycée. Ça demande énormément de temps, se concentrer sur sa réussite scolaire. Et, depuis le retour des vacances de Noël, je n'ai presque pas eu une seule minute à moi.

Disons que ça n'a pas été de tout repos, comme fin de vacances de Noël. Tommy, mon ancien voisin/meilleur ami mec, avait décidé de retourner vivre chez sa mère, à cinq heures de voiture de chez moi ! Tout ça pour une dispute au cours de laquelle je lui avais dit – détail – que tous mes malheurs amoureux étaient sa faute. D'accord, pas si « détail » que ça. Mais bon, mes mots ont carrément dépassé ma pensée. J'étais en colère. Probablement, aussi, en chagrin d'amour non assumé. À cause de Nicolas. Mon premier amour. Celui qui m'a quittée une première fois parce que Tommy m'avait embrassée (sans mon consentement, je tiens à cette précision). Un baiser de trois secondes, tout au plus. Mais

– détail toujours – trois secondes diffusées sur les ondes de MusiquePlus. Un an et des poussières plus tard, Nicolas a réussi à digérer cet événement (total anodin, je le répète). Mais il était mal à l'aise avec ma relation (amicale, je précise) avec Tommy. Et m'a demandé d'être moins amie avec lui. J'ai essayé, vraiment. Juré. J'ai essayé. Tellement fort. Mais Tommy, c'est mon meilleur ami. Celui qui me comprend, malgré mes plus grands défauts. Celui qui multiplie mes qualités. Alors je n'ai pas réussi. Et j'ai été obligée d'avouer à Nicolas que sa demande était irréalisable. Et Nicolas ne l'a pas accepté. Ce qui nous a séparés. Et depuis ce jour, je sens que Nicolas n'est pas le bon. Pas parce qu'il est méchant ou quoi que ce soit. Seulement parce qu'il ne m'accepte pas comme je suis, avec ce qui va avec, dont un super bon ami. Mais bon, disons que, dans un moment émotif de ma vie, j'ai explosé, et j'ai lancé à Tommy plusieurs débilités, dont le fait qu'il était responsable de plusieurs de mes déboires. Et il l'a pris au sérieux (ne mesurant pas du tout l'ampleur de l'élément *drama queen* de ma personnalité). Et, bref, il a décidé qu'après les fêtes il retournerait vivre chez sa mère, qui habite une autre ville, très (trop) loin de la mienne.

Quand je lui ai demandé de revenir, il m'a donné comme défi d'aller le chercher. Quel défi f-a-c-i-l-e ! J'ai pris le car et j'y suis allée immédiatement !

Il était assez surpris quand il m'a vue arriver. Je lui avais dit que je viendrais, mais il ne croyait pas que j'allais le faire pour de vrai. (Bah ?!?!)

4 janvier dernier, au terminus du car

De mon portable, j'ai appelé Tommy pour lui dire que j'étais arrivée dans sa ville natale (alias l'autre bout du monde) et que je l'attendais au terminus.

Il m'a dit qu'il venait me chercher avec sa mère.
Lorsqu'il est entré dans le terminus, je lui ai sauté dans les bras. Me confondant en excuses pour tout ce que je lui avais dit. Des horreurs. Tout simplement. Qui avaient dépassé ma pensée.
Lui : Moi aussi, je m'excuse…
Moi : Tu n'as pas à t'excuser, franchement ! C'est moi, la chochotte dans cette histoire !
Lui : Tu dis ça, mais… si je gâche encore tout…
Moi : On oublie, OK ? Tu ne gâches rien ! Sauf si tu emménages ici. Là, tu vas tout gâcher ! (J'ai regardé autour.) Ta mère est là ? Je ne voudrais pas lui faire de la peine en disant ça… Ça commencerait mal notre relation… Et puis, ce n'est pas le fait de vivre ici qui est nase, c'est juste que…
Lui : Elle attend dans la voiture.
Moi : Ah, OK, ouf ! Tu ne peux pas terminer le lycée dans ton ancienne école, c'est tout ! Faut que tu finisses le lycée avec nous. La fin de l'année. Le bal. Tout ! C'est nous, tes amis, maintenant !
Lui : Je ne veux pas te gâcher l'existence…
Moi : Non, comme je te dis, c'était n'importe quoi. Crois-moi, s'il te plaît. Si j'ai arrêté avec Nicolas, c'est parce que mon existence est juste craignos si t'es pas là. Je préfère perdre mille Nicolas plutôt que de te perdre toi.
Il m'a regardée, incrédule.
Moi : OK, peut-être pas mille. Disons dix. OK, zéro. Ou en tout cas, juste un. Mais bref, je m'exprime mal. Je veux juste que tu reviennes. C'est tout. Ça ne gâchera rien. Et si ça gâche quelque chose, tu pourras toujours me dire : « T'avais qu'à ne pas venir me chercher ! Dans ta face, Aurélie Laflamme ! »

Il a dit OK. Avec un sourire en coin. Et j'étais soulagée. Puis il m'a avoué qu'il était un peu soulagé lui aussi, car il aurait dû remplir beaucoup de paperasse pour changer d'école après les vacances de Noël et tout. Et on a ri. Et c'était comme si on ne s'était jamais disputés.
Nous sommes ensuite sortis du terminus. J'ai fait la connaissance de sa mère. Que j'ai tout de suite adorée. Elle m'a dit que son fils lui avait beaucoup parlé de moi. J'avais peur que ce soit en mal (à cause de tout ce que je lui avais dit), mais elle disait que c'était positif (ouf). Il m'a fait visiter sa région. Présenté ses amis. Montré son ancienne école. Et nous sommes rentrés. Là où nous allons terminer nos années lycée. Ensemble. Avec tous nos amis.
Ensuite, l'école a recommencé. Et nous nous sommes plongés comme jamais dans nos études.

Retour au 1er février, 22 h 15

C'est déjà le mois de février. Ça passe vite !
Le décompte jusqu'à la fin de l'année est commencé. Et c'est probablement ça, entre autres choses, qui me donne envie de gambader. Ou peut-être, simplement, une envie de plus en plus pressante de liberté.
Je regarde mon téléphone.
Appelle-moi quand tu finis.
C'est Tommy. Je souris.
Je vois quelque chose briller par terre, dans la neige. Une pièce d'un centime. Je décide de la ramasser et je la mets dans mon sac avec les autres, car j'ai conclu, après plusieurs essais infructueux, que 11 h 11 était un peu surestimé en matière de souhaits. J'ai l'impression que ce n'est pas tout à fait, tout à fait au point. Mais ramasser des pièces d'un centime, c'est censé porter bonheur. Alors je me dis que c'est peut-être mieux d'avoir de la chance en

général que d'en avoir seulement pour un souhait en particulier. Et ça ne peut être que positif, car, en fin de compte, je ramasse de l'argent. Alors, je suis gagnante sur tous les plans. Yeah !

22h16

J'hésite entre sauter ou rester sur place encore quelques instants. Je respire l'air froid qui entre comme des petits glaçons dans ma gorge. Et je recommence à gambader. Et si jamais des regards curieux se demandent ce que je fais, j'ai décidé que ça ne me dérange pas. Je m'assume.

Samedi 2 février

Soirée chez Vincent Lapointe, un « ami » de JF. Je mets des guillemets, car nous soupçonnons qu'il se passe quelque chose entre lui et JF, parce que 1) Vincent ne va pas à notre école, 2) c'est la deuxième soirée chez lui où on va en moins de deux mois, 3) JF n'arrête pas de parler de son nouvel « ami », il n'y a rien qui ne lui inspire pas une anecdote sur Vincent (qu'il appelle Vince, évidemment) et 4) Vince est vraiment beau. J'ai utilisé la stratégie suprême auprès de JF pour en savoir plus. Je lui ai dit : « S'il n'est pas gay, dis-le-moi tout de suite que j'aille lui demander son numéro de téléphone. » JF a seulement répondu : « T'es pas cap'. » Et ça s'est terminé là. Car c'est vrai : je ne suis pas cap'. Mais à ce moment, JF a quand même dit : « C'est vrai qu'il est beau, hein ? » suivi d'un petit regard langoureux vers Vincent. Hé hé !

Le pire, c'est qu'ils iraient super bien ensemble ! JF est un peu plus dandy, très classe, réservé, et Vince est un peu plus « rock ». Je ne dirai pas que les contraires s'attirent (ce serait trop cliché), mais parfois, ils se complètent, disons. De toute façon, JF irait bien avec n'importe qui, je ne sais pas pourquoi je m'invente toute une histoire d'amour entre JF et Vince, mais JF a émis l'hypothèse que c'est parce que je suis moi-même en manque d'une histoire d'amour dans ma propre vie que je m'intéresse tant à celles des autres.

Il est vrai que depuis ma rupture avec Nicolas, à l'exception d'un tout petit baiser avec Jason, un mec de mon école avec qui je partage quelques cours mais aucune affinité, il ne s'est pas passé grand-chose dans ma vie sentimentale. Alors, il est possiblement vrai que je me plais à me projeter dans les histoires d'amour des autres. Comme celle de Kat et Emmerick. Ils sortent ensemble depuis l'été dernier et Kat répète toujours que ce qui leur permet de garder la passion intacte, après six mois de relation, c'est le fait de ne pas fréquenter la même école et de ne pas se voir tous les jours. Tommy, JF et moi pensons qu'elle dit ça pour se convaincre, car on sait en réalité qu'elle trouve assez difficile de le voir si peu souvent. Je les regarde en ce moment. Ils sont côte à côte et parlent à une bande. Parfois, ils se lancent un regard amoureux, assez discret pour que, si on ne les observe pas intensément (contrairement à ce que je fais, moi, la pas-de-vie-sentimentale), on ne le remarque pas.

Des fois, je réalise tout le temps qui a passé depuis notre entrée en sixième. Je vois bien tout le chemin que nous avons parcouru. Et je ne peux m'empêcher de réaliser que nous avons grandi. Avec une certaine nostalgie, je l'avoue. Et, dans ces moments, j'ai un vertige en imaginant ce qui se profile pour nous. Si nous avons fait tant de chemin depuis cinq ans, serons-nous devenus des grands-pères et des grands-mères dans cinq autres années ? Y a-t-il un moment où ça stagne, toute cette croissance et ce cheminement vers la maturité ? Suis-je à la veille de demander à tout le monde de rentrer avant minuit, de faire le ménage et de bien s'alimenter pour rester en bonne santé ? Suis-je à la veille de faire moi-même mon lit sans que personne ne m'y oblige ? Oh nooooon !!!!! Beeeerk !!!!!!!!!
Je m'égare. Revenons au présent et oublions mes angoisses de vieillesse précoce. Je prends une poignée de chips dans un bol tout en m'asseyant sur le bras du canapé qui est situé à côté du buffet et je continue d'observer. Parfois, quand la musique est forte, je préfère regarder les autres plutôt que de prendre part aux discussions. De toute façon, je n'entends pas grand-chose. Tommy parle à Sakina, une fille super belle qui est dans la bande de Vincent. Parfois, il lance des regards vers moi en faisant un signe de tête. Ça signifie : « Ça va ? » et je lui fais un pouce en l'air en guise de réponse. Kat me lance elle aussi un regard, car elle n'aime pas ces moments où je me place en observatrice de la soirée. Elle a peur que je m'ennuie ou qu'on me perçoive comme une antisociale.

21h32

Je prends une dernière poignée de chips et je m'avance vers le groupe avec qui Kat et Emmerick discutent.

Pendant que j'avance vers eux, je fonce dans quelqu'un. Je lève la tête et balbutie des excuses. OH. NON. OH. MERDE !!!!!!!!!!!!!!!!!! C'est mon ennemi juré !!!!!!!!!!!!!!!!

Samedi 19 janvier, il y a deux semaines

Lors d'une autre soirée, chez Pierre-Luc Fortin, j'ai rencontré Jean-Benoît Houde. Jean-Benoît est, disons, une légende. Dans un rayon de cinq écoles ! C'est le roi de l'impro. Il fait gagner son équipe dans toutes les compétitions. L'an dernier, il a même remporté une compétition régionale de talents en présentant un spectacle de magie. Enfin, je croyais que c'était de la magie. Mais ce n'était pas de la magie. C'était en réalité un monologue théâtral. Et lorsque je l'ai rencontré, j'ai dit :
– Ah ! ouiiiiii ! C'est toi qui as gagné le concours de magie l'an dernier ?
Là, il a dit, de façon hypercondescendante :
– De... magie ? Non.
Et il regardait partout à la recherche d'une façon de se sauver de moi.
Moi (mal à l'aise) : Ah, désolée... C'était quoi, alors ?
Lui : Monologue théâtral.
Du genre tellement irrité par ma présence qu'il ne prend même pas la peine de faire une phrase complète avec sujet, verbe, complément. Plus il semblait me trouver repoussante, plus je voulais lui montrer à quel point je n'étais pas une cruche, et plus je voulais lui montrer à quel point je n'étais pas une cruche, plus je m'enfonçais.
Moi : Ah oui ! C'était ça... Je me suis embrouillée... à cause de ton chapeau de magicien.
Lui : Je n'avais pas de chapeau.
Moi : En tout cas, félicitations. Ça me rappelle une fois...
Et là... je lui ai raconté, en détail, quand j'ai remporté le prix Coup de cœur du concours de poésie. Mais de

façon vraiment trop élaborée. Je réalisais que mon anecdote était trop longue et qu'il ne savait pas comment s'en aller. Je remuais mes mains de haut en bas beaucoup trop vigoureusement. J'étais en nage. Et le pire, c'est que plus j'essayais d'être concise, plus j'ajoutais de détails. Alors, j'ai tendu la main (tendu la main !!!!!!) pour serrer la sienne (pour serrer la sienne !!!!!!!!!!!!!!) et j'ai dit :

– Moi, c'est Aurélie !

Il a serré ma main, n'a rien dit et a continué de regarder ailleurs. Puis un de ses amis est arrivé et il a dit :

– Oh, je te cherchais partout ! J'avais hâte que t'arrives !

Piquée au vif, je n'ai pas pu m'empêcher de lui dire :

– Toi, t'es arrivé à un point dans ta vie où tu n'as plus besoin de te présenter quand tu rencontres quelqu'un. Et où tu penses que tout le monde est impressionné par toi. Ben, excuse-moi, mais moi, quelqu'un qui agit comme toi, je ne trouve pas ça impressionnant du tout. Et de toute façon, tu peux être snob avec tes monologues théâtraux tant que tu veux, moi, je pensais que tu faisais de la magie !

Et je suis partie.

En souhaitant ne plus jamais le revoir.

Honnêtement, je croyais ne plus jamais le revoir, car on m'avait dit qu'il n'était à la soirée que parce qu'il était avec un ami d'un ami de Pierre-Luc Fortin et qu'il ne venait habituellement jamais à ce genre de soirée. Qu'il était du genre à aller dans les bars avec son frère (plus vieux) et des amis de celui-ci.

Retour à ce soir, 21 h 32, heure où je fonce dans Jean-Benoît Houde

Jean-Benoît : Hé, salut !

Moi (en regardant ailleurs) : Salut...

Jean-Benoît : On s'est rencontrés l'autre jour, hein ?

Moi : Hum… ça ne me dit rien.
Mentir me semble être la seule solution.
Jean-Benoît : Mais si ! Voyons ! Tu pensais que je faisais de la magie.
Moi : Si on s'était rencontrés, je m'en souviendrais.
Jean-Benoît : Peut-être que t'étais soûle.
Moi (irritée) : Peut-être que tu te trompes aussi.
Jean-Benoît : Mais non, l'autre jour, à la soirée de Pierre-Luc. T'étais vraiment bizarre…
Moi : Ahhhh ! Je comprends pourquoi tu penses que tu m'as rencontrée. J'ai une jumelle, en fait. On se ressemble vraiment beaucoup. Mais elle est bizarre. Ça doit être elle que tu as rencontrée.
Mentir n'est pas ma plus grande qualité.
Jean-Benoît : Tu es aussi bizarre qu'elle ?
Moi : Non, vraiment pas ! Elle, elle est vraiment bizarre…
Coupable de haute trahison envers moi-même.
Jean-Benoît : C'est clair ! C'est quoi, ton prénom ?
Moi : Simone… Sandrine ! Euh… Simone-Sandrine…
Soupir…
Jean-Benoît : Simone-Sandrine ?
Moi : Ouais, je sais… mes parents aussi sont bizarres. Toute ma famille est bizarre. Mais moi, je suis normale. Hé hé, mouton noir !
Soupir x 1 000.
Jean-Benoît : Ben ça me fait plaisir.
Et évidemment, il ne se présente pas. Parce que vu qu'il est une légende dans au moins cinq écoles, il croit qu'il n'a pas besoin de le faire.
OK. J'avoue. Je ne sais pas trop ce qui m'a pris de me faire passer pour quelqu'un d'autre. C'est sorti comme ça. Sur le coup, c'est le seul plan génial qui m'est passé par la tête. Je sais : pas super brillant de me faire passer pour ma propre jumelle, mais honnêtement, y avait-il

une autre solution ? OK, il y avait sûrement plein d'autres solutions. Mais sur le coup, elles ne sont pas venues à mon cerveau.

21 h 37

Je prends Kat à part. Elle me dit qu'elle est en pleine discussion. Je lui précise que c'est une urgence de la plus haute importance.

Dans un petit coin de la soirée, je dis :

– Devant Jean-Benoît Houde, il faut que tu m'appelles Simone-Sandrine.

Kat : Hein ?!? Pourquoi ?

Je lui raconte.

Kat : Tu t'es fait passer pour ta propre jumelle ??? !!!!?????!!!!!!

(Cette ponctuation signifie qu'elle me juge énormément.)

Moi : Ben qu'est-ce que j'aurais pu faire d'autre ??????

(Cette ponctuation signifie que même cinq minutes après l'événement, je n'envisage pas encore d'autres options.)

Kat : L'ignorer. Passer ton chemin. Lui dire que c'est vrai que vous vous êtes rencontrés, et qu'une fois c'est bien assez. Non mais un con pareil ! Il se prend pour qui ?!

Moi : Ouais… je n'y avais pas pensé. Mais tu le sais, que mon cerveau n'y pense pas sur le coup, à ces reparties-là !

Kat : Comment il peut ne pas penser à ces réparties-là mais penser à t'inventer une jumelle et une nouvelle personnalité en trente secondes ?

Moi : Je ne sais pas, moi ! C'est justement ça, mon problème : n'avoir aucun contrôle sur mes neurones ! Tu

ne penses pas que si je les contrôlais, ma vie serait plus simple ?!
Tommy arrive près de nous et dit :
– Hé, il y a un mec là-bas qui te pointe en t'appelant Simone-Sandrine. C'est quoi l'histoire ?
Kat : Aurélie est allée faire croire à Jean-Benoît Houde qu'elle avait une jumelle !
Tommy : Oh non !
Il éclate de rire. Un rire plein de jugement.
Moi : Bon, ce n'est pas comme si on allait se revoir, de toute façon… Mais sérieux, qu'est-ce qu'il disait sur moi ? Enfin, sur Simone-Sandrine ?
Kat pousse soudain un cri étouffé et nous donne des coups de coude. On se retourne vers l'endroit qu'elle nous pointe. On voit JF embrasser Vince. Tommy se retourne en disant :
– Oh non, berk, je ne veux pas voir ça !
Kat : Jalouuuuuuuuux !
Moi : Oooohhhhh ! Je le savais ! Je le savais qu'il y avait quelque chose entre Vince et JF ! C'est moi la meilleure !
Jean-Benoît arrive près de nous et me dit qu'il va à une autre soirée, mais que ce serait sympa qu'on se revoie si ma « sœur » ne m'a pas dit trop de mal de lui. En rougissant, je lui donne mon numéro de portable.

21h45
Kat : Tu lui as donné ton numéro ?!
Moi : Ben je n'allais pas lui dire non ! C'est avec Aurélie qu'il ne s'entend pas bien, pas avec Simone-Sandrine !
Kat : Et comment tu vas gérer ta double personnalité ?
Moi : Je n'y ai pas encore réfléchi. Au pire, je n'ai qu'à pas répondre. Simone-Sandrine est peut-être une fille super occupée, toujours en voyage, genre.

Tommy : T'sais que plus je te connais, plus je te trouve chelou, Laf.
Moi : Pas tant que ça !

Note à moi-même : Éviter de penser que j'ai atteint une certaine maturité. Et que je vis une vieillesse précoce. Tenter plutôt de trouver un traitement pour régler mes problèmes neuronaux (sans doute imputables à une anomalie génétique) avant qu'ils ne me gâchent la fin du lycée.

À l'agenda : Changer mon message sur mon répondeur en évitant de me nommer… juste au cas où mon « ennemi » m'appellerait.

Note à moi-même n° 2 : Avoir accès à une deuxième personnalité, version améliorée, c'est excitant !!!

Dimanche 3 février

Un mystère est éclairci. Grâce à Sybil. Depuis deux jours, François cherchait un tee-shirt bleu poudre qu'il garde, semble-t-il, depuis sa première année d'université. C'est un vieux tee-shirt à l'effigie d'un groupe de musique obscur qu'il aimait bien à l'époque. Sybil l'a trouvé. Dans le fond de la poubelle.

Pas qu'elle le cherchait. Non. Elle a en fait décidé de commencer à manger dans les poubelles. Je ne sais pas pourquoi. Elle se prend pour une affamée ou quelque chose comme ça. La théorie de ma mère est que François lui donne de la nourriture sous la table en cachette et que, maintenant qu'elle y est habituée, elle trouve la nourriture pour chats très fade et que, comme tout accro, elle fouille dans les poubelles. Bon, ma mère met tous les accros dans le même panier. Car ça me surprendrait beaucoup que, disons, un accro aux jeux vidéo fouille dans les poubelles. Il chercherait quoi ? Une vieille manette ? Vraiment, ma mère fait des généralités incroyables ! Mais puisqu'elle est enceinte et que ses hormones ont l'air de prendre le dessus sur son côté rationnel, on ne la contredit jamais. On hoche la tête de haut en bas en acquiesçant à tout ce qu'elle dit. Malgré tout, elle trouve parfois le moyen de penser, lorsqu'on fait ça, qu'on se moque d'elle. Et alors, elle éclate en sanglots et François et moi nous sentons complètement désemparés. S'il y a eu un moment où j'ai pu penser que je n'avais pas vraiment hâte d'avoir un frère ou une sœur (je suis sûre que ce sera un frère), je pense tout à fait le contraire maintenant. J'ai hâte qu'il ou elle (il, c'est sûr, je suis certaine d'avoir un don pour déterminer le sexe d'un futur bébé et, en plus il paraît que quand on le devine, on a droit à un souhait !) sorte de là pour que ma mère redevienne normale.

Mais bon, tout ça pour revenir au vieux tee-shirt. Je dormais paisiblement. En fait, pas vraiment paisiblement, car je rêvais que Nicolas sortait avec Audrey Villeneuve (une fille de l'école qui m'énerve parce qu'elle est trop parfaite, beurk !). Mais bon, mon rêve m'a énervée, pas seulement parce que Nicolas sortait avec elle, mais parce que dans mon rêve, ça me faisait quelque chose. Et que ça ne devrait rien me faire, car je ne l'aime plus. (J'aimerais que mon cerveau lise le mémo à ce sujet, d'ailleurs ! Du genre, message à Cerveau, de la part de Cœur : « N'envoyez plus de pensées au sujet de Nicolas. Histoire ancienne. Aucun reste d'amour pour lui. » Mais on dirait que ça prend du temps.)

Je m'égare encore.

Tout ça pour dire que je dormais semi-paisiblement lorsque j'ai entendu ma mère et Nicolas… Voyons ! Pas Nicolas, François ! Mon cerveau n'est vraiment pas à jour, ça n'a pas de sens ! Bon, ma mère et François s'engueulaient au sujet dudit tee-shirt, et j'ai entendu crier mon nom. (Le verbe « hurler » serait plus juste selon ma perception, mais je ne voudrais pas avoir l'air d'exagérer les anecdotes non plus, alors je dis « crier » pour plus de réalisme, mais si je m'écoutais vraiment, je dirais « hurler ».)

Je me suis réveillée en sursaut, j'ai bondi hors du lit, j'ai failli trébucher plusieurs fois parce que j'avais les cheveux dans le visage et je ne voyais pas vraiment mon chemin. J'ai grimpé l'escalier en vitesse et je suis arrivée dans la cuisine, tout étourdie, en grognant :

– Maman ! Textote-moi au lieu de me crier dessus ! La technologie a évolué depuis l'homme des cavernes !

Puis mon front est devenu tout froid et j'ai soudain vu plusieurs petits points blancs. Je me suis agrippée à une poignée de porte d'armoire.

François demande :

– Ça va, Aurélie ?

Moi : Je suis un peu étourdie… Je vois tout blanc…

Ma mère : OH MON DIEU, ELLE VA S'ÉVANOUIR !!!!!

Soudain, je reçois une flaque d'eau glacée sur moi. Enragée, je repousse mes cheveux (maintenant mouillés) de

mon visage, et je vois ma mère, immobile, avec un verre d'eau dans les mains.
Moi : QU'EST-CE QUE TU FAIS ??!!!
Ma mère : Je ne sais pas... T'allais t'évanouir... J'ai réagi...
Moi : EN ME LANÇANT UN VERRE D'EAU ???
François éclate de rire. Suivi de ma mère. Qui s'étrangle de rire en s'excusant.
Moi (toujours enragée) : Hé, c'est pas drôle ! Je dormais, moi ! La violence du réveil !!!
Ma mère : Oh, je m'excuse tellement ! HA HA HA HA HA HA ! Mais au moins, tu ne t'es pas évanouie ! Ça a marché ! HA HA HA HA HA HA HA !
Moi : Ben oui. Ha. Ha. Ha. C'est. Vraiment. Drôle. Meeeeeerci.
Il m'est très rarement arrivé d'être aussi furieuse et vexée. Je vais jusqu'à l'évier et je prends un torchon à vaisselle pour m'essuyer. En marchant, je pose le pied sur quelque chose de mou et gluant.
Moi : BERRRKKKK ! C'est quoi, ça ?
Ma mère : Bon, c'est ce qu'on voulait te dire ! Sybil fouille de plus en plus dans les poubelles, et là, ce matin, c'est la goutte d'eau qui fait déborder le vase ! Sans vouloir faire de jeux de mots, ha ha !
Moi (n'adhérant pas à l'allusion pseudo-comique) : Comment ça ?
François : Parce qu'elle prouve la culpabilité de ta mère dans un crime ignoble !
Moi : Hein ?
François : Et au lieu d'avouer sa culpabilité, ta mère accuse ta chatte de fouiller dans les poubelles !
Moi : OK, ça fait cinq minutes que je suis réveillée. En cinq minutes, j'ai failli m'évanouir, j'ai reçu un verre

d'eau dans la figure et j'ai marché sur un vieux truc dégueulasse ! Pouvez-vous être plus clairs, s'il vous plaît ? François ramasse un vieux torchon par terre et me le montre en disant :

– Elle a jeté mon tee-shirt souvenir d'un concert mémorable de mon groupe préféré quand j'étais à la fac !

Moi : Ce vieux torchon-là ?

François : Ce n'était pas un torchon avant que Sybil ne le découvre dans le fond de la poubelle ! Et (il pointe ma mère) c'est elle qui l'a jeté !

Ma mère : Tu ne le portes jamais ! Je ne pensais pas que tu t'en rendrais compte !

François : C'est ça, ta défense ? Que je ne m'en rendrais pas compte ? Heureusement que Sybil était là ! Sinon, non seulement je l'aurais cherché, mais je ne l'aurais jamais trouvé !

Sybil s'approche discrètement des poubelles, s'empare d'un vieux morceau de viande à l'aspect douteux, mais au même moment, ma mère la repousse avec son mollet en lui disant :

– Toi, dégage !

Moi : Hé, là ! Wo !!!

Et je prends Sybil dans mes bras pour la relâcher aussitôt, car ses pattes sont vraiment sales.

Ma mère et François me regardent et je demande :

– Pourquoi vous m'avez réveillée au juste ?

Ma mère : Pour que tu apprennes à ta chatte à ne plus fouiller dans les poubelles !

François (vers ma mère) : Pour que tu puisses continuer à jeter mes affaires dans mon dos ! Tu veux poursuivre ta carrière de criminelle !

Moi : Criminelle ?! Tu as des hormones de femme enceinte, toi aussi, ou tu regardes trop *Les Experts* ou quelque chose comme ça ? T'exagères un peu, là !

François : Plein de mes amis sont devenus pères et ils ont perdu toute indépendance ! Ce tee-shirt, c'est ma jeunesse, c'est ma liberté !
Ma mère : Il ne te va même plus ! Et il est laid !
François : Et alors ? J'ai le droit de le garder si je veux !
Moi : Il a raison, maman…
François : Ah !
Ma mère : Je voulais juste faire un peu de ménage pour faire de la place pour le bébé.
François : Faire de la place avec un tee-shirt dans le fond de la garde-robe ?
Ma mère regarde par terre.
François : Quoi ? Il y a autre chose ?
Ma mère : Bon, écoute, j'ai fait un sac avec des affaires que je veux donner à un organisme pour les démunis…
François : Dans ce cas, pourquoi mon tee-shirt est à la poubelle ?
Ma mère (honteuse) : Je le trouvais trop laid pour les démunis…
François : Ben voyons !!!
Ma mère : Ils ont leur fierté, ces gens-là !
Moi : Je ne vois vraiment pas ce que je viens faire là-dedans !
Ma mère : Je te l'ai dit, je veux que tu dresses ta chatte pour qu'elle arrête de fouiller les poubelles !
François : Non ! Moi, je veux que Sybil continue ! Comme ça, je n'aurai pas besoin de le faire moi-même quand je cherche quelque chose.
Je constate soudain que ma présence ici est complètement accessoire. Je jette un coup d'œil vers Sybil qui est en train de se laver vigoureusement. Et je décide de l'imiter. Bon, pas vraiment de l'imiter comme tel, mais d'aller prendre ma douche. Après tout, c'est vraiment

inconfortable d'être mouillée et d'avoir le dessous du pied plein de jus de fond de poubelle.

11 h 46

Je sors de ma salle de bains. Celle dans ma chambre. Celle où j'ai la paix, celle où je ne me fais jamais engueuler parce que je ne fais pas assez le ménage. Au sous-sol. Loin de tout. Et, en sortant, j'aperçois ma mère sur mon lit. Elle pleure. Vraiment, un drame n'attend pas l'autre dans ma maison.
Moi : Maman, pourquoi tu pleures ?
Ma mère (en pleurant) : J'ai tou-ou-out gâché-é-é ! Je-e-e suis nu-u-ulle !

11 h 50

J'ai proposé à ma mère d'aller acheter un nouveau tee-shirt du vieux groupe que François aime. Et d'en profiter pour passer une journée mère-fille, ce qui fait toujours plaisir à ma mère. C'est d'ailleurs lors d'une journée comme ça, en l'honneur de son anniversaire, en octobre dernier, que ma mère a découvert qu'elle était enceinte. Elle avait du retard dans ses règles, a décidé de faire un test de grossesse et elle a appris la nouvelle. Elle ne me l'a pas dit tout de suite. Elle avait peur de ma réaction. Elle ne savait pas trop quoi en penser elle-même. Évidemment, quand je l'ai appris quelques semaines plus tard, je n'ai pas été tout de suite hyperenthousiaste. Pas que je n'étais pas contente pour ma mère, ou pour François, ou même pour moi. Je crois que j'ai eu peur de perdre ma place. Et que j'ai peut-être été un peu jalouse aussi. De ce bébé avec qui je partagerais ma mère, mais qui aurait également un père bien vivant, qui serait là pour lui. J'ai été jalouse de la famille qu'ils allaient former, dans laquelle je me sentirais un peu comme une intruse, peut-être. Mais bon, l'avantage avec la maturité, c'est de savoir que toutes ces émotions sont un peu irrationnelles et que ce n'est pas parce que ma mère aura un bébé qu'elle va m'oublier. Ce sera simplement différent. Et nous en parlons souvent. Je sais que ma mère et François veulent m'impliquer au maximum dans cette aventure. Parfois même un peu trop, selon moi, mais bon, je ne m'en plaindrai pas !

16 heures

Quand nous sommes revenues, François portait son tee-shirt (il l'avait lavé, heureusement) qui était tellement petit qu'on lui voyait son ventre (un spectacle absolument atroce que je souhaite oublier au plus vite !). Il a levé le regard vers nous et nous avons tous les trois éclaté de rire. Il s'est longuement excusé auprès de ma mère, tout en lui disant qu'il aimerait pouvoir décider de la vie ou de la mort de ses souvenirs. Elle s'est excusée à son tour, et elle lui a donné son nouveau tee-shirt. Il était vraiment content. Je n'ai pas mentionné que c'était mon idée.

16 h 5

Est-ce que j'ai raté un épisode ? C'est moi qui suis devenue l'adulte ici ou quoi ? Ma mère va avoir un enfant ou va devenir un enfant ? Ce n'est pas clair. Mais comme je l'ai récemment spécifié à mon cerveau, il ne faudrait pas que ma supposée maturité me monte à la tête, car elle n'est pas tout à fait au point. La presque crise que j'ai faite à ma mère au magasin pour avoir des bonbons le prouve, et la manipulation dont j'ai usé pour qu'elle m'en achète le confirme. (J'ai un peu profité du fait qu'elle se sentait coupable envers François pour la faire sentir coupable à mon tour de m'avoir lancé un verre d'eau. Rien de trop appuyé. Ce n'était pas si machiavélique. Mais ce n'est pas super cool non plus de se faire réveiller par un verre d'eau glacé, hein ?)

16h7

Comme François et ma mère ont commencé à se parler en bébé (langage d'amoureux = berk !), je les ai laissés se réconcilier tout seuls et je me suis dirigée vers ma chambre. Suivie de Sybil. À qui j'ai mentionné que la prochaine fois qu'elle voudra fouiller dans une poubelle, il serait préférable qu'elle attende que je sois déjà levée pour m'éviter la catastrophe de recevoir un verre d'eau sur la tête et tout ce qui s'ensuit.

Note à moi-même/réflexion sur vieux tee-shirt : Si François fait tout un drame pour un vieux tee-shirt qui lui rappelle la fac, il s'agit donc peut-être d'une période de vie plus excitante qu'angoissante. Tâcher de m'en souvenir lorsque je remplis mes dossiers d'inscription et éviter de ressentir toute cette appréhension inutile.

Lundi 4 février

C'est bizarre, mais même si, techniquement, je n'aime plus Nicolas, je me souviens de son emploi du temps. Par exemple, en ce moment, je suis en maths pendant qu'il est en physique. Kat, qui a quelques cours avec lui, me donne parfois de ses nouvelles. Mais je lui ai demandé de ne plus le faire. Je ne veux pas savoir à qui il parle, ce qu'il fait, ce qu'il dit. On dirait que je suis capable de l'oublier, lui, mais que mon cerveau reste accroché à certains détails, comme son emploi du temps. C'est un peu ennuyeux, car j'imagine que si les cerveaux ont une capacité maximale de stockage de données, le fait de retenir de l'information inutile, comme l'emploi du temps d'un ex, m'empêche peut-être d'enregistrer de nouvelles connaissances. Ça pourrait carrément me conduire vers un échec total et complet de ma première. Bon, comment effacer un souvenir de son cerveau ? Tentative : je pourrais le déjouer en lui envoyant des informations erronées. Par exemple, en ce moment, je dis à mon cerveau que Nicolas n'est pas en physique, mais en histoire. Non, il n'a pas de cours d'histoire. Il est en bio ! Ah oui, c'est bon, ça ! Chaque fois que mon cerveau m'enverra une pensée sur un cours de Nicolas, je vais tout de suite lui renvoyer un faux renseignement ! Ça va mélanger toutes les données et, au bout d'un moment, mon cerveau sera tout confus et n'osera plus me faire penser à l'emploi du temps de Nicolas, car il ne fera plus les bonnes associations !

9h30

Oh. Mon. Dieu. Ça y est ! C'est clair maintenant ! Je suis un génie !

À l'agenda (note pour autobiographie autorisée) : Marquer la date d'aujourd'hui comme celle où s'est produit un événement historique.

9h32

Sylvie Tanguay, la prof de maths, me fait sursauter en demandant :

– Aurélie, tu sembles dans la lune en ce moment, peux-tu partager tes pensées avec nous ?

Vite, Aurélie. Pense vite. Je ne vais quand même pas déclarer à toute la classe que je suis un génie. Je passerais pour une prétentieuse ! Mais je peux *utiliser* mon génie pour m'en sortir !

Moi : Je me disais qu'un résultat *x* pouvait être la somme d'une constante et d'une variable, et que si on résout l'équation d'une façon et qu'ensuite on modifie légèrement l'équation, la solution peut se transformer. Ou quelque chose dans ce genre-là.

Mme Tanguay : De notre côté, nous étudions les identités trigonométriques, pas l'algèbre. Reviens au cours, s'il te plaît.

Note à moi-même : Tenter de ne pas retenir cette humiliation dans mon cerveau déjà inondé d'informations complètement superflues.

Note à moi-même n° 2 : Tous les génies n'ont pas été reconnus de leur vivant.

Mardi 5 février

Depuis que j'ai rêvé que Nicolas sortait avec Audrey, je la déteste. J'avais déjà une propension (oui, je suis actuellement en français et j'utilise de grands mots pour décrire mes sentiments !) à la détester, car mon prof de français la trouve absolument parfaite et moi, les gens qu'on trouve parfaits, ils m'énervent !

Personne-qui-trouve-Audrey-parfaite : Audrey a tellement de beaux cheveux !

Moi : Ah oui. Mais pas plus que n'importe qui.

Personne-qui-trouve-Audrey-parfaite : Oui, mais Audrey, ses cheveux brillent à la lumière !

Moi : Oui… comme tous ceux qui ont de la lumière sur ses cheveux.

Personne-qui-trouve-Audrey-parfaite : Oui, mais ceux d'Audrey sentent tellement bon !

Moi : Comme tous ceux qui utilisent du shampoing.

Personne-qui-trouve-Audrey-parfaite : Oui, mais ceux d'Audrey sont tellement soyeux !

Moi : Comme tous ceux qui utilisent un après-shampoing.

Personne-qui-trouve-Audrey-parfaite : Mais ceux d'Audrey font un son qu'aucune autre chevelure ne peut faire, ils font swoush-swoush lorsqu'ils bondissent d'un côté et de l'autre de ses épaules quand elle marche.

Moi : OK, LES CHEVEUX D'AUDREY SONT PAR-

FAITS ET TOUS LES AUTRES CHEVEUX DE LA TERRE SONT POURRIS !!!!!!

Bon. Dans quelques heures, trois jours, un mois, je vais peut-être regretter mes pensées, et peut-être même qu'Audrey sera devenue ma meilleure amie (pfff ! tellement pas !), mais pour le moment, elle (surtout avec ses cheveux) m'énerve !

Ce n'est pas mon genre de détester des gens comme ça, mais elle, je ne sais pas, je ne peux pas la sentir. Peut-être parce que mon prof de français, M. Brière, la vénère. Tout ce qu'elle fait semble être de l'or en barre. Ce qu'elle écrit, ce qu'elle dit.

Tiens, à la question qu'il vient de poser il y a cinq minutes : « Comment pensez-vous laisser une trace de votre passage dans le monde ? » elle a répondu :

– Je voudrais être connue et me servir de ma célébrité pour faire avancer la cause de l'écologie.

M. Brière : Très bien.

Très bien ? En quoi le fait d'être connue pourra-t-il aider la cause de l'écologie ? Si elle veut aider l'écologie, elle n'a qu'à agir de façon écologique ! (Et utiliser moins de shampoing, tiens ! Hé hé !) Elle m'énerve ! C'est viscéral !

M. Brière : Et toi, Aurélie ? Comment comptes-tu laisser une trace ?

Moi : Je ne sais pas.

M. Brière : Tu ne sais pas ?

Moi : Non.

M. Brière : Tu n'as pas d'ambition ?

Moi : Je peux avoir de l'ambition sans avoir l'ambition de « laisser une trace ».

M. Brière : Tu ne veux pas laisser une trace, d'une certaine façon, pour marquer ta présence sur Terre ?

Moi : J'ai l'impression que je vais mener une vie normale. Et un jour, je vais mourir. Et lorsque je serai morte, je ne

reviendrai pas hanter les humains pour m'assurer qu'ils se souviennent de moi. Tout ce que je souhaite, c'est avoir une belle vie pendant que je la vis.
M. Brière hoche la tête et il demande à un autre élève comment il laissera sa trace, sans même commenter ce que j'ai dit.
Un jour, pas tout de suite car ça ne semble pas encore m'avoir frappée, je vais trouver ce que j'aime faire dans la vie. Je ne sais pas ce que ce sera, mais je vais le trouver. Je vais exercer ce métier du mieux que je le peux. Je le souhaite, en tout cas. Ce sera peut-être quelque chose de grandiose, mais je crois que ce sera plutôt quelque chose de très simple. Je vais essayer d'être heureuse et aussi de tout faire pour rendre mon entourage heureux. Je vais également parfois commettre des erreurs, écologiques ou autres, car personne n'est parfait. P-E-R-S-O-N-N-E.
Mon père n'a laissé aucune trace dans le monde. Il a eu une vie normale et il est décédé, beaucoup trop jeune, sans doute, pour avoir le temps de réaliser toutes ses ambitions personnelles. Je ne sais pas quelles étaient ses ambitions. Je ne saurai jamais s'il aurait aimé faire le tour du monde, s'il avait le projet secret d'aller faire du bénévolat dans des pays défavorisés, s'il voulait d'autres enfants, je ne sais même pas comment terminer cette énumération. Parce que je n'ai jamais parlé de ça avec lui. Ce n'est pas le genre de chose dont on parle à son enfant, j'imagine. Et j'avais neuf ans lorsqu'il est décédé. Les seuls membres de sa famille qui restent sont ma grand-mère Laflamme, ma mère et moi. Et lorsque nous serons à notre tour décédées, personne ne se souviendra de lui. Même moi, parfois, contre mon gré, je l'oublie un peu. Mais est-ce si grave ? Est-ce grave que mon père n'ait pas laissé une trace « historique » sur la planète ? Il

a marqué la vie de certaines personnes qui l'ont croisé, sûrement. Il a marqué la mienne, car j'essaie de me souvenir de lui au moins une fois par jour. Même si, parfois, quelques jours passent sans que j'aie pensé à lui. Même si, parfois, il m'arrive de regarder sa photo sans la voir, parce qu'elle fait partie du décor.

J'ai lu quelque part que certains oiseaux séparés de leurs parents à la naissance étaient capables de reproduire le chant de leur père sans jamais l'avoir entendu. Comme s'il leur était transmis par les gènes. Mon père a peut-être laissé quelque chose en moi, génétiquement parlant. Des qualités, des défauts. Des comportements que j'adopterai un jour ou l'autre sans trop savoir pourquoi, croyant qu'ils sont tout à fait personnels, mais qui viendront en fait de lui. La trace qu'il aura laissée, elle est en moi, et elle est mystérieuse, car je ne pourrai jamais réellement distinguer ce qui vient précisément de moi de ce qui vient de ma mère ou de lui. Il y a sûrement une formule d'algèbre pour expliquer ce phénomène. Sûrement quelque chose de biologique aussi. Ou même de chimique. Je touche ma météorite, celle que j'ai au cou, au bout d'un collier, que ma mère m'a donnée à Noël. C'est mon tic maintenant, quand je suis nerveuse ou émotive. (Ça et manger du chocolat, même si ma consommation a légèrement diminué.)

Je jette un coup d'œil vers Jason, un mec de la classe avec qui j'aurais pu sortir, mais je n'étais pas trop prête, disons. C'était tout de suite après Nicolas. Il l'a su. Un peu aidé par Tommy, qui lui a raconté que j'étais en chagrin d'amour, ce qui a été le déclencheur de notre dispute. Mais bon. Jason, lui, a perdu sa mère. Je me demande s'il a les mêmes réflexions que moi. Il vient d'être interpellé par M. Brière qui lui a demandé com-

ment il laissera sa trace, et il a répondu qu'il aimerait faire des films.
Est-ce que je suis la seule à trouver que la question de M. Brière est complètement débile ? Et qu'elle nous oblige à une réponse limite narcissique ?

10 h 29

Je dessine machinalement des cœurs et des fleurs sur la page à laquelle est ouvert mon manuel de français. Peut-être que c'est comme ça que je laisserai ma trace. Avec des graffitis dans mes livres de cours ! Le problème, c'est que pour l'instant je n'ai personne à qui adresser mes cœurs et mes fleurs. Alors j'entoure des noms de vedettes de cinéma. Un jour, peut-être que quelqu'un achètera ce livre usagé et qu'il essaiera de s'imaginer la vie de cette fille qui dessinait des cœurs autour des noms de vieilles vedettes de cinéma. Et que ça lui donnera envie d'en savoir plus sur ce qui a marqué ma génération. D'une certaine façon, à travers cet acheteur de mon manuel de français, je serai encore là.

10 h 31

En sortant de la classe, je fais un sourire à Jason. C'est la seule communication qu'il reste entre nous. Puisqu'il ne veut plus me parler. Il dit qu'il n'aime pas être ami avec des filles avec qui il a envie de sortir. Tant pis pour lui.
Dans le couloir, je croise Kat qui pianote sur son portable. Kat a des problèmes de communication avec Emmerick, semble-t-il. Depuis deux jours, lorsqu'elle lui envoie un texto, il ne lui répond pas immédiatement comme d'habitude. Elle n'arrête pas de lui demander pourquoi il ne répond pas, et il dit que ce n'est pas de la mauvaise volonté, mais qu'il ne reçoit pas ses textos.

Probablement qu'il capte mal dans son lycée. Elle m'avoue que ça l'inquiète.
Truch, l'ex de Kat, passe près de nous au moment où elle me raconte ça, et il lui dit que lui, il répondrait à tous ses textos, car elle est la fille la plus canon du monde. Je lève les yeux au ciel. Et j'aurais envie de lui rappeler qu'il a une copine du nom de Noémie et qu'il l'a déjà trompée avec la magnifique Audrey Villeneuve, mais je m'abstiens. Car toute conversation avec Truch est futile. Je l'ai compris depuis longtemps.

À l'agenda : Éviter toute forme de jugement sur mes contemporains, qu'ils soient parfaits ou imparfaits, afin de ne pas intervenir dans leur évolution vers ce que j'ai atteint : une indifférence totale par rapport aux relations amoureuses (sauf celles des autres, ha ha).

Mercredi 6 février

— Bon, quand est-ce que tu vas nous en parler ?
Tommy s'assoit à la table en enlevant des mains de JF le sandwich qu'il est en train de manger, et en le regardant intensément.
JF : J'adore les sandwiches, c'est super bon… Je ne sais pas.
Tommy : Tu parles en… métaphore ?

JF : Oh non !!! Franchement, les images !
Tommy : Ça fait trois jours qu'on se voit depuis qu'on t'a vu… avec Vincent… et tu ne nous dis rien !
Kat : Depuis quand t'es potineur, Tommy Durocher ?
Moi : Laisse-le !
On se regarde, puis on pose les questions qui nous brûlent les lèvres depuis la soirée. À commencer par Kat :
– Est-ce qu'il était pâteux comme le dernier mec que t'as embrassé ?
Suivie par moi :
– Est-ce qu'il était du genre à trop bouger la langue comme ça (je mime une langue qui tourne à toute allure) ?
Tommy : Berk ! On voit des morceaux de bouffe sur ta langue, c'est dégueu, Laf, arrête ça !
JF (vers moi et Kat) : Vous voulez que Tommy me laisse tranquille ou vous voulez tout savoir ?
Tommy : Elles veulent tout savoir, on s'en parlait ce matin justement…
Kat lui fait les gros yeux.
Tommy : Vous ne me mettrez pas ça sur le dos !
Kat : OK, on n'osait pas te le demander parce qu'on sait que t'aimes pas parler de ça.
Moi : Mais on n'en peut plus !
Tommy : Moi, je m'en foutais, mais à force de m'en parler, elles m'ont rendu curieux.
Moi (en le poussant) : Plutôt, ouais !
Tommy : Comme si ça m'intéressait d'avoir des détails sur deux mecs qui s'embrassent !
Moi : On sait bien que toi, t'aimes mieux regarder des photos de filles sexy sur des scooters !
Tommy : Hein ?
Moi : L'autre jour, j'ai vu ça en regardant l'historique de ton navigateur Internet !
Tommy : Pourquoi t'as regardé ça ???

Moi : J'ai cliqué par erreur, je voulais faire autre chose !
Kat : Quoi ? Quoi ? Tu regardes des filles sexy sur des scooters ? T'es super beauf !!!
Tommy : Je regarde les scooters, pas les filles !
Moi : Clairement ! Ha ha ha ha !
Tommy : Bon, est-ce qu'on peut revenir au sujet principal, s'il vous plaît ?
JF : OK. On s'est embrassés.
Tommy : Oui, on a vu.
Kat : C'était comment ?
JF : Cool.
Moi : Ultracool, hein ? Ça avait l'air, en tout cas.
JF : C'était malade ! Je pense que je suis amoureux...
Moi : Ah, ce genre de baiser-là, hein... Dangereux.
Kat : N'écoute pas madame Je-ne veux-plus-rien-savoir-de-l'amour !
JF : Ça m'a fait, je ne sais pas, de l'électricité dans le ventre.
Kat : Des papillons ! Oh !!! JF est amoureux !!!
JF : Chut !
Moi : Quand est-ce que vous vous revoyez ?
JF : On a chatté hier, et on est censés se voir ce week-end. Vous savez ce qu'il m'a dit ? Qu'il a fait sa dernière soirée juste pour me voir.
Kat : Haaaaaaaaaaaaaan !!!!!!!! Je l'adore !
JF : Je tripe, je pense.
Moi : Ouf !
JF : Quoi, « ouf » ?
Moi : Ben, si vous sortez ensemble et qu'on va à moins de soirées, je risque moins de croiser Jean-Benoît. Et de devoir me faire passer pour Simone-Sandrine.

Note à moi-même : Il est important de savoir que certains commentaires peuvent vous faire passer involontairement pour quelqu'un d'égocentrique. Tenter de les garder pour soi.

vendredi 8 février

Bon. Tommy travaille. Kat est avec Emmerick. JF est avec Vince. Ma mère et François sont partis au restaurant et ensuite, ils iront au cinéma. J'ai failli appeler ma voisine pour savoir si elle n'avait pas envie que je garde ses enfants gratuitement, juste pour avoir quelque chose à faire. Honnêtement, j'ai pensé qu'offrir mes services gratuitement, une fois de temps en temps, était du bon marketing. Mais finalement, je me suis dit que c'était de l'exploitation, je me suis monté toute une cause dans ma tête et j'en suis presque devenue fâchée contre ma voisine qui n'avait rien fait de mal. Alors, je me suis calmée.

J'ai appelé ma grand-mère Laflamme. Mais elle aussi était sortie !

Ma grand-mère a quelque chose à faire et moi, rien.

Vraiment, s'il y a quelque chose qui vous fait sentir loser dans la vie, c'est lorsque vous apprenez que votre grand-mère a une vie sociale plus active que la vôtre.

20 h 12

Faire mes devoirs ? Non. Tenter de reproduire parfaitement la chanson de *Tetris* vocalement ? Oui. J'ai mes priorités. Et surtout, je sais m'éclater seule un vendredi soir. Tsss !

20 h 14

Pendant que je chante la chanson de *Tetris*, Sybil vient me mordiller les mollets. Je crois qu'elle veut démontrer par ce geste qu'elle n'apprécie pas mes aptitudes vocales.

Note cosmique : Si jamais il existe des espions intergalactiques étudiant les mœurs des Terriens, envoyez-les ailleurs que chez moi ce soir, mon comportement n'est pas vraiment représentatif des Terriens ni du vrai plaisir qu'il est possible d'avoir un vendredi soir lorsqu'on est adolescent.

Samedi 9 février

Brunch avec ma mère, François, mes grands-parents Charbonneau et la famille de François.

La conversation tourne pratiquement uniquement autour du bébé.

Étrangement, depuis que le ventre de ma mère est un peu plus proéminent (quelque chose que j'ai appris : posséder un vocabulaire étendu lorsqu'on a une mère enceinte est souhaitable, car il ne faut jamais utiliser le mot « grosse »), tout le monde le lui touche. Je n'ai

jamais été enceinte de ma vie (!), mais je crois que ça me mettrait mal à l'aise (pas d'être enceinte, mais qu'on me touche sans arrêt). Ou peut-être existe-t-il un phénomène qui fait que certains de nos malaises se dissipent pendant cette période ?
Ma mère attire énormément l'attention. François s'en amuse. Lorsque les invités arrivent, ils l'ignorent en lui jetant leur manteau et en accourant vers ma mère pour lui toucher le ventre. Lui, il fait « bonjour » d'un ton désinvolte, pour souligner que personne ne l'a remarqué. Ce qui me fait rire (parfois, François est quand même assez drôle).

12h45
Presque dispute autour de la table.
Tout a commencé lorsque tout le monde s'est mis à donner des conseils à ma mère sur quoi faire et quoi ne pas faire avec un bébé. Ma mère a alors répondu poliment (mais fermement) qu'elle avait déjà eu un enfant (moi) et qu'on pouvait changer de sujet. Et là, ma tante Loulou a lancé :
– Oui, mais elle est un peu bizarre.
Elle a dit ça carrément comme ça. En me faisant subtilement un clin d'œil pour appuyer sa blague. Mais ma mère n'a pas trouvé la blague très drôle, mais alors là, pas du tout. Elle s'est levée et a dit :
– Aurélie est ma plus grande réussite. Ceux qui ne sont pas contents de mes choix sont invités à quitter la maison sur-le-champ, je n'ai plus rien à vous dire. J'élève mes enfants comme je veux.
Gros. Malaise.
Que je n'ai pas trop ressenti tout de suite parce que le « elle est ma plus grande réussite » m'est monté à la tête l'espace d'un instant.

12h47

Depuis que ma mère est enceinte, on dirait qu'elle dirige une armée et qu'elle défend un territoire qui n'est pourtant même pas en guerre, et qu'elle est prête à attaquer n'importe quand. Il ne faut pas la provoquer.

Je crois que les gens sont tentés de la surprotéger parce que après la mort de mon père elle a eu une période que j'appelle secrètement sa « période zombie ». Plusieurs personnes venaient nous aider et elle n'avait pas assez d'énergie pour refuser. Je me souviens de soirées où mes grands-parents Charbonneau venaient à la maison et faisaient à manger pendant que ma mère était assise dans le salon à contempler le vide. Mais c'est du passé. Peut-être que les gens ont le réflexe de penser que ma mère n'est pas assez forte pour prendre les choses en main. Mais elle l'est. Et je crois qu'au fond ils le savent. Mais que ma mère a besoin de se le prouver à elle-même. Je lance un regard à mon grand-père Charbonneau qui me fait un clin d'œil.

Je regarde ma mère, toujours debout, dans une posture fière. Et je réalise qu'elle veut s'affirmer. Prouver à tous qu'elle n'est pas ou qu'elle n'est plus cette mauvaise mère qu'elle croit avoir été.

Je me lève et dis :

– Je suis en effet une très grande réussite !

Tout le monde rit. Puis les invités disent en même temps, dans une espèce de brouhaha où on ne distingue pas les mots précis, qu'ils respectent toutes les décisions de ma mère, et la conversation bifurque sur les prénoms de bébé, ce qui n'est pas, selon mon point de vue, plus pacifique comme sujet.

Discussion sur les prénoms de bébé :

Si c'est une fille :
Violaine : Ma grand-mère a déjà connu une Violaine et la fille en question lui aurait volé son petit ami.
Sarah : William (mon cousin, fils de Loulou) a une cousine (du côté de son père) qui s'appelle Sarah et, selon ma mère, ça pourrait porter à confusion dans une réunion de famille. (Je n'ai pas osé taquiner ma mère en disant ironiquement qu'il s'agirait d'un quiproquo tout à fait incroyable digne des plus grandes tragédies grecques, pour raisons mentionnées plus haut – sa condition ne lui permet aucun sens de l'humour.)
Charlotte : Ma mère dit qu'on ne peut pas appeler ma future peut-être sœur Charlotte parce que Tommy a une sœur qui s'appelle Charlotte. À la question « et alors ? », elle répond que si Tommy et moi sortons un jour ensemble, ça va être la confusion totale dans les repas de famille. Je me suis énormément révoltée contre cette raison, protestant que je ne sortirai JAMAIS avec Tommy et bla-bla-bla, mais les gens ont simplement proposé d'autres prénoms, me laissant avec ma frustration de ne pas être entendue.

Si c'est un garçon :
Philippe : Trop commun, selon ma mère. Tout le monde s'appelle Philippe ou Louis-Philippe. (C'est tout. C'est son argument. Comme on peut le constater, ce n'est pas béton. Mais pour raisons évoquées plus haut, personne n'ose contredire la logique arbitraire de ma mère.)
Jonathan : Ma mère ne sait jamais où mettre le « h » dans ce prénom, et elle aurait peur de se tromper dans l'orthographe du prénom de son propre fils et d'avoir un deuxième enfant qui la traite d'Alzheimer (tentative

d'humour peut-être, j'ai ri pour lui faire plaisir, seulement parce qu'elle m'a auparavant qualifiée de « plus grande réussite »).
Spiderman : OK, c'était vraiment une blague de ma part, évidemment.

Conclusion :
Pour une fille, nous avons choisi Emmanuelle Blais.
Pour un garçon : Jack Bauer Blais. (Oui, c'est une blague de François qui est un fan de la série *24 heures chrono*, mais maintenant, il n'arrête pas de dire ça. Tout à l'heure, il a embrassé le ventre de ma mère en disant : « J'ai hâte de te voir, Jack Bauer Blais ! » Parce qu'il faut dire que François, tout comme moi, est sûr que c'est un garçon.)

Dimanche 10 février

Puisque je n'ai pas fait mes devoirs ce week-end, je croule sous le travail aujourd'hui. (J'aurais dû commencer vendredi. Franchement, moi, il faudra un jour ou l'autre que j'assume mon problème de procrastination. L'acceptation est le premier pas vers la guérison. Hum…)
Alors que je fais mes devoirs de maths, j'ai un flash d'une conversation que Kat et moi avons eue au sujet de notre prof de maths, Mme Brunet, en cinquième.

Conversation avec Kat, il y a trois ans

Kat : Comment tu trouves la prof de maths ?
Moi : Sympa.
Kat : Tu as remarqué ? On dirait qu'elle a du maquillage permanent.
Moi : Hein ? Comment tu fais pour savoir ça ?
Kat : Sa ligne de sourcils est verte ! Tous les jours !
Moi : Je pensais qu'elle n'avait juste pas de goût.
Kat : Moi, je n'ai pas super confiance en elle.
Moi : Pourquoi ?
Kat : Il faut être vraiment paresseux pour préférer le maquillage permanent. Et si elle est paresseuse, comment peut-elle être une bonne prof ?
Moi : Elle nous donne pas mal de devoirs…
Kat : Ben justement ! Elle nous donne trop de devoirs ! Si elle n'a pas deux minutes pour se maquiller le matin, comment peut-elle penser qu'on a trois heures pour faire ses devoirs relou le soir ?
Moi : Pas bête…
Kat : Elle est trop paresseuse pour nous enseigner les maths, donc elle nous les fait apprendre tout seuls !

Retour à aujourd'hui, 14 h 13

C'était la théorie de Kat à l'époque. Plusieurs raisons expliquent mon aversion pour les maths, ainsi que ma totale cruchitude dans ce domaine. L'une d'elles est assurément, et je le sais avec le recul, qu'une de mes profs avait du maquillage permanent.
Mais ce qui me revient surtout, c'est que nous passions plus de temps à parler du maquillage (possiblement) permanent de notre prof qu'à faire nos devoirs.
Hum…
Qu'est-ce que j'étais immature, à l'époque ! Heureusement que j'ai changé !

19h20

Je pense que je viens de passer le dimanche le plus craignos de ma vie ! Devoirs, devoirs, devoirs et, pour changer, étude. Dire que j'ai hâte de retourner à l'école demain est un euphémisme. C'est tout dire ! Après la journée que je viens de passer à étudier, retourner à l'école me semble relaxant.

Lundi 11 février

Si j'avais su que j'apprendrais ce que j'ai appris aujourd'hui, je n'aurais jamais dit que j'avais hâte de retourner à l'école ! J'ai appris que Nicolas sortait avec une fille qui s'appelle… Emmanuelle !!! IL NE PEUT PAS SORTIR AVEC UNE FILLE QUI PORTE LE PRÉNOM DE MA FUTURE PEUT-ÊTRE SŒUR, C'EST JUSTE… DÉGUEU !

C'est comme un traumatisme qu'un ex ait une copine qui porte le même prénom que notre peut-être sœur, non ? OK, non. Mais quand même ! Ça ne se fait pas ! OK, techniquement, il ne peut pas savoir que ce week-end on a choisi le prénom de ma future peut-être sœur et que ce prénom est Emmanuelle. Et techniquement, je ne vais peut-être même pas avoir une sœur. En fait, je crois que j'aurai un frère. Et puis, bon, à part Jack Bauer, aucun prénom de garçon n'a été retenu. Il ne

faudrait juste pas que ce soit Emmanuel au masculin, parce que là, ça ferait encore plus bizarre.
S'il sort avec une Emmanuelle et que mon frère ou ma sœur s'appelle Emmanuel(le), je vais, toute ma vie, être confrontée, au quotidien, au souvenir de mon ex qui sort avec une autre fille. Chaque fois que je vais dire le prénom de mon frère ou de ma sœur, je vais avoir une pensée pour mon ex et son nouveau bonheur. Et comme je travaille dur pour l'oublier, cet exercice sera désormais impossible.
Bref, tout ça pour dire que c'est un lundi qui commence bien mal !
Mais bon, Nicolas ne sort jamais longtemps avec les filles, alors peut-être que ça va être terminé dans une semaine. Je m'énerverai à ce moment-là.
Ah-fu, ah-fu !

P-S : Quand j'ai raconté ça à Kat, elle a dit : « Franchement, tu paniques pour rien. » J'ai eu envie d'éclater et de lui dire qu'elle, avec sa famille nucléaire (père/mère/sœur-dont-le-prénom-n'est-pas-celui-d'une-nouvelle-copine-d'un-de-ses-ex-/chiens), ne pouvait pas comprendre ! Mais je me suis abstenue. Perdre ma meilleure amie en ce moment de perturbation émotive n'est pas une option.

Note à moi-même : C'est très dur d'être incomprise. D'être regardée comme si on était une extraterrestre chaque fois qu'on émet la moindre opinion. (Il faut imaginer ici quelqu'un qui vous regarde comme un phénomène étrange, yeux exorbités et grimace à l'appui.) Vraiment très lourd !

Mardi 12 février

Je suis entrée chez moi et j'ai vu ma mère assise par terre, les mains jointes, les yeux fermés, comme si elle méditait, et elle a ouvert un œil pour me regarder et m'a souri. Puis, sans parler trop fort, et sans se lever, elle m'a présenté Roxanne, sa prof de yoga, une fille d'une bonne vingtaine arborant un foulard coloré sur la tête et des vêtements de sport.

François a décidé de payer un cours de yoga prénatal à ma mère. Dans le sens qu'il le lui offre. Dans le sens : yoga = moment paisible. Il trouve que ces temps-ci les « moments paisibles » sont rares avec ma mère, qui se laisse complètement dominer par ses hormones. Il a entendu dire que le yoga faisait beaucoup de bien, et apparemment il veut qu'elle essaie ça. Il a trouvé une prof qui vient à domicile (en cherchant vraiment beaucoup… il semblait y tenir !).

J'ai posé mon sac par terre pendant que Roxanne conseillait à ma mère de bien « visualiser » sa respiration. J'ai décidé de m'asseoir avec elles et de faire moi aussi les exercices.

Après tout, je cherche la quiétude intérieure, une zénitude inégalée, car, selon l'opinion de tout le monde, j'ai

des préoccupations qui n'ont pas lieu d'exister dans ma tête. Je dois apprendre à me concentrer. Et j'ai déjà fait un peu de yoga à l'école l'an dernier quand j'avais proposé à mon prof de sport de rafraîchir et de diversifier un peu son programme et j'avais bien aimé.
Roxanne m'a regardée et m'a dit :
– À travers ta posture, je sens que tu es un peu fermée. Tu te protèges un peu trop. Ouvre ton cœur.
Ma mère me regarde. C'est le genre de truc un peu spirituel qu'elle déteste. Elle me regarde du coin de l'œil avec un sourire en coin. Elle cherche ma complicité, mais ne la trouve pas. Car, de mon côté, je ne trouve pas ça bête. C'est vrai que je me protège beaucoup. Et c'est vrai qu'il faudrait que j'apprenne à ouvrir un peu plus mon cœur. J'ai toujours peur d'être blessée, abandonnée, humiliée, ridiculisée. Et ce n'est peut-être pas la bonne façon d'avancer dans la vie.
Finalement, je me trouve une affinité particulière avec le yoga.

16 h 41

Je n'aurais jamais pensé qu'on puisse souffrir autant en étant couchée par terre. Ouillouille ! Quand on voit des photos de yoga, les gens affichent toujours un air paisible. Si j'étais prise en photo, moi, j'aurais une grosse grimace de douleur.

16 h 50

À la fin de la séance, Roxanne regarde ma mère, les mains jointes, en baissant la tête et en disant :
– Je salue le divin en vous.
Ma mère éclate de rire.
Moi : Mamaaan !

Ma mère : Je ne me sens pas à l'aise avec les formules spirituelles.
Je voudrais lui dire de ne pas rire des croyances des autres, mais bon, avec ses hormones incontrôlables, malgré la relaxation que procurent ces exercices, j'ai bien peur qu'elle lance un débat ou qu'elle me saute carrément à la gorge.
Ma mère (qui continue) : Je me demandais s'il était possible de continuer cette démarche à un niveau plus « sportif » que « spirituel ». (Ma mère a mimé les guillemets avec ses doigts.)
Roxanne : Oh… désolée… c'est une formule pour appeler le positif en vous.
Et si une divinité existe quelque part, elle est bien placée pour savoir que ma mère est en manque de positif ces temps-ci ! Et que lui souhaiter d'en trouver au fond d'elle-même est la meilleure chose qu'on puisse lui dire.
Je propose :
– Peut-être qu'on peut juste changer la formule pour une autre qui nous représente mieux ?
Ma mère : Comme quoi ?
Roxanne me regarde et, ne sachant pas trop quoi faire, je lance :
– Super cool full chill ?
Ma mère éclate de rire.
Moi : Ben quoi ? C'est positif !
Roxanne lie ses mains, penche la tête et s'exclame :
– Super cool full chill.
Je répète le geste et je dis :
– Super cool full chill.
Ma mère répète le geste et s'exclame à son tour :
– Super cool full chill.

17h15

On referme la porte derrière Roxanne. Ma mère me regarde et s'exclame, comme si elle venait de ravaler toute sa salive et de penser à quelque chose de très profond :

– Je n'ai pas de sac d'été !

Devant cette considération toute superficielle, j'ai décidé de m'abstenir de faire un commentaire, surtout que je voyais que j'avais laissé traîner mon sac d'école à un endroit où ça la met toujours en colère. J'ai tapoté trois fois son épaule pour lui signifier mon appui devant un tel drame, qui surgit après un exercice philosophique qui vise l'unification de l'être humain dans ses aspects physique, psychique et spirituel, en me disant que le fait qu'elle pense à un sac d'été doit représenter une forme de repos pour elle. Ce qui est… super cool full chill !

Jeudi 14 février

Grommelle, grommelle, grommelle. Nicolas et Emmanuelle, ce n'est pas encore fini. Et ma mère n'arrête pas de dire à quel point elle aime le prénom Emmanuelle et, chaque fois, j'ai envie d'exploser. Mais avec son humeur fragile, je ne vais pas lui dire pourquoi je déteste maintenant le prénom Emmanuelle. Elle me jugerait et peut-être même qu'elle éclaterait en sanglots ou je ne sais quoi, et ça gâcherait l'ambiance clémente

du moment pour au moins une semaine et je ne pourrais pas supporter une autre de ses sautes d'humeur, car ça me déconcentre à l'école (et dans d'autres sphères de ma vie).
J'essaie de retrouver le calme intérieur devant cette situation. Je crois que je vis de la colère mal canalisée. Par rapport à Nicolas. Peut-être parce que c'est la Saint-Valentin. Une fête vraiment inutile qui ne sert qu'à nous rappeler que le garçon qu'on aimait, même si on ne l'aime plus, célèbre l'amour avec une autre personne.

16h25

Tommy et moi avons décidé de passer la soirée ensemble. Nous sommes apparemment les seuls célibataires de notre groupe. Nous sommes rentrés chez lui après l'école et nous avons commencé à faire nos devoirs au sous-sol, dans sa chambre, lorsque Tommy a dit que c'était peut-être un peu nerd de faire nos devoirs le soir de la Saint-Valentin et qu'on devrait peut-être célébrer. Lorsque j'ai demandé :
– Célébrer quoi ?
Il a répondu :
– Célébrer qu'on n'a pas besoin de fêter cette fête de bolosses !
Moi : Ah, OK, bonne raison.

17h52

Lynne, la belle-mère de Tommy, ouvre la porte du sous-sol et demande si on aimerait dîner avec eux. On lui répond qu'on préfère dîner en tête à tête. Elle esquisse un minisourire comme si elle comprenait quelque chose qu'on ne sous-entendait pas (comme si on voulait être romantiques, disons, alors qu'on veut seulement avoir la paix). Donc, elle nous propose de nous apporter le dîner au sous-sol, ce que nous ne refusons pas.

18h15

Moi : Miam, c'est bon.
Je me lève.
Tommy : Pourquoi tu te lèves ?
Moi : Pour aller dire à Lynne que c'est bon.
Tommy : Tu lui diras tout à l'heure. Hé ! T'as les joues toutes roses.
Moi : Ça doit être à cause du vin, ça me fait ça des fois.
Je me rassois.
Tommy : Est-ce qu'on parle de sujets qui ont un rapport avec la Saint-Valentin ?
Moi : Comme quoi ? Des anges bedonnants ?
Tommy : Ben non ! Qu'est-ce que tu penses qu'ils font, Kat et Emmerick ?
Moi : Un concours pour savoir lequel des deux aime le plus l'autre !
Tommy : Ah oui, c'est clair !
Moi : Et JF ?
Tommy : J'aime mieux ne pas y penser !
Moi : Jaloux !
Tommy : Hé !
Il me saute dessus pour me chatouiller et, pendant qu'il me chatouille, je pète. Il s'éloigne.
Moi : AHHHHHHHHH ! JE M'EXCUSE !!!!!!!!
Et je ris, mais en même temps, je pleure de honte.
Moi (en continuant de rire) : Ben tu me chatouilles et on mange et ça pèse sur mon ventre et je ris ! Je ne peux avoir aucun contrôle !
Tommy éclate de rire aussi et il n'arrête pas de répéter que ce n'est pas grave. Puis il dit :
– OK, promis, je ne te chatouille plus.

Moi : Tu veux encore parler de la Saint-Valentin ?
Tommy lève son verre et dit :
– Oui, je lève mon verre à Aurélie qui pète à la Saint-Valentin.
Moi : T'es tellement débile ! Je m'en vais, j'ai trop honte !
Tommy : Non, reste ! Je vais être sérieux, promis…
Moi (en trinquant avec lui) : OK. À la Saint-Valentin. Et à chacun sa chacune !
Tommy (en me regardant dans les yeux) : Ouais. À chacun sa chacune…
Moi : Alors… avec Sakina ?
Tommy : Je l'ai fréquentée un peu, mais ça n'a pas marché.
Moi : Mais pourquoi tu ne me parles jamais de ces choses-là ?
Tommy : Ça me gêne.
Moi : Pourquoi ? Je te raconte tout, moi !
Il regarde par terre, un peu embarrassé.
Moi : Quoi ?
Tommy : Quoi, « quoi » ?
Moi : Ben, je ne sais pas, on dirait que tu me caches quelque chose.
Tommy : Non ! Non ! Rien…
Moi : J'ai l'impression ! Allez, dis-le-moi ! C'est quoi ? C'est intrigant !
Tommy : OK, ben… Je tripe un peu sur une fille.
Moi : Ah oui ? Qui ?
Tommy : Je crois qu'elle est dans certains de tes cours. Elle est grande, belle, cheveux longs. C'est elle qui a le casier que tu voulais tant, près du distributeur. Elle est canon, cette fille-là !
Moi : Oh noooooooon ! Tommy ! De toutes les filles avec qui tu peux sortir, elle, tu ne PEUX PAS ! S'il te

plaît, s'il te plaît ! Je ne te demanderai jamais plus rien après ça ! Mais pas Audrey, je t'en supplie ! Déjà que mon ex sort avec une Emmanuelle qui est le prénom de ma future peut-être sœur, mon meilleur ami ne peut *pas* sortir avec Audrey, c'est juste…

Je me prends la tête dans les mains et Tommy me demande :

– Hein ? C'est quoi l'histoire avec Nicolas ?

Je lui explique à quel point je ne peux supporter que mon ex sorte avec une fille qui porterait le même prénom que ma possible future sœur.

Tommy : Ça commence à être compliqué, ton histoire. Ton ex ne peut pas sortir avec une fille qui porte le prénom de ta future sœur dont tu ne sais même pas si ça va être une fille, et moi je ne peux pas sortir avec une fille de l'école. T'es pas mal despotique, Laf.

Moi : C'est pas juste une fille de l'école, Tommy ! Sors avec qui tu veux, je m'en fous ! C'est Audrey ! C'est Audrey-qui-est-parfaite-et-qui-a-un-casier-parfait-et-une-vie-parfaite-et-que-tout-le-monde-aime ! Tu peux triper sur qui tu veux, je te le jure, je ne dirai jamais rien, je lui ferai des gâteaux, à ta copines, si tu veux, mais Audrey, Tommy, c'est… Audrey. Je ne peux juste pas imaginer que tu sortes avec elle et que je doive la voir tout le temps et manger avec elle et lui parler et… Tu es mon meilleur ami, tu ne peux pas sortir avec mon ennemie, ce serait trop chelou. Oh non ! Mon ex sort avec une fille qui a le prénom de ma future sœur, et mon meilleur ami va sortir avec mon ennemie !!! Ma vie est épouvantable, j'hallucine, j'hallucine, j'hallucine !!!!!

Tommy : OK, OK, OK !!! Relaxe !

Moi : Non, mais ça se peut pas… Je ne peux pas imaginer !!!

Tommy : C'est bon, c'est bon. Elle ne m'intéressait pas tant que ça, Audrey, j'ai juste dit ça comme ça.
Moi : T'es sûr ?
Tommy : Ben oui, je m'en fous. Quoique… l'interdiction la rend peut-être plus intéressante…
Je m'empare d'un coussin et lui en donne un coup.
Tommy : Promis, je ne la regarderai même plus.
Moi : Merci…
Tommy : Tu feras des gâteaux à ma future copine ?
Moi : Ben… si ça se trouve… peut-être…
Il rit, totalement incrédule. (J'avoue que je n'aime pas qu'il mette en doute ma volonté et ma capacité de préparer des gâteaux.)
Tommy arrête de rire, puis il me regarde. Je le regarde aussi (en cherchant un argument pour prouver mes talents de pâtissière). Et sans que je m'en aperçoive trop, il m'embrasse. On s'embrasse.
Puis on arrête d'un coup.
On se regarde et on éclate de rire. On se tord de rire en se roulant par terre. Et Tommy dit :
– Arrête de rire, tu vas péter !
Et on rit encore plus. Puis on se rapproche et je vais me blottir dans ses bras.
Tommy (en me serrant et en caressant mes cheveux) : On est vraiment amis, hein ?
Moi : C'est clair !
Au même moment, mon téléphone vibre dans ma poche.
Un texto. De Kat.
C'est fini avec Emmerick. Au secours. SOS.

vendredi 15 février

Lorsqu'on dit : « Je vais t'avoir, *bitch* » à une araignée, comprend-elle toute la portée de la menace ?
J'aimerais devenir une légende pour les araignées. J'aimerais qu'elles se disent entre elles : « Ne va pas chez elle, il paraît qu'elle tue toutes les araignées qui osent s'aventurer dans sa maison. Elle n'est pas du genre à "devenir notre amie" comme certains humains, qui nous observent et qui mettent même des insectes sur notre toile, pensant que nous n'arriverons pas toutes seules à trouver à manger. Non, non, elle, c'est une malade mentale, n'y va pas. »
Ainsi, je n'aurais plus à m'inquiéter d'être envahie par elles. Nous aurions chacune son territoire, les araignées d'un côté, et moi de l'autre.
Bon, un drame à la fois : Kat vient de se faire larguer par Emmerick. Et, pendant que j'ai les yeux rivés sur une araignée sur le mur de ma chambre, elle n'arrête pas de m'envoyer des textos (Kat, pas l'araignée) sur le fait qu'elle croit qu'elle ne pourra plus mettre un pied à l'école. Le problème, c'est que, connaissant les araignées, si je perds le contact visuel avec mon ennemie (l'araignée) pour répondre à un texto (de Kat), elle va en profiter pour se sauver (toujours l'araignée) et ce sera épouvantable, car ensuite je ne la trouverai plus dans ma

chambre et je vivrai dans l'angoisse de cohabiter avec une araignée !
Ma meilleure amie ou l'araignée ? Quel choix beaucoup trop difficile ! ARGH !!!!!!!!
Hier, aussitôt que j'ai reçu son texto, Tommy et moi nous sommes précipités chez elle. Mais en ce moment, je dois absolument m'occuper de ma qualité de vie.

Hier, chez Kat, 21 h 13
On est entrés chez elle et on s'est dirigés vers sa chambre. Ses parents étaient sortis. Julyanne était dans sa chambre. Je l'entendais parler, alors j'imagine qu'elle était au téléphone. Nous ne sommes pas allés la déranger pour la saluer.
Kat était dans son lit. Elle ne pleurait pas. Elle tenait un coussin dans ses bras. On aurait dit qu'elle était en état de choc. Lady, la chienne de Julyanne, était assise au pied de son lit et la regardait. Je me suis assise près de Kat, et je l'ai serrée dans mes bras. Elle a lancé un regard vers Tommy et m'a dit :
– Tu l'as emmené ?
Tommy : Désolé, je vais vous laisser entre filles, si vous voulez.
Kat : Non, c'est bon, reste… Je m'excuse, je suis juste méchante…
Tommy : On t'aime quand même.
J'ai lancé un regard menaçant à Tommy. Voyons, on ne dit pas quelque chose comme ça à une fille qui a de la peine ! Il a haussé les épaules pour me signifier son impuissance. Il voulait simplement faire une blague. Parfois, elles sont mal placées… Je lui ai fait un signe, lui suggérant d'ajouter quelque chose de gentil.
Tommy : Je… je peux te donner mon avis de mec, si tu veux.

Moi : Bonne idée, ça. Qu'est-ce qui s'est passé ?
Kat : Il m'a dit qu'on ne se voyait pas assez souvent et que c'était compliqué, l'amour à distance.
Tommy (incrédule) : L'amour à distance de vingt minutes en bagnole ? Conneries.
Moi : Tommy !
Tommy : Vous voulez mon avis de mec cru ou soft ?
Kat : Cru.
Tommy : Il ne t'aime plus. C'est tout.
Kat : Je me sens bête… Mais on dirait que je n'ai pas envie de pleurer. Je suis forte.
Moi : Moi aussi, j'étais comme ça avec Nicolas, je me disais que j'allais être forte, alors je me suis mis dans la tête que j'étais un robot et ça m'a beaucoup aidée à…
Kat a éclaté en sanglots. Je l'ai prise dans mes bras. Lady a appuyé son nez sur sa jambe et Kat s'est éloignée en s'excusant.
On a continué un peu à parler avec elle et on est partis.

Retour à aujourd'hui, 7 h 51

J'entends des pas au-dessus de ma tête. Est-ce que ces pas sonnent comme ceux de ma mère ou de François ? J'ai appris à déterminer l'origine des pas d'après leur sonorité. Ma mère traîne un peu plus les pieds que François.
Je suis debout dans ma chambre, figée comme une statue, les yeux rivés sur l'araignée qui ne bouge pas, le téléphone dans les mains. Elle et moi nous fixons, comme dans un duel de cow-boy, musique d'harmonica à l'appui. Je plisse les yeux.
Je dégaine (dans un sens) en appelant François sur son portable.
Il répond.

Je murmure (ne la quittant pas des yeux) :
– Pourrais-tu venir ici, s'il te plaît ?
Lui : Où ça ?
Moi (ayant tout à coup perdu mon cow-boy intérieur et prenant une voix trop aiguë) : Dans ma chaaaambre ! Il y a une araignéééée, il faut absolument la tuer avant qu'elle élise domicile ou qu'elle accouche comme chez la voisiiiine !!!
J'ai déjà été témoin (oui, moi, Mme Arachnophobe, il fallait que ça tombe sur moi) d'un accouchement d'araignées : plusieurs dizaines de mini-araignées au plafond chez ma voisine, qui a été obligée de faire venir un exterminateur. Heureusement, tous ceux qui me disaient qu'il fallait laisser vivre les araignées « parce qu'elles mangent les autres insectes » ne me servent plus cette théorie depuis que je cite cet exemple. Personne n'a envie d'avoir des dizaines de bébés araignées dans sa maison. Je n'ai rien contre les bébés, mais il y a une limite acceptable de bébés qu'on peut endurer. Surtout lorsqu'il s'agit de bébés insectes.
François arrive dans ma chambre avec un balai. Je sautille nerveusement sur place. Ayant perdu toute contenance, j'ai l'impression que l'araignée me juge.
Moi : Nooooooon ! Pas avec un balai ! Voyons !
Il faut très mal connaître les araignées pour les tuer avec un balai. Ça ne les tue pas. Elles font semblant de mourir en se pendant au bout de leur toile et en se mettant en petite boule (quelles comédiennes, quand même !) et elles se sauvent ensuite.
François : Qu'est-ce que je dois faire, alors ?
Moi : Il faut que tu prennes quelque chose avec une surface plate et que tu l'écrases jusqu'à ce qu'elle soit bien aplatie.

François est en robe de chambre. Il n'est pas debout depuis longtemps et, avant d'avoir pris un café, c'est presque comme s'il ne comprenait pas le français ou qu'il ne le parlait pas. Il répond par des grognements ou des clignements d'yeux. Je le vois chercher sans grand dynamisme un objet convenable. Je lui tends un livre.
Il prend le livre et écrase l'araignée pendant que je fais un « iiiiiiiiiii » terrifié en continuant de sautiller sur place.
François : Bon. Ça va, là ?
Moi : Oui, merci !
Je réponds à Kat :
Habille-toi et viens à l'école aujourd'hui, sinon je viens te chercher moi-même ! De toute façon, ce sera mieux que de te morfondre chez toi !

15h35

J'avais tout faux. Kat a passé une journée pénible. Elle déambulait dans les couloirs avec une démarche d'individu ultradémoralisé. Quand je m'inquiétais de son état mental, elle n'arrêtait pas de répéter que tout allait bien. Alors, soit elle me mentait, soit son imitation de dépressive bossue (elle marchait le dos courbé) est tout à fait saisissante.

Samedi 16 février

Kat subit une forte hausse de complications, ce qui en fait une martyre à tous points de vue, et ce qui m'oblige à puiser dans ma mémoire tous les trucs lus dans *Miss Magazine* au chapitre de l'amitié. Bien humblement, je réussirais tous les tests de bonne conduite amicale haut la main.

Mais bon, ce n'est pas le moment de me vanter de mes qualités d'amie, mais plutôt de les mettre en pratique (quoique se donner une petite tape dans le dos en guise d'encouragement ne soit jamais mauvais, surtout si je conserve ce fait dans un rayon top secret de mon cerveau).

Bref, Kat vient de perdre son travail.

Une histoire assez épouvantable.

J'ai dormi chez elle, à sa demande. Elle m'a dit qu'elle n'aurait pas la force d'aller travailler aujourd'hui si je n'étais pas là. Hier soir, le patron de la boutique pour laquelle elle travaille lui a suggéré de rentrer chez elle après qu'elle s'est présentée pour travailler. Il paraît qu'il est venu la voir pour lui demander si quelque chose n'allait pas, car elle n'était pas aussi énergique que d'habitude (je comprends, car hier, tel que mentionné précédemment, elle était vraiment zombie). Elle lui a confié que son copain l'avait quittée et qu'elle était moins énergique, qu'elle s'en excusait, mais qu'elle allait essayer de faire en sorte que ça ne se voie pas et qu'elle pouvait quand même faire son travail. Son boss lui a dit qu'il comprenait et lui a proposé de prendre sa soirée. Elle a dit : « Tu es sûr ? » et il l'a convaincue de rentrer chez elle en lui suggérant de prendre un bon bain chaud à la lavande, et de manger une tonne de chocolat. Kat a précisé que le chocolat lui rappelait un peu trop la Saint-Valentin et, donc, que ça ne la tentait pas trop d'avoir des souvenirs si douloureux. Elle a ajouté un faux rire du genre « ha ha ha », il a souri à son tour et l'a invitée à rentrer chez elle, et Kat l'a remercié pour sa grande compréhension et pour sa bonté d'âme.

Jusque-là, tout allait plutôt bien et c'est à ce moment qu'elle m'a invitée à dormir chez elle.

Nous avons passé la soirée à parler de nos émotions profondes et à espionner Julyanne. (Étrangement, elle nous laisse tranquilles depuis quelques jours et nous trouvons ça louche. Habituellement, elle veut être avec nous, écoute nos conversations, et… Bon, l'énumération n'est pas si terrible, mais c'est bien assez pour énerver Kat.)

Puis, ce matin, pendant que Kat se préparait pour aller travailler, son boss l'a appelée pour lui dire de ne pas venir aujourd'hui. Croyant qu'il s'agissait encore d'un geste altruiste de sa part, Kat l'a remercié tout en lui expliquant qu'elle se sentait capable d'aller travailler malgré tout. Qu'elle pouvait mettre ses émotions de côté et qu'elle avait passé une bonne soirée avec sa meilleure amie (elle m'a fait un clin d'œil en disant ça). Mais il a précisé qu'il préférait qu'elle ne revienne plus… tout court. Je voyais le visage de Kat se décomposer et je chuchotais « Quoi ? Qu'est-ce qui se passe ? » et elle me faisait signe de me taire pendant qu'au téléphone son boss lui disait qu'elle l'avait déçu. Qu'il s'attendait à plus

d'elle. Elle s'est défendue en disant que c'est lui qui lui avait suggéré de prendre sa soirée. Et il a simplement dit qu'il aurait préféré à ce moment qu'elle se ressaisisse. Et qu'il l'avait trouvée très peu professionnelle.
Elle a raccroché et elle pleurait tellement que j'ai dû déchiffrer les mots à travers ses sanglots.
Peu après, Jean-Félix l'a appelée pour lui demander si elle voulait qu'il démissionne par solidarité. Elle a dit que non, qu'elle se sentirait trop mal et, pour ne pas avoir l'air trop désemparée, elle a ajouté pour rire qu'elle s'attendait par contre à ce qu'il lui fasse des rabais sur les vêtements.

13h15

Le père de Kat est furieux ! Il crie dans la maison qu'il va poursuivre la boutique et son patron ! Que cette situation est totalement injuste et que l'Inspection du travail va entendre parler de lui. Devant sa colère, Kat a été obligée de nous divulguer un petit détail qu'elle avait omis : avant de partir de la boutique hier, elle s'est fâchée contre un client. Lorsqu'elle a demandé au client : « Avez-vous besoin d'aide ? » et que le client a répondu : « Pouvez-vous m'aider à payer ces vêtements ? » elle a, disons, pété un câble.
Devant son père, son anecdote s'est arrêtée là. À moi, elle a raconté les détails. Elle a dit au client que s'il croyait qu'il était le premier à faire cette blague pour montrer à une vendeuse que cette question l'agressait, il se trompait. Elle aurait ensuite dit : « Vous pensez peut-être que c'est drôle ? Je vais rire pour vous faire plaisir ! HA HA HA HA HA HA HA ! Content ?! Satisfait de VOTRE EXCELLENTE BLAGUE ? VOUS PENSEZ QUE JE N'AI QUE ÇA À FAIRE DE MES VENDREDIS SOIR, D'ÉCOUTER DES BLAGUES POUR-

RIES DE CLIENTS QUI ME FONT SENTIR QU'ILS AIMERAIENT MIEUX ME VOIR CROUPIR DANS UN SQUAT DE DROGUÉS PLUTÔT QUE D'ENTENDRE CETTE QUESTION QU'ILS JUGENT STUPIDE ET AGRESSANTE, MAIS QUI EST TOTALEMENT IMPOSÉE PAR MON BOSS ? JE VOUS AI DEMANDÉ SI VOUS AVIEZ BESOIN D'AIDE, PAS VOTRE NUMÉRO DE CARTE DE CRÉDIT ! »

C'est là que son boss l'a fait venir pour lui suggérer d'aller se reposer, et qu'après réflexion, il a jugé bon de la mettre à la porte.

Le père de Kat est très fâché contre elle parce qu'elle lui a menti. Et moi, quand j'ai appris l'histoire complète, je me suis sentie très soulagée que Kat ne lui ait pas TOUT raconté. Car je pense qu'elle aurait eu plus de chances de survivre à une explosion nucléaire.

16 heures

Je suis encore avec Kat. Je ressens sa peine. Et je suis impuissante. Je lui caresse les cheveux une fois de temps en temps et je lui propose plein d'activités. Les garçons viendront nous rejoindre ce soir et nous avons prévu de jouer à un jeu vidéo en bande. Kat disait vouloir rester seule, mais nous avons tous protesté.

16 h 5

Julyanne passe près de la chambre avec Lady et elle dit à Kat qu'elle lui prête son chien. Lady s'approche de Kat et lui colle son museau sur la joue, comme si elle l'embrassait. Kat répond :

– T'es sûre que tu veux vivre ça, Ju ? C'est mieux que tu n'aies jamais de copain. Écoute le conseil de ta grande sœur, un cœur brisé, ça fait mal.

Julyanne baisse les yeux. Kat ouvre les bras et lui lance :
– Viens dans mes bras, p'tite sœur.
Julyanne s'approche de nous et se blottit contre sa sœur.
Kat : Si un garçon te fait de la peine comme ça, je lui fais la peau !
Moi : L'amour, ça vient, ça part. C'est comme ça… on ne peut rien y faire.
Kat : Regardez qui parle ! T'es la reine pour t'empêcher de tout, pour te protéger…
Julyanne : Tu veux que je lui casse les jambes, à Emmerick ?
Kat : Non… J'ai envie de l'appeler. Juste pour comprendre…
Moi et Julyanne : NON !!!
Kat : Il doit s'en vouloir. Tout allait tellement bien et pouf…
Moi : Peut-être que tout n'allait pas si bien…
Et là, je me mets à énumérer des choses louches, comme la fois où il lui a dit que ça ne le tentait pas de « se taper » deux bals des finissants et que peut-être ils devraient aller chacun au leur sans s'accompagner (ce que Kat avait pris pour une blague). Ou la fois où elle lui avait demandé de venir avec nous au cinéma, et qu'il lui avait répondu qu'il avait du ménage à faire (du ménage ?). Ou la fois où il a dit qu'il ne pourrait jamais aimer une fille autant qu'il aime l'actrice Megan Fox (OK, c'était une blague, mais quelle blague débile à faire à sa copine !!!).
Kat me regarde, et bien que je sente que mes propos la saisissent, elle répète :
– Je voudrais tellement savoir ce que j'ai fait de mal…
Moi : Mais ce n'est pas toi, voyons ! C'est lui !

Je n'ose pas leur faire part d'une réflexion que j'ai amorcée sur le caractère éphémère des relations. Parfois, il vaut mieux se taire. Mais bon, un chagrin d'amour à notre âge, c'est sûrement banal. Vécu par des milliers de gens, en même temps, dans le monde. Je me demande si ça nous affecte plus, nous, les filles, que les garçons. Eux, on dirait qu'ils passent à autre chose tellement vite.

19h18

Quand les garçons sont arrivés, je leur ai fait part de cette réflexion, et Tommy m'a avoué que c'est seulement qu'ils extériorisaient moins leurs émotions, mais qu'ils pouvaient ressentir autant de peine. Qu'ils vivaient seulement ça d'une façon différente. Et JF nous a confié qu'il n'avait jamais eu de chagrin d'amour, puisque Vincent était son premier copain. Kat, qui est sortie avec JF avant qu'il nous avoue son homosexualité, a été blessée par cet aveu et elle a dit :
– Je ne marque personne. Ni Truch, ni JF, ni Emmerick…
JF : Tu m'as marqué, tu es ma meilleure amie.
Moi : Et moi, je n'imagine pas ma vie sans toi.
Tommy : Et avec qui je me disputerais si tu n'étais pas là ? Tu ne pourras pas faire pitié avec nous.
Moi : Et Truch a dit qu'il n'avait pas arrêté de penser à toi. Mais je dis ça pour que tu te sentes mieux, pas pour que tu te remettes avec lui.
Puis Tommy a mentionné que ce genre de conversation ne menait à rien, et il nous a proposé de jouer à *Rock Band* pour nous changer les idées.

À l'agenda : Dans les prochains jours, recourir à ma tactique préférée en cas de chagrin d'amour d'un proche, non décrite dans les magazines féminins : utiliser les bonbons. Aide grandement la personne blessée à se changer les idées (et constitue une excellente raison d'en manger par, disons, compassion).

Note à moi-même : Cela n'aide pas à contrer l'obésité de plus en plus envahissante dans notre société. Hum… Utiliser cette tactique avec parcimonie.

Note à moi-même nº 2 : Ne jamais encourager autrui à devenir accro à la bouffe (genre le chocolat), tel que je l'ai été après mon propre premier chagrin d'amour.

Note à moi-même nº 3 : Tout bien considéré, revoir tactique probablement désuète afin de ne pas perdre les points accumulés durant les dernières années pour mon bon comportement amical.

Dimanche 17 février

J'attends à la boulangerie pour acheter du pain (et peut-être un petit dessert supplémentaire s'il me reste de l'argent, hé hé, je réviserai mes positions sur la bouffe plus tard).
Ma mère m'a envoyée faire des courses pour le déjeuner. J'ai un peu protesté, pour la forme, car lorsqu'elle m'a demandé ce service, j'étais en pyjama et je regardais la

télé. (J'ai honte de l'avouer, mais, oui, je regardais des dessins animés. Habitude qui ne m'a pas quittée depuis l'enfance, je crois.) J'ai même proposé d'y aller avec François (en voiture), mais elle m'a dit qu'il était parti faire des courses pour le bébé, et elle a remis sur le tapis le fait que j'avais abandonné mes cours de conduite et bla-bla et que si je n'avais pas abandonné, bla-bla, elle m'aurait prêté la voiture, bla-bla.
J'ai donc gardé mon pyjama, j'ai mis des bottes et mon manteau par-dessus et je suis partie.
J'ai arrêté les cours de conduite, car mes distractions font de moi un danger public. Je ne comprends pas pourquoi ma mère ne voit que le côté négatif de cette bonne action que je fais pour l'humanité. Je sauve des vies en n'allant pas sur la route et, en plus, je sauve la planète, car mon choix est 100 % écologique. Tsss !

10h28

Il fait froid et j'ai l'impression de devoir braver une quasi-tempête pour un simple pain. Il neige. Mélange de neige et de pluie, style verglas. Mais ma mère voulait absolument un pain qui a un nom d'au moins cinq mots (que j'ai notés sur un papier). Elle lit un livre de recettes spéciales pour femmes enceintes et il paraît que cette sorte de pain contient de nombreux nutriments, et c'est avec celui-là qu'elle veut faire du pain perdu.
N'importe qui aurait compris mon empressement à quitter la maison alors qu'elle me faisait un sermon sur mes cours de conduite abandonnés, et qu'elle me parlait de son fameux pain (un pain ! C'est juste un pain !!!!). Mais, de ce fait, j'ai oublié, disons, d'aller aux toilettes avant de partir. Et j'ai énormément envie de faire pipi.

Mon plan était pourtant simple : entrer dans la boulangerie, acheter le pain « magique », payer, partir.
Mais rien ne s'est déroulé comme prévu.
Je suis entrée dans la boulangerie au son du gling-gling de la porte. Et un client qui était arrivé juste avant moi se faisait faire un sandwich.
Le boulanger : Je mets de la moutarde ?
Le client : Hein ?
Le boulanger : De la moutarde ?
Le client : Ah, oui.
Le boulanger : Salade, tomate ?
Le client : Hein ?
Dans ma tête : J'ai envie de faire pipi.
Le boulanger : Salade, tomate ?
Le client : Ah, non.
Le boulanger : Voulez-vous de la luzerne ?
Le client : Pardon ?
Le boulanger : De la luzerne ?
Dans ma tête : ARRRRRRRGGGGGHHHHHH ! TROP ENVIE DE FAIRE PIPI !!!!!!!!!!!
Le client : Désolé, c'est le bruit de vos réfrigérateurs, je crois… Je ne vous entends pas.
Moi : J'entends très bien, moi ! C'est peut-être vous qui avez un problème !
Le client (visiblement mal à l'aise) : Euh… effectivement, j'ai un problème auditif…
Malaise.
Moi : Oh ! Désolée… hé hé… vous mettiez ça sur le dos des frigos, alors je me suis tout de suite portée à leur défense !
J'attends donc patiemment que ce soit à mon tour et, en plus d'avoir envie de faire pipi, je. Suis. Mal. À. L'aise.

Et j'insulte les malentendants !!! EN DÉFENDANT DES RÉFRIGÉRATEURS !!!!!!

ARGH !!!!!!!!!!!!

10 h 42

Je sors, honteuse, de la boulangerie. Si ma mère ne tenait pas absolument à son pain et que je n'avais pas autant envie de faire pipi, je serais partie sur-le-champ. Mais je n'ose pas imaginer la réaction de ma mère si j'étais revenue bredouille. En plus, c'est la seule boulangerie du coin, alors il aurait fallu que j'aille aux toilettes chez moi, et que j'y retourne ensuite.

10 h 43

Je marche la tête basse. Pensant à ce pauvre malentendant à qui j'ai vraiment dû faire de la peine. Je m'en veux énormément.

10 h 45

Je fonce dans un poteau, parce que c'est comme ça ma vie. Je me secoue la tête et j'entends :
– Ouch !
Je lève la tête, et le poteau est en fait Jean-Benoît.
Moi : Oh, désolée, je ne t'avais pas vu et je croyais que tu étais un poteau. Tu es... ferme...
Jean-Benoît me dévisage de la tête aux pieds. Il est évident qu'il vient de voir mon pyjama. Mon manteau d'hiver m'arrive sous les genoux, mais on peut quand même entrevoir mon pantalon de pyjama (vieux, avec des pingouins... DES PINGOUINS !!!!!!!) entre le bas de mon manteau et mes bottes.
Il me considère un instant et dit :
– Aurélie ?

Vu mon accoutrement, il ne peut évidemment pas penser que je suis quelqu'un d'autre qu'Aurélie. Simone-Sandrine est davantage comme Audrey : parfaite.
Moi : Oui, salut.
Jean-Benoît : J'ai rencontré ta sœur l'autre jour.
Moi : Ah.
Jean-Benoît : Simone-Sandrine.
Moi : Je connais très bien son prénom ! C'est ma sœur, tssss !
Jean-Benoît : Ah, oui, c'est évident. Tu lui diras que…
Moi : Tu lui feras tes messages tout seul.
Et je continue mon chemin.

10 h 57

En arrivant chez moi, je lance le pain par terre et je cours aux toilettes.
Bon, détail, je n'ai pas enlevé mes bottes. Et, d'après ce que j'en déduis des cris de ma mère qui me proviennent du salon, j'ai mis de la neige partout.
Je sors, sincèrement repentante, et je lui explique mon envie, que je retenais depuis mon départ (sans spécifier que je suis partie de la maison sans aller aux toilettes car elle m'énervait avec son pain et son sermon sur mes cours de conduite). Elle arrête de crier. Et par son air (bête), je sais qu'elle est toujours fâchée, mais elle m'assure qu'elle comprend, avant d'ajouter que, puisque je suis tout habillée, je devrais en profiter pour sortir la poubelle jaune.
Moi : Mais c'est… demain !
Ma mère : Ce sera fait ! Ça fait deux semaines qu'on oublie, car ils passent trop tôt le matin ! On s'en occupe maintenant.
Moi : Mais… on pourrait avoir une amende.

Ma mère : S'il y a un taré qui vient me donner une amende, je vais lui dire ma façon de penser, moi ! C'est quoi, l'histoire ? Il faut mettre son réveil à six heures pour être sûr de sortir la poubelle jaune avant que le camion passe ?! Il y en a qui veulent dormir le matin ! Est-ce qu'ils savent combien c'est dur de dormir la nuit avec un ventre comme ça ?
Moi : Ben… la plupart des messieurs doivent te comprendre, vu qu'ils ont une bedaine.
Ma mère éclate de rire et dit :
– Hiiii que je t'aime, toi. Bon, peux-tu t'occuper de la poubelle jaune, s'il te plaît ? Et en cas extrême, je m'occupe des autorités.

11h9

Je suis dans le placard à balais, où on range la poubelle jaune, et je finis de rassembler tous les papiers en pensant que si les « autorités » se pointent ici, je ne donne pas cher de leur peau. Briques de lait, de jus, journaux, tous tombés à côté de la poubelle, car celle-ci était trop pleine… Je comprends que ça puisse énerver ma mère.

Note à moi-même : Bannir ce genre de réflexion où je donne raison à ma mère trop souvent. Important pour ma santé mentale…

11h10

Je prends la poubelle à deux mains et je sors. En chemin, plusieurs choses tombent par terre, alors je les ramasse et je tente de les faire tenir dans la poubelle.

11h11

Je vois une pièce briller par terre sur la route et je cale la poubelle sous un bras pour attraper la pièce de ma main libre. Et en me penchant, plusieurs objets tombent de la poubelle. Je la pose et je m'approche de la pièce. Je plonge vers le sol pour la ramasser. Mais elle est emprisonnée sous la glace. Je commence à gratter pour tenter de l'atteindre. Et soudain, je sens une grande force me saisir et me tirer vers l'arrière.

Tommy (il crie) : Mais qu'est-ce que tu fais là ??? Tu veux te suicider ? Il y a des voitures !!!!!!

La force qu'il met dans son bras pour me retenir et sa voix perçante me donnent un coup au cœur. Une voiture passe et Tommy la pointe furieusement avec son menton, sans me lâcher le bras. En passant, la voiture roule dans une flaque de neige fondue et nous arrose. On lâche tous les deux un « ARRGGGGHHHH » bien senti en recevant la douche froide. Tommy continue :

– Qu'est-ce que tu faisais là, à genoux sur la route ? T'aurais pu te faire renverser !

Je me mets à parler vite, je lui explique que je ne sais plus quand faire des vœux. Que je faisais des vœux à 11 h 11, mais que j'avais l'impression que ça ne fonctionnait pas. Que j'ai commencé à ramasser des pièces pour avoir de la chance. Parce que, soi-disant, ça porte bonheur, etc.

Il me demande :

– Est-ce que ça a marché ?

Moi : Euh…

Tommy : Tu as plus de chance depuis que tu ramasses de l'argent par terre, au risque de te faire renverser par une voiture ?

Moi : Je ne sais pas trop.

Tommy : Au lieu de te tuer pour ramasser toutes les pièces que tu vois, peut-être que tu peux choisir celles que tu ramasses.

Moi : Ah oui, comme « choisir sa chance » ?
Tommy : Ne me fais pas dire des choses ésotériques que je n'ai pas dites ! Et fais attention !

11 h 12
Tommy m'a relâchée et, en me dirigeant vers la poubelle, j'ai glissé et mon poignet a heurté le sol qui me semblait mou, jusqu'à ce que je découvre que ce n'était pas le sol qui était mou, mais une crotte de chien. (Je dirais bien à Tommy que s'il m'avait laissée ramasser la pièce, je ne me serais peut-être pas fait renverser par une voiture ni ne serais tombée dans une crotte de chien, mais il semble tellement fâché que je m'abstiens.)

11 h 20
Je suis rentrée en disant à Tommy que je ne pouvais pas faire d'activité, car je devais passer les prochaines années sous la douche.

11 h 25
Dans ma douche, je me frotte vraiment comme il faut, de peur d'empester ou quelque chose du genre. Et je me dis que trop de signes pointent en défaveur de mon pyjama. Oui, aujourd'hui, mon erreur était de ne pas m'habiller avant d'accomplir toutes mes tâches. C'est un genre de morceau de vêtement, peut-être un peu trop vieux, qui porte malheur. (Je me dis aussi que 11 h 11 se moque de moi, mais je n'ose l'affirmer haut et fort, car ça n'a vraiment aucun rapport.)

11 h 34
En sortant de la douche, je vois que j'ai reçu un texto. De Jean-Benoît :

J'ai vu ta sœur tout à l'heure. Elle avait un drôle d'accoutrement.
Je réponds :
Un peu de respect, c'est ma sœur, quand même.
(Mais cela confirme ma théorie selon laquelle tout est la faute du pyjama.)

11h36

Texto de Jean-Benoît :
Je tenterai de me faire pardonner. On fait quelque chose ensemble bientôt ?
Je réponds :
Je suis très occupée. Désolée.
Trop occupée à me faire passer pour ma jumelle.

11h45

Je suis habillée. Lavée. Et j'ai jeté mon vieux pyjama à la poubelle. Je crois qu'il avait fait son temps. Ma mère m'a avoué qu'elle avait hâte que je m'en débarrasse, mais qu'elle n'osait rien dire étant donné l'épisode du vieux tee-shirt de François.
Je dois quand même admettre que j'ai vécu une émotion en jetant ce vieux pyjama avec des pingouins, que j'avais depuis tant d'années. En ce sens, je comprends un peu François.

15h1

Nous avons mangé du pain perdu. (Je n'ai pas vu la différence entre la recette faite avec ce pain et la recette faite avec du pain ordinaire, mais je ne l'ai pas dit à ma mère.) Et nous regardons un film qui passe à la télé. Pour ma part, je ne le regarde que distraitement, car je fais mes devoirs en même temps.

15h2

François revient de courses : il a acheté plein de trucs pour le bébé. Il nous montre ses trouvailles, et ma mère et moi poussons des « ah ! », « oh ! », « trop mignon ! » devant chaque article. Ma mère le couvre de compliments en lui disant qu'il est vraiment le plus merveilleux homme du monde d'être allé acheter tout ça. Et il sort une dernière chose de son sac. Un pyjama. Je n'y porte pas attention jusqu'à ce qu'il dise :
– C'est pour toi, Aurélie.
Je reste assez surprise. Et je regarde le pyjama. Il est beau. Sans couleur étrange ni fioritures inutiles. Plus féminin. Plus « jeune femme » que « gros bébé en tissu-éponge ».
François : Ton vieux pyjama est vraiment usé. Il est temps que tu en aies un nouveau.
Moi : Ah, merci.
François : Si tu ne l'aimes pas, on peut l'échanger.
Moi : Non, je le trouve super. Merci.

19 heures

Je suis déjà en pyjama. Pas celui que m'a donné François (même si j'avais hâte de le mettre), parce qu'en fait, quand ma mère m'a vue l'essayer, elle a insisté pour le mettre au lavage, invoquant toutes les bactéries que je pourrais attraper en le portant sans l'avoir lavé avant. Alors, j'en ai remis un ancien et lui ai redonné le nouveau. Pas que je ne sois pas capable de faire mes lessives moi-même, mais elle avait l'air énervée : elle me l'a pratiquement arraché des mains comme s'il était contaminé et elle s'est dirigée vers le sous-sol, là où se trouve, en plus de ma chambre, la buanderie. Puis j'ai dit à ma mère que je jetterais aussi cet autre vieux pyjama quand le nouveau serait propre. Et elle m'a dit : « Tu ne vas pas jeter toutes tes affaires, on n'est pas assez riches pour acheter trois mille pyjamas ! » François et moi nous sommes regardés avec un sourire complice. Il doit se demander comme moi à quel moment ma mère considère qu'un vêtement mérite d'être jeté comparé à un autre. Si seulement on pouvait comprendre sa logique, ça nous aiderait !

Et puis je me suis dit que si mon vieux pyjama a rendu l'âme exactement à 11 h 11 aujourd'hui, pendant que François était en train de m'acheter un nouveau pyjama, c'était peut-être que 11 h 11 inc., entreprise de souhaits hautement réputée (OK, pour les archives, je plaisante), voulait me montrer que François pouvait être utile dans ma vie. Bon, il ne s'agit que d'un pyjama, mais quand même, c'est de la télépathie extrême lorsque toute une journée pointe en défaveur d'un pyjama, que je le réalise et que, le jour même, mon beau-père me fait cadeau d'un nouveau pyjama.

Note à moi-même : Je suis vraiment douée pour lire les messages cosmiques.

19h8

Moi (à François) : Merci... Je veux dire pour le pyjama.

François : De rien.

Moi : Tu sais quoi ? Ben, aujourd'hui, il se trouve que j'ai semi-souhaité avoir un nouveau pyjama, et pouf, tu es arrivé avec un nouveau.

François : Semi-souhaité ?

Moi : Oui, parce que je ne l'ai pas vraiment souhaité, mais dans un sens oui, en tout cas, merci. T'es utile.

François me regarde, perplexe, et répond avec un sourire :

– De rien. Content de savoir que je suis utile.

Moi : On fait peut-être de la télépathie.

François : Peut-être !
Il se tourne complètement vers moi et me dit :
– Je ne voulais pas que tu te sentes mise de côté avec tout ce qu'on prépare pour le bébé ces temps-ci.
Moi : Oh non ! Ça va. Je ne pense pas ça. T'en fais pas. Hé, ça fait longtemps que maman est en bas. Je suis inquiète.

19h15

Je descends et j'entends de petits bruits étouffés. J'entre dans la buanderie. Ma mère est assise par terre, en larmes.
Moi : Maman !!! Tu es tombée ? Ça va ? Tu t'es évanouie ?
Ma mère : Non-on-on…
Elle a dans les mains des vêtements de bébé que François a achetés.
Ma mère : J'ai oubli-i-é de mettre ça dans la machi-i-i-ine !

Bon, ça y est. Ma mère est bipolaire.

Ma mère (qui continue) : Je suis tellement une mauvaise mè-è-è-re ! Tellement ! Je vais tout rater ! Tout ! En plus, je suis vi-ei-ei-eille !
Elle sanglote de plus belle.
Je ne sais pas trop quoi faire.
Je m'assois près d'elle et je tente de la rassurer en lui disant que j'étais d'accord avec elle tout à l'heure pour le recyclage, mais que je ne le lui ai pas dit, par orgueil. Je lui parle aussi de son « bon pain ». Et soudain, elle arrête de pleurer pour me raconter plein de souvenirs. On dirait qu'elle veut me convaincre de son incompétence. Comme cette fois où, apparemment à bout de

nerfs, elle m'a crié après alors que je pleurais quand j'étais bébé. Il paraît qu'elle m'aurait crié : « Si t'as envie d'être une braillarde, t'es tombée sur la mauvaise mère ! » (J'ai envie de dire que c'est vrai qu'elle gagnerait à crier moins et de lui rappeler l'avènement de plusieurs technologies permettant de préserver la voix, comme les textos ou les courriels, mais je m'abstiens.) Et cette autre fois où elle ne savait pas comment me mettre mon pull et qu'elle a failli m'étouffer en tentant de faire entrer ma tête par un trou de manche. Pour rire, je dis que je n'en ai conservé que peu de séquelles. Elle ne rit pas et se remet à pleurer. Puis elle s'arrête et fait : « Oh ! »

Moi : Oh quoi ?

Ma mère : Il bouge, on dirait…

Elle prend ma main et la met sur son ventre.

1) Je ne sens rien et 2) je trouve ça limite dégueulasse (car elle pèse sur son ventre avec ma main et j'ai l'impression de sentir tous ses organes internes).

Elle fait encore : « Oh, il a encore bougé ! » Elle éclate de rire et elle dit :

– C'est vrai, tu ne peux sûrement rien sentir… C'est tout doux, comme si une aile de papillon me chatouillait. Oh ! C'est merveilleux !

Conclusion de cette journée : J'ai une connexion privilégiée avec l'au-delà en ce qui concerne des vœux de petite envergure lorsqu'ils ne sont pas formulés officiellement. Et ma mère est semi-folle.

Note à moi-même : Tenter de ne plus insulter les malentendants pour défendre les réfrigérateurs, ce qui pourrait me conduire à la même maladie mentale que ma mère, comme un genre de punition karmique.

Lundi 18 février

Exploit incommensurable : j'ai réussi à enfiler mes chaussettes en même temps que mes chaussons ! (Un cas de *We are the champions*, de Queen.) 1) Ma vie est vraiment palpitante. 2) On comprendra aisément ma difficulté à remplir la section « aptitudes particulières » dans mes dossiers d'inscription à la fac.

S'il existait une carrière qui me permettait de passer des heures à perdre mon temps sur Internet, je serais la championne dans ce domaine ! Je passe mon temps là-dessus, et ensuite, je passe le reste du temps à me sentir coupable d'avoir passé tout ce temps à perdre mon temps. Bref, rien de tout ça ne semble très productif. Mais peut-être que je pourrais voir ça comme une passion plutôt que comme une perte de temps, et en faire une carrière. Par exemple, Tommy était passionné par les jeux vidéo et, en ce moment, il travaille à temps partiel à tester des jeux vidéo. Tout le monde envie son emploi, et il veut étudier dans ce domaine pour devenir compositeur de musique de jeux vidéo. Je pourrais tenter de trouver un emploi pour lequel je dois regarder des vidéos drôles inutiles.
Tout ça pour dire que je vis un stress incroyable. Tout passe trop vite. On a eu un rappel aujourd'hui en cours : il faut absolument remettre nos dossiers d'inscription à

la fac au plus tard le 1er mars. Or, je ne sais toujours pas quoi faire de ma vie.

17h35

Je suis assise à la table de la cuisine et je consulte mes dossiers d'inscription avec une boule dans le ventre, quand ma mère rentre du travail. J'ai peur qu'elle se mette à souligner mon bordel, mais elle ne fait aucun commentaire. Ce qui ne veut rien dire, car elle pourrait exploser à tout moment. Elle est une bombe à retardement.

Elle arrive dans la cuisine et prend un verre d'eau. Et elle m'avoue qu'elle a vraiment hâte de connaître le sexe du bébé, et se met à faire tout un discours sur le fait qu'elle ne comprend pas pourquoi plein de gens ne veulent pas connaître le sexe avant la naissance et bla-bla-bla. Je lui dis que je la comprends totalement. Et on convient que la curiosité, ça doit être de famille. Je lance quelque chose de maladroit pour dire que la curiosité pourrait peut-être constituer un atout pour ma future carrière d'on-ne-sait-pas-quoi. Je précise « je lance quelque chose de maladroit », car il me semble que ça aurait pu être mieux exprimé. Parce que c'est vraiment sorti comme ça :

– En tout cas, si ça pouvait m'aider dans la vie… (Ajoutons ici plein de marmonnages de fille bougonne, attitude qui me porte à croire que je n'ai pas atteint cette maturité que devraient logiquement avoir les gens qui passent du lycée à la fac.)

Ma mère : Ça va ?

Moi (laissant tomber ma tête dans mes mains) : Maman, je ne sais pas quoi faire de ma vie !

Ma mère : Pourquoi tu ne fais pas le tour de tes passions ? Comme le chocolat. Tu pourrais travailler dans ce domaine. Chocolatière, pâtissière…

Moi : M'man… J'aime aussi aller à La Ronde, mais ça ne veut pas dire que je veux travailler là-bas !
Ma mère : OK, te fâche pas ! Moi, j'ai fait des études de communication. C'est large. Je ne savais pas quoi faire de ma vie. Je l'ai trouvé en étudiant.
Moi : Et si je partais en voyage ? Genre, je ne sais pas, moi, si j'allais planter des arbres en Colombie-Britannique ?
Ma mère : Toi, tu planterais des arbres ?
Moi : Oui.
Ma mère : Tu détestes faire du camping !
Moi : Ce ne serait pas pareil… Ce serait une contribution écologique !
Ma mère : Tu sais que, dans la forêt, il y a beaucoup d'araignées ?
Moi : Oui, mais peut-être que ça me guérirait de ma phobie.
Ma mère : Si c'est ce que tu veux…
Moi : Euh… c'est tout ?
Ma mère : Quoi ?
Moi : Tu vas me laisser partir ?
Ma mère : Pourquoi pas ? Les voyages forment la jeunesse.
Moi : Il y a des parents qui préfèrent que leurs enfants *finissent* leurs études avant de faire des voyages comme celui-là.
Ma mère : L'école, tu peux toujours y retourner, même à soixante-quinze ans.
Moi : Oui, mais ça peut être super dangereux !
Ma mère : De retarder tes études ?
Moi : Non ! Les voyages !!!
Ma mère : Mais non, ce n'est pas dangereux, voyons. C'est une bonne idée, c'est formateur. Et si ça peut te guérir de ta peur des araignées…

Moi : Mais tu n'aurais pas peur que je me fasse attaquer ?
Ma mère : T'as juste à ne pas partir dans un pays en guerre.
Moi : Mais on peut se faire attaquer même dans les pays qui ne sont pas en guerre !
Ma mère : Tu peux te faire attaquer ici aussi, je ne vais quand même pas t'attacher à un pied de chaise !
Je me lève et ramasse vivement mes papiers.
Moi : Tu ne pourrais pas être une mère normale ?!

Note à moi-même : Cela peut s'avérer un vrai choc lorsque vous réalisez que votre mère a un certain degré de coolitude que vous n'aviez jamais repéré. (Ne jamais le dire à votre mère, car cette attitude cool et cette complicité soudaine pourraient être temporaires et causées par des phénomènes hormonaux ou autres.)

Mardi 19 février

Il fait gris aujourd'hui. Et froid. Le vent souffle tellement fort qu'on l'entend siffler à travers les fenêtres. Je suis en art dramatique et Diane nous parle de théâtre d'ombres.
Diane : C'est un art qui a été utilisé à des fins religieuses pour évoquer l'âme des morts…
Ce qui est étrange dans ma vie, c'est que lorsque le mot

« mort » est prononcé en ma présence, plusieurs personnes qui sont au courant de ma situation personnelle se retournent très peu subtilement vers moi pour me regarder. À quoi s'attendent-ils ? Un air triste ? Des larmes ? Je baisse toujours les yeux en faisant semblant de ne pas remarquer qu'ils m'observent.
Diane (qui continue) : Il était même parfois utilisé au cours d'exorcismes. Il est par la suite devenu une forme de spectacle populaire, mettant en scène de grands poèmes épiques ainsi que des satires politiques. Votre travail de fin d'année consistera à monter un théâtre d'ombres, et mon préféré sera présenté lors du *Bye-Bye lycée !*, le spectacle de fin d'année des élèves de première.

11 h 30

Je suis timidement allée voir Jason pour lui proposer qu'on fasse équipe. Il a dit que nous n'avions pas la même vision artistique. Je sais qu'il faisait référence au seul rendez-vous que nous avons eu ensemble, où nous avions compris que nous n'avions pas les mêmes goûts cinématographiques. Je lui ai dit que ce serait peut-être une bonne chose. Et qu'il était la personne en qui j'avais le plus confiance pour ce travail. J'ai même fait quelques calembours très sophistiqués (que je ne répéterai pas, pour la bonne raison qu'ils ne sont pas si sophistiqués que ça, tout compte fait) afin de le gagner à ma cause, et il a fini par accepter. J'étais contente. (Mais j'avoue que moi-même, je n'aurais pu résister à tant de calembours, sophistiqués ou pas.)

12 h 5

En allant chercher Kat pour déjeuner, je l'ai entendue tenir tout un discours convaincu à Truch sur son indépendance retrouvée et sur le soulagement qu'elle ressentait à l'idée d'être à nouveau célibataire.

J'ai fait tout ce qui était en mon pouvoir pour que mon visage ne trahisse pas ma duplicité.
Je lui ai par la suite demandé si elle pensait vraiment ce qu'elle disait, et elle m'a répondu :
– Franchement ! Tu me connais mieux que ça ! Mais… je ne veux pas étaler ma peine au grand jour, j'ai mon orgueil.
Au même moment, elle s'est écriée :
– OOOOOOHHH NOOOOOON !!!!!!
Moi : Quoi ????
– LA BATTERIE DE MON TÉLÉPHONE EST MOOOOORTE ! J'OUBLIE TOUJOURS DE LE RECHAAAAAAARGEEEEEEEER !

L'être humain est rempli de contradictions (et de parts d'ombre…). M'en souvenir.

Mercredi 20 février

Kat s'est fait couper les cheveux. Hier, après l'école. Elle est entrée dans un salon de coiffure, comme ça, spontanément, sous l'impulsion du moment. Elle a demandé au coiffeur s'il avait de la place et il a dit oui.

Elle souffrait toujours de dépression post-rupture, elle a traîné ses pieds jusqu'à la chaise du coiffeur, elle s'est assise et, quand il lui a demandé ce qu'elle voulait, elle a marmonné quelque chose d'incompréhensible qui sonnait comme suit : « Momomoulubu. » (Bon, tout cela est bien sûr une dramatisation, car je n'étais pas là. Alors j'invente un peu.)
Kat le raconte d'une façon différente. Elle dit qu'elle est entrée là-bas en pensant que se faire couper les cheveux, et, donc, changer de look, lui donnerait un regain d'énergie. Qu'elle s'est super bien entendue avec le coiffeur, un anglophone à qui elle a parlé de *Gossip Girl* et qui a tout de suite su de quoi elle parlait. Elle lui aurait demandé une coupe à la Blair Waldorf, mais elle est sortie du salon de coiffure avec les cheveux coupés aux épaules, donc plus courts que ceux de Blair, et hyper dégradés. Lorsque Kat aurait demandé au coiffeur pourquoi elle avait les cheveux si courts comparés à ceux de Blair, il lui aurait simplement répondu avoir été obligé de dégrader, que c'est ce qui faisait le style de Blair. Lorsque je lui ai demandé pourquoi elle ne m'a pas appelée avant, elle m'a répondu :
– Bah, tu ne m'écoutes pas ? La batterie de mon téléphone était morte !
Je n'ai évidemment pas osé énumérer toutes les façons possibles de joindre quelqu'un hormis le portable, car je la sens un peu à cran.

8h50

Nous sommes aux casiers, au bout de ma rangée, à côté du distributeur, là où je me cachais avant pour embrasser Nicolas. Cette fois-ci, c'est pour consoler Kat. Qui n'arrête pas de repasser la scène du coiffeur en se demandant pourquoi elle n'a pas continué son chemin en

arrivant devant le salon de coiffure, ou pourquoi elle n'a pas simplement dit qu'elle ne désirait que rafraîchir sa coupe et juste faire couper les pointes. Ou pourquoi elle n'a pas simplement demandé une permanente.
Je n'arrête pas de lui dire que je la trouve belle. Que je trouve sa coupe réussie. Elle n'arrête pas de répéter que ses cheveux n'auront JAMAIS repoussé à temps pour le bal. Qu'elle voulait avoir les cheveux très longs pour le bal. Et que ci et que ça concernant le bal. Je lui propose de se faire poser des extensions. Ça la fait pleurer davantage. Et elle dit :
– Je savais qu'ils étaient trop couuuuuuurts !!!
Je ne dis plus rien. Je l'écoute. Nous avons encore un peu de temps avant que les cours commencent. Je lui suggère qu'on aille aux toilettes pour qu'elle se mette de l'eau froide sur le visage, car elle est un peu bouffie à force d'avoir pleuré.
Elle ne veut pas bouger. Puis, soudain, elle se met à parler super vite. De l'équitation, qu'elle a commencé à pratiquer à cause d'un chagrin d'amour et qu'elle a abandonnée à cause d'un nouvel amour. Je réplique : « Ce n'était pas à cause d'un emploi du temps trop chargé ? » Elle ne répond pas. Elle continue avec l'école. Ses choix de vie. Remet en question son désir de devenir vétérinaire. Je dis : « Toi aussi, tu te questionnes sur ton avenir ? J'ai toujours pensé que tu étais tellement déterminée… » Elle ne commente pas. Elle poursuit avec sa sœur. Ses disputes. Son chien. Et le fait qu'elle a découvert que Julyanne a un copain. Je réplique : « Julyanne a un copain ??? » Elle enchaîne avec son admiration pour moi. Pour ma capacité à ne pas vouloir absolument un copain. Je réplique : « Ben… ce n'est pas que je ne veux pas, mais tant qu'à avoir n'importe qui,

je préfère… » Et elle ajoute qu'elle a embrassé Truch. Je m'offusque : « TU AS EMBRASSÉ TRUCH ??? »

Les cheveux, c'était la « pointe » de l'iceberg.

Note à moi-même : Pour ce jeu de mots, j'aimerais remercier mes parents de m'avoir mise au monde, tous mes mentors qui m'ont transmis un héritage humoristique hors du commun, les spectacles comiques…

Note à moi-même n° 2 : Comme dirait le groupe Queen : « *We are the* shampoing, *my friend* ! »

Note à moi-même n° 3 : Je me la pète !!!!! Et je vieillis. Car il n'y a que les vieux qui font des jeux de mots. Heureusement, je deviens de plus en plus bilingue et, donc, mon humour est international, car je suis capable de faire de l'humour en français et en anglais.

Jeudi 21 février

Je me suis levée du bon pied ce matin ! J'ai même fait un bisou à ma mère, et ça, c'est rare, sauf si elle me le demande.
Tout ça n'a rien à voir avec le fait que ma meilleure amie (Kat) a embrassé son ex-copain (Truch) et que je

considère ce geste (totalement désespéré et dépourvu de logique, avouons-le) comme anodin, tout comme elle (j'ose croire qu'elle me le dirait si c'était le contraire). Nous avons passé toute la soirée d'hier à analyser la situation en détail au téléphone. Elle aurait embrassé Truch dans l'espoir (illusoire) qu'Emmerick l'apprenne et qu'il soit jaloux. Mais comment pourrait-il l'apprendre ? Il ne fréquente même pas notre école. Elle compte sur le pouvoir d'Internet et des réseaux sociaux. (Soupir…) J'ai rappelé à Kat le fait que Truch sort avec Noémie, aux dernières nouvelles, et qu'il a également embrassé Audrey. Elle a dit qu'il ne sort plus avec Noémie et qu'Audrey s'était désintéressée de lui (elle a plutôt dit que « ça n'a pas marché », mais je préfère ma version). Voudrait-elle reprendre avec Truch s'il était célibataire ? Réponse : non.

Ça aurait été assez pour que je me lève du bon pied, car cette nouvelle m'a grandement réjouie (voir Kat reprendre avec Truch aurait été tout simplement une catastrophe dans ma vie), mais ce n'est pas pour ça que j'ai été prise d'une soudaine bonne humeur excessive.

En fait, c'est que j'ai reçu un appel de la rédactrice en chef de *Miss Magazine*, Janik Tremblay, pour confirmer mon stage pendant la semaine de vacances. Il était super tôt quand elle a appelé. Elle m'a dit, d'une voix très rapide et avec une haleine qui sentait le café jusqu'à l'autre bout du fil :

– Allô, Aurélie ! J'espère que je ne te réveille pas, je vais à un shooting et je n'avais pas d'autre moment pour t'appeler.

Moi : Mais non ! Pas du tout !

Elle me réveillait totalement ! Hé hé ! Mais j'ai pris une voix hyper dynamique pour éviter que ça s'entende. Je n'ai pas osé non plus lui rappeler l'existence des courriels.

Je trouvais qu'il était peut-être inapproprié de souligner ce genre de détail à une rédactrice en chef de grand magazine.
Janik : J'appelais pour confirmer ton stage début mars.
Moi : Super !
Je l'admets, j'aurais pu répondre quelque chose de beaucoup plus élaboré que « super », mais sur le coup, je n'ai rien trouvé d'éloquent. Il faut dire que Janik était la première personne à qui je parlais ce matin, alors je n'étais pas vraiment entraînée à la conversation et j'employais toute mon énergie à ne pas avoir une voix enrouée matinale.
Après ça, je suis montée à la cuisine et j'ai fait ce fameux bisou à ma mère, ce qui, d'après son air, l'a ravie.

8h50

– On va l'espionner ! me dit Kat, avec une énergie qu'elle n'a pas eue depuis longtemps, me coupant la parole alors que j'étais en train de lui annoncer la confirmation de mon stage au *Miss Magazine*, aux casiers, juste avant nos cours.
Moi : Qui ça ? Janik ?
Kat : Non, Emmerick ! OK, plan : On va à son école, tu te caches près de lui avec un écoute-bébé et…
Moi : Un écoute-bébé ?
Kat : Oui, ta mère doit bien avoir ça, un écoute-bébé ! C'est pour entendre le bébé quand vous êtes dans une autre pièce.
Moi : Ah. Non.
Kat : Mais c'est indispensable !
Moi : C'est vrai qu'elle n'est pas encore assez équipée, il faudrait que je parle à ma tante Loulou qui voulait organiser une *baby shower*…

Kat : Non ! C'est indispensable à notre espionnage ! Argh ! T'aurais pu te cacher près de lui avec l'émetteur, et moi j'aurais été plus loin avec le récepteur, j'aurais capté la conversation et j'aurais pu en savoir plus. Mais sans les écoute-bébé, mon plan ne fonctionne pas. J'avais vu ça dans un film…
Tommy : Hé, les filles, vous savez quoi ? (Il se penche et dit le reste en chuchotant.) J'ai rancard demain soir avec une fille super cool !
Moi : Qui ça ?
Tommy : Tu ne la connais pas.
Moi : Pas Audrey ?!?!
Kat : Hé, c'est pas tes affaires !
Tommy : Non, elle s'appelle Laeticia.
JF arrive et il pianote sur son téléphone. Il est complètement amoureux. Il a les yeux tout brillants. Sans rien dire, il met une main sur son cœur et fait un signe avec ses doigts comme pour imager que son cœur s'envole.
Kat : Oh, t'es tellement ringard, JF !
Moi : Laisse-le, c'est son premier amour. C'est romantique !
Kat : Oui, c'est romantique jusqu'à ce que ça te rentre dedans, bang, que ça finisse sans que tu ne l'aies vu venir et que tu aies plus mal que…
Tommy : Laisse-le vivre ses histoires, pas besoin de le décourager.
Kat : Ben moi, je ne lui fais pas confiance, à Vince !

Note à moi-même : Mes amis ont des actualités amoureuses très complexes qui exigent une mise à jour quasi quotidienne et, combiné à tous les devoirs et responsabilités relatifs à la fin d'année et du lycée imminente, ça ne laisse pas vraiment de place pour de grandes nouvelles concernant un stage dans un magazine très réputé.

À l'agenda : Organiser une *baby shower* à ma mère. Même des gens n'ayant aucune connaissance en bébés réalisent à quel point elle manque d'équipement. (Pour de mauvaises raisons, mais bon, ça revient au même, non ?)

vendredi 22 février

Les gens du comité de l'album des finissants sont venus nous présenter leur concept dans les classes et nous ont demandé de nous mettre par deux pour écrire un mot de présentation. Bien sûr, j'écrirai le mot de présentation de Kat et elle écrira le mien. Tommy écrira celui de JF et vice versa. Je sais déjà ce que j'écrirai pour Kat. Facile de chez facile ! Je l'ai écrit pendant l'heure du déjeuner ! (Avec, je l'avoue, une petite larme à l'œil en entrevoyant la fin du lycée et, même si nous resterons amies pour la vie, la fin d'une époque où on se voit quotidiennement, puisque nous étudierons sans doute dans des domaines différents…)
Mais je n'ai pas eu assez de temps pour terminer le mot car, étant donné que je fais partie des seules élèves à ne pas avoir envoyé mon dossier d'inscription à la fac, j'avais

un rendez-vous (obligatoire) avec la conseillère d'orientation.

13 h 10

Le problème avec la conseillère d'orientation, c'est qu'elle est vraiment bête. Elle a trente-trois ans et NE SAIT PAS COMMENT ALLUMER UN ORDINATEUR ! À notre époque ! Sous prétexte qu'elle n'en a pas chez elle, elle ne sait pas comment ça fonctionne. Il faut qu'elle ait obtenu un diplôme pour faire son travail, non ?!!! Je suis entrée dans son bureau, elle parlait au téléphone, a raccroché, m'a reproché mon impolitesse parce que je n'ai pas frappé avant d'entrer (alors que la porte était ouverte), puis elle a commencé à me parler de ses problèmes d'ordinateur. Je me suis avancée, j'ai appuyé sur le bouton « on » et il s'est allumé. Et c'était comme si je l'avais sauvée d'un grand drame. Comment ensuite avoir confiance en ses opinions sur MON avenir ?

13 h 15

Pendant qu'elle me posait des questions et qu'elle me proposait des choix de carrière dignes de la préhistoire, j'ai été soudainement frappée d'une sympathie énorme pour cette femme. Et si elle venait du passé ? Elle vient peut-être des années 1920 et elle a percé les secrets du voyage dans le temps. Voilà ce qui expliquerait pourquoi elle est incapable d'allumer un ordinateur, mais également pourquoi elle n'a aucune connaissance concernant les professions modernes de notre époque !

13 h 25

Je finis de remplir le questionnaire qu'elle m'a donné (après avoir changé ses paramètres pour qu'elle soit capable de me l'imprimer, tsss !). Je le lui tends. Elle le lit.

Conseillère d'orientation : D'après le questionnaire, vous me semblez être une fille très minutieuse, qui a le souci du détail, en plus d'avoir une personnalité artistique. Pourquoi vous ne devenez pas restauratrice de tableaux ?
Moi : Restauratrice de tableaux… genre restaurer des tableaux de grands peintres et tout ? Dans un musée ?
Conseillère d'orientation : Oui.
Moi : Mais je n'ai aucun talent en dessin !

Pffff ! Aucune. Crédibilité. Elle est conseillère d'orientation sur quelle planète, elle ?

Note à moi-même : Évidemment, ma sympathie momentanée pour elle s'est transformée en sérieux doute sur ses compétences. Je suis sûre qu'une personne qui aurait réussi à percer les mystères de la fabrication d'une machine à voyager dans le temps serait pas mal plus intelligente que cette conseillère d'orientation !

Note à moi-même n° 2 : Apprendre à contenir tout élan d'hostilité envers les gens d'une autre époque qui donnent des conseils stupides.

20h3

Chez Kat.
Moi : … là, elle m'a dit que si le métier de restauratrice de tableaux ne m'intéressait pas, je pourrais songer à un avenir en informatique… juste parce que j'ai su appuyer sur le bouton « on » de son ordinateur ! Franchement !
Kat : Ah ouais, nulle… Tu crois vraiment que je ne devrais pas rappeler Emmerick ? Juste pour voir comment il va ?

Soupir.

Chose importante à savoir dans ma vie : Les dilemmes décisionnels face à mon avenir ne suscitent aucun intérêt chez mes interlocuteurs.

Samedi 23 février

Mercredi prochain, c'est l'anniversaire de François, et c'est ce soir que toute la famille, en plus de quelques amis, l'a fêté. Il a avoué que ça lui faisait du bien d'avoir un peu d'attention. On l'a tous beaucoup taquiné avec cet aveu en lui disant qu'il fait tellement pitiééééé !
Nous étions une vingtaine de personnes réunies dans un restaurant indien. Ma mère avait réservé une salle privée où nous devions retirer nos chaussures. Je ne sais pas pourquoi je précise ce détail, c'est que ça m'a énormément surprise (surtout que j'avais des chaussettes dépareillées…).

Ma carte à François :
Bon anniversaire à un homme rare (parce qu'il ne sort pas souvent), courageux (oui, ça demande du courage de vivre avec deux filles !) et tout autre compliment pouvant convenir à cet homme de cœur (parce qu'on l'aiiiiiime) !
(J'ai failli remplacer le premier « homme » par « perle » pour

éviter la répétition dans un texte si court, mais je trouvais que « perle » manquait de virilité pour une description qui se veut masculine. Bon, OK, le domaine du masculin n'est pas ma spécialité ! Mais tous les compliments sont sentis !)

Ta « belle-fille »,
Aurélie xxxxxxxxxxx

20 h 31
François a eu les larmes aux yeux lorsqu'il a lu ma carte. Et il m'a serrée dans ses bras et m'a murmuré qu'il se sentait très chanceux. Les larmes n'étaient pas l'effet désiré, puisque je souhaitais le faire rire, alors j'ai vécu une remise en question spontanée concernant mon sens de l'humour, qui me semble maintenant douteux.

20 h 45
François a porté un toast aux deux femmes de sa vie, ma mère et moi. Il nous a remerciées d'avoir fait de lui un homme moins seul, plus heureux et enfin comblé. Il m'a fait un clin d'œil, avec les yeux brillants. Et j'ai repris confiance en mon humour douteux, qui semble capable de rapprocher les gens et peut-être même, qui sait, des peuples. Écrire des discours politiques, peut-être est-ce là mon avenir ?
Le problème, c'est que je ne connais rien à la politique.

À l'agenda : Tout apprendre sur la politique en vue d'une future carrière dans ce domaine à titre de rédactrice de discours.

À l'agenda n° 2 : Trouver rapidement une autre carrière pour remplacer celle de rédactrice de discours politiques, ce qui m'éviterait d'avoir à faire des recherches dans un domaine pour lequel mon intérêt est limité à mon (futur) devoir de citoyenne.

20 h 46

Je dois avouer que chaque fois que je vis un instant de bonheur qui concerne François, ma pensée se dirige naturellement vers mon père. Mais cette fois-ci, quelque chose a changé. Je pense à mon père, mais en le remerciant de nous avoir envoyé, à ma mère et à moi, quelqu'un comme François pour partager notre vie.

Note à cet « ange gardien » qui veille sur nous : Si vous pouviez m'envoyer une illumination divine sur mon avenir professionnel, ce serait super apprécié. Merci.

Dimanche 24 février

Il paraît que JF vit sa propre version d'une comédie musicale. C'est ce que j'en ai déduit lorsque j'ai appelé Kat et que j'ai entendu JF entamer derrière elle une version très personnelle d'une chanson de Lady Gaga (lui qui a toujours dit détester cette chanteuse), et que Kat, dans un rire de hyène hystérique, m'a décrit la chorégraphie qui accompagnait cette chanson a capella qui, à mon humble avis, s'apparentait davantage à des cris primaux camouflant une crise d'hormones.

J'ai appelé Tommy pour l'inviter au cinéma, mais il m'a dit qu'il était avec Laeticia, sa nouvelle copine.

Je me sens seule au monde.

20 h 57

Pas question de me laisser abattre par un sentiment de solitude oppressant !

21 heures

Je viens de faire une recherche exhaustive (quoi ?! trois minutes, c'est amplement suffisant pour trouver tout ce qu'on cherche quand on a une connexion haut débit) sur les femmes qui ont marqué l'histoire. Elles semblaient assez recluses. Si mes conclusions sont exactes, je devrais sans doute marquer l'histoire sous peu.

21 h 1

Je me sens vivement inspirée par les femmes qui ont marqué l'histoire et qui m'ont transmis le goût de l'aventure et de la liberté !

P-S : Quand je dis « aventure et liberté », je ne parle pas de camping sauvage… C'est, disons, métaphorique.

Lundi 25 février

– J'ai envie de rire, de pleurer et de tuer quelqu'un en même temps, me lance ma mère alors que j'arrive dans la cuisine pour déjeuner.
Moi : Gros programme.
J'ouvre la porte du frigo, je regarde à l'intérieur et j'oublie complètement ce que je voulais prendre, mais je reste là, à contempler l'alignement des aliments.
Ma mère : Il y a quelque chose de spécial à regarder là-dedans ?
J'éclate de rire, j'attrape du jus et je dis :
– Je suis fatiguée, je pense.
Ma mère : Oh ! Moi aussi ! J'ai hâte que les journées rallongent. Je ne supporte plus la grisaille !
Je tends à ma mère un verre de jus et elle décline mon offre. Je m'approche d'elle avec mon verre et je regarde dehors.
Moi : Ouais, j'avoue. C'est long, l'hiver.
Ma mère pose son journal et semble soudain fébrile.
Moi : Ça va ?
Ma mère : Je viens d'avoir une idée folle ! Wouhhh !
Moi : Wouh ?
Ma mère : Pourquoi on ne part pas en voyage, toi et moi ? Ce sont les vacances la semaine prochaine ! J'ai juste à prendre un congé et, regarde, on pourrait aller là !

Elle me pointe une publicité dans le journal, une offre promotionnelle pour un voyage tout inclus dans les Antilles, en République dominicaine.
Moi : Est-ce que tu peux voyager même si t'es enceinte ?
Ma mère : J'ai lu dans les livres qu'ils conseillent aux futurs parents de faire un voyage avant la naissance du bébé. Ils appellent ça un « *babymoon* ». Ils le recommandent pour se reposer avant l'accouchement, mais aussi comme un moment privilégié à passer en amoureux avant l'arrivée du bébé.
Moi : En amoureux ?
Ma mère : Il y a eu beaucoup de bouleversements dans nos vies. Avant, on était juste toi et moi, puis il y a eu François, le déménagement, le bébé... Ce serait un moment mère-fille ! En... amoureuses ! Hi hi ! Ce serait tellement cool ! Dis oui !!!
Moi : Mais... mon stage ?
Ma mère : Quel stage ?
Je regarde ma mère dans les yeux. Je n'ose pas lui reprocher son Alzheimer. Je suis totalement excitée malgré moi par sa proposition. Quand même, je n'en reviens pas qu'elle ait pu oublier que je faisais un stage chez *Miss Magazine* pendant ma semaine de vacances. C'est rare pour les gens de mon âge d'avoir un travail aussi cool pendant des vacances scolaires ! Je réponds quand même doucement :
– Mon stage chez *Miss Magazine*...
Ma mère : Oups, c'est vrai... Je sais... L'autre jour, quand tu m'as parlé de voyage, je m'en suis voulu de ne jamais t'avoir emmenée en voyage... et je viens d'avoir cette idée sur un coup de tête. Je te comprendrais de décliner mon offre. Mais je ne sais pas, peut-être que tu peux appeler le *Miss* pour leur demander si tu peux

déplacer ton stage. Écoute, je comprendrais vraiment si tu refusais. Sens-toi à l'aise. Tu peux peut-être prendre la journée pour y réfléchir et on s'en reparlera demain ?

Cette proposition arrive à point, étant donné ma nouvelle passion pour l'aventure et la liberté !

Moi : Tu crois que ce serait irresponsable de décliner une offre de stage incroyable pour aller en voyage ?

Ma mère : Ben… oui ! Mais ce serait tellement sympa !

Moi : Je n'ai pas envie de réfléchir toute la journée ! J'ai envie d'aller en voyage avec toi plus que tout au monde !

Ma mère se lève et saute, et je saute avec elle et on crie. François arrive et nous demande ce qui se passe. Il semble tout surpris par notre annonce de voyage. Il trouve ça super drôle et nous fait des blagues en disant qu'il aura la paix d'hormones féminines pendant une semaine. Ma mère lui donne un petit coup de journal sur l'épaule.

8h20

Avant de partir pour l'école, je décide d'envoyer un courriel à Janik. Raison ? Ça m'intimide un peu de l'appeler et/ou de laisser un message sur sa boîte vocale. Ça me gêne d'avoir à annuler un stage de rêve de vive voix. À tous les coups, je vais m'empêtrer dans mes mots et je vais avoir l'air de sortir d'une pochette surprise. Mais le genre de pochette surprise où la surprise te déçoit. (Bon, de toute façon, toutes les pochettes surprise sont décevantes. On dirait toujours que cette appellation est donnée au lieu de celle-ci : reste-de-marchandise-dont-personne-ne-voulait-qu'on-a-mis-dans-une-jolie-boîte-agrémentée-du-mot-surprise-pour-s'en-débarrasser.)

8 h 35

À : Janik Tremblay
De : Aurélie Laflamme
Objet : Stage

Chère Janik,
Je dois malheureusement annuler mon stage de la semaine de vacances, du 3 au 7 mars. Ce n'est pas par manque d'intérêt de ma part. Il s'agit plutôt d'une circonstance exceptionnelle. Ma mère est enceinte et, puisqu'elle a appris qu'un *babymoon* (terme développé par des spécialistes dans le domaine, qui désigne un voyage qu'on fait avant l'arrivée du bébé) est bénéfique pour la mère et le bébé et qu'elle en a grandement besoin, elle m'a invitée à partir en voyage avec elle. Ça nous permettra surtout de passer un dernier moment ensemble avant ce grand événement que sera la naissance de mon futur frère ou de ma future sœur.
Il me ferait grandement plaisir de pouvoir profiter de cette opportunité unique que vous m'avez offerte à un autre moment. J'espère que cela sera possible. Entretemps, j'imagine que vous avez une liste d'attente énorme et que mon poste sera comblé par une autre personne. Le cas échéant…

8 h 36
« Erreur. Votre document a quitté inopinément. »

8 h 36 et une demi-seconde
Quoi ?

8 h 36 et trois quarts de seconde
QUOI ????????

8 h 37
ARGHHHHHHH !!!!!!!!!!!!!! IRRÉCUPÉRABLE !!!!!!!! MON COURRIEL ÉTAIT SUPER BON ! J'AVAIS MÊME RÉUSSI À PLACER L'EXPRESSION « LE CAS ÉCHÉANT » ET TOUT ! C'ÉTAIT SUPER PRO !!!

8 h 38
Merde, je vais être en retard à l'école ! Merde ! Merde x 1 000 !!!!

8 h 39
Il faut que je ponde quelque chose de rapide !

8 h 39 et une demi-seconde
À moins que je l'appelle sur le chemin de l'école ?

8 h 39 et trois quarts de seconde
Non. Impossible. Une pochette surprise essoufflée, c'est encore pire.

8 h 43

À : Janik Tremblay
De : Aurélie Laflamme
Objet : Stage

Chère Janik,
Tu sais quoi ? J'avais écrit un super message et la page a quitté inopinément ! Argh !!! ;)))
Alors, comme je disais...
Bon, ça ne sert à rien de t'écrire « comme je disais », car

tu ne sais pas que j'avais écrit un autre message, et donc, ça ne change rien pour toi, ce n'est pas comme si j'avais dit quelque chose et que tu ne m'avais pas entendue, mais en tout cas, c'est frustrant ce genre de chose, alors je précise, car tu pourrais trouver que le ton de mon courriel est expéditif, alors que mon autre courriel était très doux, mais puisque tu ne sais pas que l'autre courriel était doux et que tu reçois juste l'expéditif, tu pourrais te dire : « Ouais, elle aurait pu écrire un courriel plus doux », et là, toute ta vie tu aurais pensé que j'ai des lacunes en courriel doux. J'aime éviter ce genre de quiproquo.
Tout ça pour dire que ce que je disais, de façon très articulée (et douce), c'est :
– Ma mère m'a invitée à partir en voyage dans les Antilles pendant la semaine de vacances et je dois annuler mon stage, ce qui m'attriste énormément. Mais comme elle est enceinte, c'est peut-être la dernière fois que j'ai la chance de réaliser cette expérience (seule) avec elle.
– Il y avait d'autres points que j'ai malheureusement oubliés (mais j'utilisais de belles formules comme « le cas échéant »).
– Ah oui ! Crois-tu qu'il serait possible de remettre ça à plus tard ? Ce stage m'intéresse énormément.
Aurélie
xx

8h45

Après avoir enfilé en vitesse bottes, manteau, etc., je m'apprête à courir vers l'école lorsque ma mère me propose de m'accompagner. Des fois, comme ça, sans qu'on s'en rende compte, il y a des bouffées d'amour pour vos parents qui vous envahissent. Mais bon, juste des fois. (Tout le temps, ce ne serait pas normal.)

9h2

– Au', tu ne peux pas partir !

Kat est dans tous ses états. Elle ne peut pas croire que je vais l'abandonner pendant la semaine de vacances alors qu'elle est complètement déprimée. Je lui ai fait remarquer qu'elle avait JF et Tommy (à ce nom, elle a levé les yeux au ciel) et qu'elle pourrait très bien se passer de moi.

J'avoue qu'elle a semblé perplexe. Et que je me suis sentie coupable.

16h34

À : Aurélie Laflamme
De : Janik Tremblay
Objet : Re : Stage

Chère Aurélie,

Merci pour cette précision au sujet des messages doux, parce que j'ai beaucoup de préjugés envers les gens qui n'écrivent pas « doux », et ça a tendance à m'empêcher de me relaxer quand je prends un bain ou que je suis au spa, tu vois !

Et comme, en général dans la vie, tu as l'air d'un lutteur sumo très agressif (le sont-ils ?), mon premier réflexe n'est pas de penser que tu es capable de douceur… Alors : OUF !

On remet ça ? Pourquoi tu ne viens pas passer la journée avec moi ce jeudi ? Il se trouve que j'ai une journée surchargée et que j'aurais bien besoin d'un clone de lutteur sumo pour m'aider ! Ça te tente ? Tu peux te libérer de l'école ?

Janik

Mardi 26 février

– S'il te plaît, s'il te plaît, s'il te plaît !

Depuis hier soir, je tente de convaincre ma mère de me laisser manquer une journée d'école. J'ai beau lui répéter qu'avant la semaine de vacances tout le monde se sent déjà en vacances, que la semaine est perdue à partir du mercredi, etc., elle est réticente. Elle n'arrête pas de répéter qu'en plus c'est son échographie et qu'elle aurait aimé que « toute la famille soit là ». Mon argument suprême a été :

– T'aurais accepté que je rate l'école pour ton échographie, mais pas pour un stage qui pourrait déterminer tout mon avenir ?

Ma mère : T'aurais raté juste un cours.

Moi : Mon avenir, maman ! Mon a-v-e-n-i-r !

Ma mère (après un moment de réflexion) : C'est vrai que c'est une chance extraordinaire. Et que tu n'as pas hésité une seconde à laisser tomber un stage d'une semaine pour partir en voyage avec ton énorme mère. OK, c'est oui.

Yeeeeeeeeah !!!!!!!!

Note à moi-même (chose qui ne se dit pas, dans aucun cas) : Prendre dans ses bras une femme enceinte est vraiment étrange. On est un peu coupé dans notre élan par le gros ventre et on doit trouver une position, ce qui enlève toute spontanéité au geste.

Vérité sur la supposée énormité de ma mère : Bon, son ventre n'est pas aussi gros qu'elle le pense, à peine un peu rebondi. Dans certains vêtements, on ne le voit même pas. Ça, c'est ce que je lui dis pour la rassurer, mais la vérité, c'est qu'on le voit très bien.

Jeudi 28 février

Ma journée en bref :
Faire un stage chez *Miss Magazine* : ✓
Choisir la meilleure photo pour la page couverture de *Miss Magazine* : ✓
Poser des millions de questions à la rédactrice en chef de *Miss Magazine* : ✓
Me faire dire par la rédactrice en chef de *Miss Magazine* qu'elle est déçue que je ne puisse pas passer la semaine de vacances avec eux : ✓
Me faire dire par la rédactrice en chef de *Miss Magazine* que j'ai de l'avenir dans le monde des magazines : ✓
Assister à un shooting photo de *Miss* : ✓
Voir une robe de bal qui est ma robe de rêve mais qui est hors de prix : ✓

Recevoir un texto de mon beau-père m'annonçant le sexe du bébé pendant un shooting de *Miss* : ✓

Ma journée en détail :

De 9 heures à midi

Janik m'a expliqué le processus de création du magazine et l'échéancier strict à respecter. Ensuite, elle m'a expliqué la politique éditoriale que *Miss* s'impose au sujet des articles. Elle m'a également montré comment fonctionne le processus de recherche des journalistes.

Elle m'a aussi dit qu'elle lit TOUT le courrier des lecteurs. Voilà pourquoi elle a répondu au premier que je lui avais envoyé cet automne, pendant ma grippe. (Elle a bien ri quand je lui ai avoué que je l'avais envoyé sous l'influence de médicaments pour la grippe et que j'en avais aussi envoyé un à Robert Pattinson ainsi qu'à JK Rowling, mais à des adresses inventées.)

Elle m'a ensuite fait visiter les locaux. J'ai pu voir le bureau des graphistes, ceux de l'équipe de pub et de marketing et ceux de l'équipe de rédaction. J'ai vu aussi ce qu'on appelle des « épreuves », c'est-à-dire des cartons couleur des pages montées. Janik doit les regarder et les approuver. Parfois, elle doit faire des commentaires pour améliorer les pages. Ou vérifier qu'il n'y a pas d'erreur dans les articles. Elle m'a montré les épreuves et j'ai parfois donné mon opinion, et elle a dit :

– Tu as l'œil.

Et j'ai répondu pour rire (du tac au tac) :

– J'aime bien critiquer.

Ce qui l'a fait rire.

Midi

Janik avait un déjeuner d'affaires avec les gens du marketing pour discuter de la campagne de promotion du prochain magazine. J'ai appris qu'il fallait un produit pas cher (comme des bracelets, crayons, bloc-notes bon marché, ou un partenariat avec une société qui cherche à faire de la publicité, comme des cartes à collectionner *Twilight*, des badges Harry Potter ou autres trucs du genre). Janik m'a présentée comme sa stagiaire et, parfois, on me demandait mon avis. J'ai dit que j'aimais bien les bijoux. Et que les cartes à collectionner de films, c'était toujours sympa pour notre agenda. J'ai même sorti, comme ça, tout seul, comme si j'étais vraiment géniale :

– Le mieux, ce serait que ce soit autocollant ! Comme ça, on n'a pas besoin d'appliquer de la colle soi-même !

Et tout le monde a noté mon idée. Un seul mot me venait en tête au sujet de mon cerveau en ébullition : « triomphe ». (Je me suis mise à divaguer silencieusement sur le mot « triomphe ». Quel mot étrange… On dirait presque un terme de Schtroumpf. Oups, il fallait rester focalisée. Je ne pouvais laisser mon cerveau trop divaguer, car je devais rester concentrée pour pouvoir donner mes idées.)

13 heures

Janik m'a proposé de la suivre pendant un shooting photo. C'était pour le numéro de mai, qui va sortir en avril, le « Spécial bal ». (Oui, les numéros sont conçus longtemps en avance !) Vraiment tripant ! J'ai rencontré les maquilleuses, les coiffeuses, les stylistes (vêtements et décors), le photographe et les mannequins.

13 h 30 à 14 h 30

Avant l'arrivée des mannequins, Janik a regardé les choix de la styliste, donné toutes ses recommandations à la maquilleuse et à la coiffeuse. En même temps, elle a répondu à son téléphone, lu ses messages électroniques et continué de faire des recherches sur Internet avec son téléphone pour montrer au photographe des exemples de photos qu'elle aimait bien.

15 h 15

Arrivée des mannequins. Coiffure. Maquillage. Habillage. Janik observait quelquefois, tout en continuant de répondre à ses appels et à ses courriels. Parfois, elle levait la tête vers moi en me disant : « N'hésite pas si tu as des questions. »

15 h 30

Ajustement de l'éclairage par le photographe et son assistant. J'ai servi de modèle pour tester la lumière. Je pouvais voir les tests de photos et j'en conclus que la lumière et l'éclairage ont une grande importance sur notre apparence. Maintenant, si je me lève un matin et que je ne me trouve pas top, je saurai que c'est simplement parce que je suis mal éclairée !

16 heures

Puisque l'échographie de ma mère était prévue à 16 heures, j'ai commencé à regarder constamment mon téléphone vers cette heure-là. Janik a fait quelques blagues au sujet des jeunes et de leur technologie. Je n'ai pas osé lui faire remarquer qu'elle avait été au téléphone presque toute la journée, mais je lui ai confié que ma mère passait une échographie et que j'avais hâte d'avoir des nouvelles. Elle n'a pas écouté ma phrase jusqu'au bout et elle est allée donner des directives au photographe.

16h1

J'ai reçu un premier texto de François :

Ta mère a vraiment envie d'aller aux toilettes, elle n'arrête pas d'engueuler les infirmières à cause de l'attente qu'elle juge trop longue.

Ça ne m'a pas surprise de la part de ma mère. Une minute de retard, c'est clair qu'elle s'est fâchée, tsss !

16h2

À la demande de Janik, je lui ai donné mon opinion sur une robe de bal que je trouvais un peu trop, disons, flashy. Elle m'a dit que dans les magazines, les couleurs vives ressortaient bien en photo. Qu'il fallait toujours y aller dans le coloré pour que les pages soient belles. Mais après avoir regardé le mannequin, son index collé sur sa bouche pendant un instant, elle m'a donné raison et a demandé à la styliste de lui apporter une autre robe. Et c'est là qu'elle m'a dit :

– Tu as de l'avenir dans le monde des magazines, toi.

Ce qui m'a donné l'impression de flotter pendant quelques minutes.

16h7

La robe suivante était vraiment extrabelle ! Bon, je ne la porterais jamais pour mon bal, car elle est pleine de froufrous, mais sur le mannequin, c'était ultrabeau ! J'ai donné mon approbation à Janik lorsque j'ai reçu un autre texto de François :

Ta mère a proposé, de façon pas très polie, des idées pour améliorer le système de santé.

16 h 30

Janik m'a demandé mon opinion sur la robe suivante. Je me suis retournée. Et j'ai eu le souffle coupé. J'ai eu un coup de foudre. Pour une robe. J'en ai rarement eu un aussi grand. Elle était là. Genre de couleur difficile à décrire : était-ce mauve ? Violet ? Lilas ? J'ai vu la styliste qui attachait les boutons dans le dos du mannequin qui était, avouons-le, mille fois plus belle que je ne le serais jamais si je portais cette robe. Mais cette robe hurlait mon nom ! Elle hurlait ! Elle était à l'autre bout de la pièce et elle criait : « Aurélie ! Aurélie ! » Je voudrais une robe de bal exactement pareille !

16 h 31

– Aurélie !!! Aurélie !!!
Ce n'était pas la robe. C'était Janik. Elle claquait des doigts devant mes yeux.
Janik : Ça va ? On dirait que tu vas t'évanouir !
Moi : La robe. C'est la robe de mes rêves !
Janik : Ah oui. C'est un des désavantages de travailler dans les magazines : on voit des vêtements qu'on ne pourra jamais se payer. La robe coûte mille cinq cents dollars. Oublie-la. Bon, viens m'aider à transporter les accessoires.
Bon. D'accord. Ce n'est pas ma robe. Je n'ose imaginer la crise que ma mère ferait si je lui disais que je veux une robe de ce prix. Malgré ses cours de yoga et tous les efforts qu'elle fait pour rester zen, elle exploserait.

16 h 40

J'ai envoyé un texto à François :
Alors ?

16 h 40

Le photographe a commencé à prendre des photos du mannequin dans sa belle robe et je n'ai pu m'empêcher de penser à ma robe de bal. Je me demande comment elle sera. De quelle couleur ? Noire ? Ma mère dit que ça fait sévère pour un bal. Jaune ? Trop « banane ». Mauve ? Je ne sais pas… Blanche ? Non, pas blanche, je vais avoir l'air d'un petit gâteau à la vanille. D'ailleurs, pourquoi, souvent, la vanille est-elle représentée par du blanc ? La vanille, ce n'est pas blanc dans la nature. Bref. Tout ça pour dire qu'il faut que je choisisse une couleur non seulement qui me va bien, mais qui n'est pas représentative de quelque chose qui nous fait penser à autre chose (genre blanc pour la vanille ou rose pour les framboises). En tout cas, je me comprends.

16 h 44

Texto de François :

On le voit. Tu devrais voir ça ! Il n'arrête pas de bouger !

16 h 45

Texto de François :

Oups, je devrais dire : « elle » n'arrête pas de bouger.

Note à moi-même : Je ne voudrais surtout pas passer pour une égoïste avec ce commentaire, et c'est pourquoi je le garderai top secret jusqu'à la fin de mes jours, mais deviner le sexe du bébé est une autre occasion de faire un vœu que j'ai ratée. Et, pour l'instant, ma frustration à ce sujet est plus grande que le choc que m'a causé le fait que mon futur frère est en fait une future sœur.

Mars

Changer le mal de place

Dimanche 2 mars

Lorsque l'avion a décollé, on aurait dit que j'avais laissé quelque chose au sol. Comme si ça avait été thérapeutique. J'ai dû laisser des poussières collées d'un certain passé qui s'efface. Le genre de trucs cachés, qu'on ne voit pas mais qui sont là. Souvent, c'est ce qui nous pousse à réagir d'une certaine façon dans des situations du présent qui n'ont rien à voir avec le passé, mais qui résonnent.

Comme la première fois qu'on m'a envoyée chez le directeur dans ma nouvelle école. J'ai réagi comme lorsqu'on m'envoyait chez mon ancien directeur, Denis Beaulieu, qui était très sévère, alors que le nouveau directeur était très différent.

Comme lorsque Kat est venue me parler pour la première fois, lors de notre examen d'entrée au collège. Au lieu de penser qu'elle voulait être mon amie, j'ai cru qu'elle voulait se moquer de moi, parce que c'est ce que je vivais à l'école primaire.

Comme lorsque j'ai appris que ma mère était enceinte alors que je pensais seulement qu'elle avait pété un câble, parce que je suis habituée à ce qu'elle s'énerve pour rien.

Comme lorsque j'ai appris que ma mère était enceinte et que j'ai pensé que j'allais être exclue de la nouvelle

famille, car je suis habituée de me sentir à part de tout. Mais ça, je ne sais pas d'où ça vient.
Ces anecdotes n'ont sûrement aucun rapport avec ce à quoi je fais référence dans ma tête. Mais ça fait partie des choses que je voulais laisser au sol, « métaphoriquement ». Je me suis inventé une métaphore d'avion en perte d'équilibre, où on doit jeter les bagages par-dessus bord pour alléger l'appareil et lui permettre de continuer son envol.
Au décollage, je n'arrêtais pas de me dire que c'était beau, ce que j'avais vécu avec Nicolas. Tellement romantique ! Pour un premier amour, c'était totalement parfait. Mais ça s'est terminé et ça m'a fait beaucoup de peine. Et quand on a repris, j'avais une belle émotion dans mon cœur. Mais ça s'est terminé une seconde fois. Et j'ai été triste, mais surtout en colère contre lui. Et je suis en colère contre moi parce que je pense encore à lui. J'ai encore son odeur tout partout dans la peau. Son odeur est tellement imprimée dans ma tête que je peux la sentir juste en fermant les yeux.
Mais tout ça pèse lourd en moi. Depuis longtemps. Peut-être qu'avant de le rencontrer, je n'avais pas envie de vivre une relation amoureuse parce que je ne m'en sentais pas émotivement capable. Peut-être parce que je sais que j'ai du mal à oublier quelqu'un. Peut-être que quand je perds quelqu'un, ça réveille simplement en moi le souvenir de ce que j'ai déjà perdu et qui était tellement plus important. Ça me rappelle que j'ai perdu mon père. Et que sa présence me manque cruellement. Et que j'associe toute autre perte à cette douleur-là.
Si seulement j'étais capable d'exprimer tout ça à voix haute. Mais… non. Ça tourbillonne en moi. Sans mots. Et quand j'essaie de l'exprimer, ça sort tout bizarre.
Vendredi, à l'école, je suis allée voir Nicolas. Et je lui ai

annoncé que ma mère voulait appeler ma sœur Emmanuelle. Et que, par le fait même, il ne pouvait pas sortir avec une Emmanuelle. Et lorsqu'il m'a demandé pourquoi, au lieu de lui dire que ça m'était insupportable d'avoir une sœur qui porte le même prénom que sa nouvelle copine, le même prénom que la fille qui l'embrasse et qui respire son odeur à ma place, je lui ai dit que (avertissement : ce qui suit est tout à fait honteux) scientifiquement parlant, lorsqu'un nouveau-né porte le nom d'une nouvelle copine d'un ex, ça peut provoquer une explosion nucléaire.
JE SAIS ! C'EST TELLEMENT DÉBILE !!!!! DÉBILE X 1 000 !!!!!!!!!
Je veux oublier le regard mi-amusé mi-perplexe que Nicolas m'a lancé à ce moment-là. Tout comme plein de sentiments étranges sur de petites choses anodines de ma vie, que j'accumule en moi.

Je veux tout jeter par-dessus bord ! Et, dès maintenant, voyager léger.

Lundi 3 mars

Journée mouvementée hier !
Nous sommes arrivées à Punta Cana, à notre hôtel, vers 14 heures. Nous étions bien contentes de notre

chambre. La 507. Elle est petite et comprend deux lits à une place, mais le décor est charmant.

14h25
Ma mère a commencé à défaire sa valise, même si elle était hyperfatiguée. (Il faut dire qu'on s'était levées à 4 heures du matin pour prendre l'avion à 8 heures.)
Moi, pendant ce temps, j'ai observé les lieux, envoyé des textos, me suis fait réprimander par ma mère qui disait qu'envoyer un texto d'ici devait coûter une fortune, etc.
Puis j'ai entendu un bruit strident agressant, un genre de silement incessant comme ça : « biiiiiiii », doublé de sons de marteaux piqueurs.
Je me suis dit : « Mon Dieu, c'est insupportable ! Ils font des travaux et ils ont cassé un câble ou quelque chose et c'est dans notre chambre que c'est tombé !!! »

14h38
J'ai appelé à la réception, et malgré mes cours d'espagnol, je n'arrivais pas à exposer clairement mon problème dans cette langue (je pense d'ailleurs me plaindre à ma prof d'espagnol du manque de rigueur de nos cours. Je sais parfaitement comment commander un *burrito* au resto ou encore demander où sont les toilettes, mais il m'est impossible de comprendre lorsqu'on me donne la réponse, car dans la vraie vie les gens parlent beaucoup plus rapidement que ma prof en cours). Alors j'ai demandé à ce qu'on me mette en communication avec quelqu'un qui parle français. Ce qu'ils ont fait, je dirais, non sans un certain soulagement, étant donné mon énervement sans doute perceptible malgré la barrière de la langue.
Bref, à la réceptionniste française, j'ai demandé de changer de chambre, lui expliquant que ma mère était

enceinte et qu'elle ne pouvait vivre avec ce bruit infernal. Que ce pour quoi elle avait payé, c'étaient des v-a-c-a-n-c-e-s. Pas un chantier de construction ! Qu'on ne pouvait rester une minute de plus avec un bruit de sirène (ça devenait de plus en plus fort) ainsi que de marteaux piqueurs ! Elle m'a dit qu'ils faisaient effectivement des travaux, mais beaucoup plus loin, et que l'hôtel garantissait l'arrêt des marteaux piqueurs à 15 heures. Et que si on allait sur la plage, on était assurées de ne pas l'entendre. J'ai insisté sur le bruit de la sirène qui semblait venir de la chambre, et elle est convenue qu'il y avait peut-être un problème et a promis d'envoyer un employé pour nous changer de chambre.

14h53

Ma mère a remis tous ses vêtements dans ses valises en me félicitant pour mon initiative et nous avons attendu l'employé. Quand il est arrivé, il était d'accord avec nous : ce petit bruit strident était vraiment agressif. Dehors, le son des marteaux piqueurs était encore plus fort et le silement nous suivait. L'homme a semblé se plaindre de la construction en espagnol, et nous a conduites à notre nouvelle chambre. La 670. Il n'y avait qu'un lit. Dormir avec ma mère ? IM.PO.SSI.BLE. On nous a assuré qu'on allait séparer le lit en deux. Ah.

15h17

Peu après être entrées, on a entendu une fois de plus le silement, qui semblait encore plus fort que dans la première chambre (malgré le fait qu'on se soit éloignées des marteaux piqueurs).

15h25

J'ai rappelé la réception.
J'étais fière d'avoir pris cette situation en main. Défendre ma mère enceinte me faisait me sentir à la hauteur de mon rôle de grande sœur. Je lui prouvais en même temps ma maturité et ma capacité à m'occuper d'elle.
J'ai demandé s'il y avait ce silement dans toutes les chambres, car si tel était le cas, nous étions prêtes à changer d'hôtel sur-le-champ.
Ma mère m'a lancé un regard comme si elle trouvait que j'exagérais. Confiante, je lui ai fait signe de me laisser faire.
La réceptionniste nous a dit qu'elle allait envoyer l'homme d'entretien et qu'elle arrivait pour nous présenter d'autres chambres.
Avant qu'elle arrive, un homme est entré dans la chambre, a écouté le bruit strident, puis a enlevé une tuile du plafond pour fouiller le toit de la chambre.
Puis la réceptionniste est arrivée et nous a proposé de la suivre pour visiter une autre chambre. La 440.

15h47

Le coin n'était pas très beau. Moins beau que les autres endroits qu'on nous a montrés. Nous ne savions plus trop, ça puait, nous avions couru d'un bout à l'autre de l'hôtel, nous étions fatiguées, découragées… Ma mère se plaignait qu'elle avait les pieds enflés et que ça la fatiguait de marcher comme ça, avec cette chaleur. Nous avons proposé de retourner à la 670 pour voir si l'homme d'entretien avait fini les réparations.
Nous sommes donc reparties avec la réceptionniste en direction de la chambre 670.

16h15

Sur notre chemin, nous avons croisé l'homme d'entretien qui parlait très rapidement en espagnol. J'ai cru entendre le mot *maleta*. La réceptionniste nous a dit que le son venait peut-être du coffre-fort. Mais, grâce à mes cours d'espagnol, je sais très bien une chose : *maleta* veut dire « valise ».

Nous avons suivi l'homme et la réceptionniste d'un peu plus loin. Ma mère avait du mal à marcher. Je me suis tournée vers elle et lui ai chuchoté :

– Je crois qu'il dit que le son vient d'une de nos valises…

Ma mère : Ben voyons, c'est impossible !

Moi : Je viens de me souvenir que j'ai apporté un réveil, car Kat m'a dit qu'il n'y a jamais d'horloge dans les chambres de ce genre d'hôtel…

Découragée, ma mère a eu un mouvement de recul et m'a soufflé :

– Han… Comment on va faire pour s'en sortir avec élégance ?

16h39

Une fois dans la chambre, l'homme nous a pointé la valise coupable (la mienne). Je l'ai ouverte. J'y ai effectivement trouvé mon réveil. Qui semblait coincé, car je n'arrivais pas à le faire taire. Alors, j'ai enlevé les piles. La fille qui a passé l'après-midi à courir partout avec nous n'a pas bronché. Ma mère et moi avons ri timidement avant d'offrir nos plus plates excuses.

LA HONTE !!!!!!!!!!!

Ils ont quitté la chambre.

Et, même si j'avais peur que ma mère me fasse des reproches pour cet après-midi perdu, elle a éclaté de rire

et je l'ai imitée. Nous avons ri à nous en donner des crampes abdominales.
Puis, quelques minutes plus tard, la réceptionniste nous a rappelées pour nous dire qu'il était impossible de séparer les lits et nous a proposé de retourner dans la première chambre en ajoutant :
– Comme le bruit ne venait pas de la chambre...
Honte x 1 000. Humiliation infinie !!!

Et dire que, dans cette première chambre, ma mère avait défait tous ses bagages ! On serait déjà à la plage à l'heure qu'il est si j'avais moi aussi défait mes valises...

17h30

Ma mère a rangé ses affaires pour la deuxième fois avant de s'étendre sur le lit. Elle riait encore un peu en me disant qu'elle était très fatiguée.

Définition de la cruchitude : L'art d'être cruche. En toute occasion.

Note à moi-même : Un jury (totalement fictif, dans ma tête) me déclare coupable de cruchitude extrême.

Note à moi-même n° 2 : J'ai du chemin à faire avant qu'un jury (même si totalement fictif, dans ma tête) me déclare apte à porter le titre de grande sœur...

Mardi 4 mars

Ah, les Antilles ! Le soleil ! La mer ! La chaleur ! La plage ! Je suis étendue sur une chaise, sous une espèce de parasol fait de feuilles de palmier séchées, avec un roman que je lis distraitement en reluquant les mecs torse nu qui jouent au beach volley ! Je regarde la mer, ou plutôt l'océan, ou du moins la grande étendue d'eau bleu turquoise devant moi, qui brille au soleil sous mes yeux. J'ai chaud. J'ai très chaud. Et je suis bien ! Je ne pense pas du tout au Québec, à l'hiver, à mes devoirs, au froid, aux jours gris et aux manteaux qui nous font tous ressembler à des yétis évadés des montagnes.

Je me relaaaaaaaaaaaaaxe !!!!!!!!!!!

11 heures

En train de courir comme une folle parce que je fuis un crabe. Pour me rendre compte, trois minutes plus tard, après que tout le monde sur la plage m'a vue fuir un ennemi imaginaire, que le crabe ne courait pas du tout après moi, ou que, s'il le faisait, il s'en était lassé très vite.

11 h 1

Ma mère, dans l'eau, m'observe et me demande du regard pourquoi j'agis ainsi.

11h2

Tous les gens très relax, sur la plage, me regardent avec à peu près le même air intrigué que ma mère.

Fait : Les crabes ne courent pas vite. Vous pourriez avoir l'air fou si vous en fuyez un sur plus de cent mètres en sprintant de façon hystérique.

Mercredi 5 mars

Poème de ma mère :

Maître bébé
Dans le ventre haut perché,
Poussait avec ses pieds dans l'estomac.
Maîtresse maman
Par la position incommodée
Lui tint à peu près ce langage :
« Hey, ma p'tite relou, tu me donnes des reflux gastriques et ça m'énerve !!!!!! »

Elle m'a sorti ça sur la plage ce matin, alors que nous marchions les pieds dans l'eau et que je lui confiais que le paysage me donnait de l'inspiration pour écrire des poèmes. Et elle a dit, et je cite : « L'esprit créatif, c'est de famille ! », et elle a commencé à me faire part de sa

« création » dont elle semblait, à en juger par son air, très fière. (À moins qu'il s'agisse desdits reflux gastriques, je ne peux peut-être pas faire la différence entre un air de fierté et un air de reflux.) Je lui ai précisé que 1) pasticher La Fontaine ne faisait pas d'elle une grande poète, et que 2) ses rimes étaient assez faibles.

Note à moi-même : Tenter de ne pas ressentir de honte à cause de ma mère lorsqu'elle me paie un voyage serait non seulement élégant, mais aussi souhaitable. Surtout que, de son côté, elle n'a émis aucun commentaire sur ma course-poursuite quasi imaginaire avec un crabe.

Jeudi 6 mars

Depuis que j'observe les crabes, je me sens comme eux. Enfin, bon, pas pour leur couleur ou à cause du fait qu'ils ont des pinces ou qu'ils marchent de côté ou qu'ils ont dix pattes ou que leur personnalité me semble douteuse, mais pour le reste. Parce qu'ils sont sur la plage, finalement. Et qu'ils semblent partir en mission et oublier complètement leur idée en cours de route. Ça me touche.

J'en observe un depuis au moins une heure. Il marche de côté vers la mer, puis il revient. Il fait ça sans arrêt. Il ne ramasse rien en chemin. Il ne plonge pas dans la mer non plus. Il ne continue pas sa route une fois arrivé, puis il recommence. Parfois, au lieu de refaire la même ligne droite, il dessine un L dans le sable. Je me dis que les crabes aiment peut-être faire des marches de santé. Je me sens comme un crabe, car ils semblent n'avoir aucun but.

Bon, je sais que je suis en vacances et que je ne devrais pas penser à mon avenir, mais je ne peux pas m'en empêcher. Le lendemain de ma journée de stage, j'ai rempli mon dossier d'inscription en fac de communication, option lettres, très encouragée par ma mère, qui est très fière que je suive ses traces. Elle me répète que si je ne me sens pas bien dans cette filière, je pourrai changer, mais qu'elle me voit dans ce domaine. Surtout depuis que je n'arrête pas de lui casser les oreilles (son opinion personnelle) avec mon stage au *Miss*. Elle affirme que si j'ai tant aimé, si je me suis bien entendue avec tout le monde et si on a apprécié mon travail, c'est un signe que j'y étais à ma place.

Il est vrai que lorsque Janik m'a dit que j'avais de l'avenir dans le monde des magazines, j'ai éprouvé un sentiment très puissant. Qui pourrait presque ressembler à un coup de foudre amoureux, mais sans coup de foudre, et sans amour. En tout cas, je me comprends. Ça se ressemble, sans se ressembler. Bon, d'accord, ça ne se ressemble pas du tout car, disons, il n'y aurait aucune possibilité d'embrasser son travail, par exemple. Mais c'était un sentiment d'une puissance similaire.
Lorsque je suis partie, j'ai timidement demandé à Janik qui allait me remplacer pendant la semaine de stage, et elle m'a répondu que c'était un étudiant en communication. C'est ce qui m'a convaincue d'aller étudier offi-

ciellement dans ce domaine. Et peut-être qu'ensuite je pourrai moi aussi avoir le privilège, que j'ai laissé passer cette fois-ci, d'obtenir un stage là-bas.
Mes amis n'ont pas compris comment je pouvais annuler un stage chez *Miss Magazine* pour partir en voyage avec ma mère. Pour moi, ces vacances avec ma mère représentaient simplement un rêve que je caressais depuis longtemps et auquel je ne pouvais tout simplement pas dire non. Depuis la mort de mon père, nous n'avons pas eu de moment comme ça ensemble, ou ceux que nous avons eus étaient remplis de malaises ou d'une certaine lourdeur. Il m'a semblé que je pourrais reporter le stage, mais pas ce moment avec ma mère. Et si, habituellement, j'ai du mal à faire des choix, celui-là m'est apparu tout naturel. (Il faut avouer aussi que c'est difficile de dire non à la chaleur tropicale lorsqu'on vient de passer un hiver gris et froid typiquement québécois, mais bon, ce n'est pas la première raison qui a motivé mon choix !)

10 h 34

Je regarde ma mère. Elle est étendue sur sa chaise, sous un parasol, une main sur son ventre de plus en plus proéminent, le nez plongé dans un livre. Elle porte un chapeau à larges bords (on a ri toute la semaine avec l'expression « chapeau à larges bords », sans raison. Peut-être qu'en vacances on rit de choses pas drôles parce qu'on est plus détendu).
Remarquant que je l'observe, elle me regarde à son tour. Elle lance :
– C'est cool, hein ?
À ce moment précis, je ressens un élan de bonheur. Je ne sais pas pourquoi. Peut-être parce que, comme on rit de choses pas drôles en vacances, il est plus facile aussi de ressentir des élans de bonheur pour de petits riens.

Mais le seul fait d'être là, avec ma mère, à regarder le soleil qui brille sur l'eau, à lire une BD tout en observant un crabe et en caressant le sable de ma main libre, je ressens une espèce d'euphorie inexplicable. Je suis peut-être une personne tropicale. Le soleil et la chaleur dicteraient donc mes élans de bonheur.

Moi : En vrai, pourquoi on n'a pas fait ce genre de voyage avant ?

Ma mère pousse un long soupir et regarde au loin. Puis elle me dit :

– Je crois que j'étais en dépression.

Moi : Tu crois ?

Ma mère : Tu ne crois pas ?

Moi : Je ne sais pas. En deuil, peut-être.

Ma mère : J'ai été l'ombre d'une mère…

Soudain, une inspiration me frappe pour mon projet de théâtre d'ombres. Tout se place dans ma tête, comme si l'histoire avait toujours été là. La mère, l'ombre, la lumière… Je veux prendre un crayon dans mon sac de plage pour noter mon idée, mais voyant le cou rouge de ma mère, signe qu'elle retient ses larmes, je me dis que ça peut attendre. Je me lève de ma chaise, je m'assois et je pose ma main sur son avant-bras.

Moi : T'as fait de ton mieux, maman.

Ma mère : Ça ne devait pas être drôle pour toi, de me voir toujours déprimée, pleurer, incapable de faire face à la réalité, incapable de parler de ton père…

Moi : Il y a des enfants qui tombent sur des mères pires que ça.

Ma mère : Je regrette qu'on n'ait pas fait plus de voyages, plus de folies.

Moi : Je ne suis pas non plus une martyre.

Ma mère : Je n'étais plus capable de me sentir heureuse dans cette maison.

Moi : On vivait avec nos fantômes.
Ma mère : Ah ! J'ai plein de regrets aujourd'hui ! Comment ça, donc ?
Moi : Hormones de femme enceinte. Ne t'inquiète pas pour ma sœur, maman. T'es une bonne mère. Moi, en tout cas, je ne t'échangerais pour aucune autre.
Ma mère : T'es sûre ?
Moi : Ben, peut-être la mère de Kat, mais juste quand elle fait son gâteau choco-caramel ! Oh. Que. C'est. Bon.
Ma mère attrape un magazine posé près d'elle et m'en donne un petit coup en riant.
Moi : Il y a peut-être quelque chose d'autre qui pourrait faire que je trouverais que tu es une suuuuuuper mère.
Ma mère : Ah oui ? Quoi ?
Je lui explique honteusement à quel point ça me trouble que ma sœur porte le même prénom que la nouvelle copine de Nicolas.
Ma mère éclate de rire.
Moi : Te moque pas de moi !!!
Ma mère : Choupinette ! T'aurais dû me le dire avant ! On va choisir un prénom que nous aimons tous. Je ne veux pas l'appeler Mathilde parce que ça me rappelle une fille en primaire que je n'aimais pas. Ha ha ha ha ha ! C'est normal !
Moi : Si tu savais comme je suis soulagée ! Imagine... je suis allée voir Nicolas pour lui dire... Totale humiliation...
Ma mère : C'est drôle que tu aies toujours préféré Nicolas à Tommy. Il me semble que je te vois beaucoup plus avec Tommy !
Moi : Ça n'a pas rapport ! Tommy, c'est mon ami ! Tu veux savoir un secret ?
Elle se tourne vers moi, très intéressée.

Moi (je continue timidement) : On s'est embrassés, l'autre jour… à la Saint-Valentin…
Ma mère : Han !!! Trop mignon !!! Je le savais !!!
Moi : Mais ça nous a fait rire ! Tu vois ? Amis. Il n'y a pas d'alchimie, on dirait. C'est comme ça.
Ma mère : Peut-être que vous êtes gênés, trop habitués à être amis. Ou peut-être que tu n'es pas prête à aimer quelqu'un d'autre.
Moi : Amis, je te dis ! Je te jure ! On. Est. Juste. Amis.
Ma mère : Après la mort de ton père, je me suis sentie éteinte. Et je pensais que je ne serais plus jamais capable d'aimer.
Moi : Hey ! MOI ?!?!!!
Ma mère : Non, mais je veux dire, un amour amoureux.
Moi : Ah.
Ma mère : J'avais l'impression que c'était fini. Puis j'ai rencontré François. Et j'ai ressenti quelque chose de nouveau. Nicolas, c'était ton premier amour. Mais ce n'est certainement pas ton dernier. Ton cœur est éteint en ce moment parce que tu as eu de la peine. Parce que tu cherches à l'oublier. Parce que tu as cru à quelque chose qui n'a pas marché et que tu as l'impression que ça va se répéter et que tu auras mal encore. Mais à un moment donné, il va battre pour quelqu'un. Tu veux que je te dise un secret aussi ?
Moi : Oui.
Ma mère : J'ai toujours peur que François me quitte ou qu'il meure. Et que je me retrouve à vivre la même chose. Ce qu'on a vécu, ça laisse des traces.
Moi : Maman, quand tu auras, disons, un autre enfant, est-ce qu'on va pouvoir continuer à faire des choses juste nous deux ?
Ma mère : Bien sûr ! Allez, viens ! On va se baigner ? J'ai chaud !

20 heures

Après le dîner, ma mère et moi sommes retournées sur la plage et nous avons regardé les étoiles. Il y en avait des tonnes ! Et on discutait, de tout et de rien. Elle m'a parlé du collier serti d'une météorite qu'elle m'a offert à Noël (que je n'ai pas apporté ici de peur de le perdre, car je veux absolument le porter à mon bal), et elle m'a avoué que lorsque je lui avais confié que j'imaginais mon père devenu extraterrestre sur une autre planète, elle avait commencé à l'imaginer aussi et que ça l'avait beaucoup aidée. Je lui ai avoué qu'après le lui avoir confié, je m'étais sentie tellement nouille que j'avais arrêté d'avoir cette image. Histoire d'évoluer. De gagner en maturité. Et elle m'a dit que ce n'était pas immature d'imaginer des choses réconfortantes. Que c'était justement ça qui lui avait manqué pendant sa période zombie (baptisée ainsi par moi, je paraphrase, car elle ne s'autoproclame pas ancien zombie de son plein gré). Puis on s'est amusées à inventer une vie à mon père sur une planète. On le mettait en scène dans plein de situations extraterrestres et on imaginait ce qu'il dirait à ses compatriotes. Puis ma mère a lancé :

– Tu crois qu'il est sur une planète aux technologies ultrasophistiquées d'où il peut nous voir ?

Moi : Hum… scientifiquement impossible. Car si c'était ultrasophistiqué, il pourrait revenir nous voir.

Ma mère : Tu crois qu'il s'ennuie ?

Moi : Peut-être qu'il ne se souvient plus de nous.

Ma mère : Impossible.

Moi : Avant, tu disais que tu ne croyais en rien. Qu'il n'y avait rien après la mort.

Ma mère : Oui, ça m'a bien servi, ça, comme croyance ! Ha ha ha ha !

Moi : Ha ha ha ha !

Ma mère : Tu sais, ce collier que je t'ai donné, pour moi, il est symbolique. Il signifie que je crois en toi. En ton imaginaire farfelu qui fait la personne merveilleuse que tu es. Et que même si j'ai parfois donné l'impression d'être absente ou de ne pas t'écouter, j'étais là.

À vérifier sur Google (questionnement d'ordre biologique) : Est-ce que le vent et l'air salin peuvent provoquer un picotement au niveau des yeux ?

Ce que je n'avouerai jamais à ma mère : En ce moment, je n'avouerai jamais à ma mère que, dans mes rêves les plus fous, j'aurais aimé qu'entre elle et moi, depuis la mort de mon père, ce soit toujours comme ça. Mais peut-être qu'il faut faire du chemin dans sa tête. Aller et revenir dans le même sillon pour finalement trouver une autre porte.
Ce qui revient à dire que je me sens comme un crabe (sauf en ce qui concerne son manque de détermination à pourchasser ses ennemis). Ils n'ont pas l'air de savoir où ils s'en vont, mais ils finissent toujours par trouver un chemin.
On ne pourra jamais me reprocher de ne pas avoir de suite dans les idées. Ah !
Aurélie : 1, crabe : 0. Ma mère : 1 000.

vendredi 7 mars

Miss Magazine

TEST

QUEL GENRE DE FILLE ES-TU ?

Tu es en crise existentielle et tu te demandes sans cesse : « Qui suis-je ? », « Où vais-je ? », « Que deviens-je ? » Ce test tout à fait scientifique t'aidera à définir le genre de fille que tu es !

1. LAQUELLE DE CES COULEURS TE PLAÎT LE PLUS ?

   a) Rose.
   b) Violet.
   c) Bleu.

2. TON BAL DE FINISSANTS EST DEMAIN. QUE FAIS-TU JUSQUE-LÀ ?

   a) Tu vas montrer ta robe à tout ton entourage pour récolter le plus de compliments possible.
   b) Tu tentes de trouver ta robe.
   c) Tu n'as pas l'intention d'aller au bal.

3. SOUVENT, TU RÊVES QUE TU :

   a) Tombes.
   b) Flottes.
   c) Tu ne rêves jamais.

4. ES-TU CÉLIBATAIRE ? SI OUI, QUELLE EN EST LA RAISON ?

   a) « Célibataire... moi ? Ha ha ! Elle est bonne ! »

b) « Tout le monde me voit davantage comme une amie. »
c) « Avoir un copain détournerait trop mon attention de mes études, non merci. »

5. LORSQUE DES GENS QUE TU AIMES SE DISPUTENT, COMMENT RÉAGIS-TU ?
a) Tu appelles la police !
b) Tu tentes de détendre l'atmosphère en les faisant rire.
c) Tu t'en vas.

6. TU DOIS FAIRE TES DEVOIRS, MAIS TA MÈRE TE DEMANDE DE GARDER TA PETITE SŒUR. QUE FAIS-TU ?
a) Tu acceptes et tu embauches quelqu'un en gardant une partie de la paie.
b) Tu es capable d'être multitâche, alors tu es capable de garder, d'étudier, de chatter et de téléphoner en même temps.
c) Tu te sauves avant que ta mère ait terminé sa phrase.

7. TES PARENTS INVITENT TON NOUVEAU COPAIN À DÎNER. COMMENT TE PRÉPARES- TU À CETTE SOIRÉE ?
a) Tu sais qu'ils s'entendront à merveille grâce à tous les points communs que ton copain partage avec ton père.
b) Tu caches tous les albums photo pour éviter une catastrophe.
c) Tu espères que tes parents seront outrés par la couleur de ses cheveux et par sa façon de s'habiller.

8. COMMENT ES-TU PERÇUE PAR TES PROFESSEURS ?
a) Ils t'adorent.
b) Certains t'aiment, d'autres te détestent.
c) Ils te voient comme la fille qui est toujours en retenue.

9. QU'EST-CE QUE TU SOUHAITES T'ACHETER DANS LES PROCHAINES SEMAINES ?
a) Un beau gloss brillant.
b) Un spécial tests de personnalité de « Miss Magazine ».
c) Un CD de death metal.

10. TU AS RENDEZ-VOUS AVEC TA MEILLEURE AMIE, MAIS LE GARÇON DE TES RÊVES T'INVITE À UNE SOIRÉE. QUE FAIS-TU ?

a) Tu vas à la soirée du garçon qui t'intéresse. Ton amie comprendra.

b) Tu vas voir ton amie. Tu l'invites à la soirée, et si elle n'a pas envie d'y aller, tu restes avec elle pour poursuivre vos plans.

c) Aucune de ces réponses : cette situation ne peut t'arriver.

11. SAIS-TU CE QUE TU VEUX FAIRE COMME CARRIÈRE ?

a) Oui ! Et cela n'a pas changé depuis le CM2 !

b) Tu n'es pas encore tout à fait fixée.

c) Tu travailleras dans n'importe quel domaine où l'on voudra bien de toi.

Résultats

UNE MAJORITÉ DE « A »

MISS PERSONNALITÉ

Tu es le genre de fille très impulsive, qu'on peut parfois décrire (affectueusement) comme fofolle ! Tu es de toutes les soirées, de tous les comités, de tous les événements. On aime beaucoup ta présence, car tu n'es pas compliquée et tu t'entends bien avec tout le monde. Par contre, il se peut que tu perdes de vue qui tu es vraiment et ce que tu aimerais accomplir personnellement. Il est peut-être temps que tu arrêtes de chercher à plaire à tout le monde pour découvrir ce qui te plaît à toi. Il se peut que tu perdes quelques personnes en cours de route, mais ceux qui t'aiment pour qui tu es resteront.

*UNE MAJORITÉ DE « B »

MISS TERRE À TERRE

Tu es quelqu'un qui analyse beaucoup ses faits et gestes. Tu essaies toujours de bien faire les choses pour éviter de blesser les gens. Donc, parfois, tu t'oublies un peu. Et lorsque tu commets la moindre erreur, tu te sens coupable. Pour cette même raison, tu es souvent déchirée dans les choix que tu dois faire, car tu as peur de prendre la mauvaise décision. Mais souviens-toi que si jamais tu te trompes, tu peux toujours te reprendre. Il t'arrive souvent de chercher ta place, car tu penses plus souvent à ceux qui t'entourent qu'à toi-même. Allez, un peu de courage et prends la place qui te revient !

UNE MAJORITÉ DE « C »
MISS EXCENTRIQUE
Tu es une personne un peu bougonne qui se dit : « Si les autres ne m'aiment pas comme ça, tant pis pour eux ! » Ça peut être une bonne attitude pour se faire accepter telle que l'on est. Mais pour les relations interpersonnelles, il est quand même bon d'y mettre un peu du sien. L'adage des grands-mères « On n'attire pas les mouches avec du vinaigre » n'est pas si bête. Tu as une personnalité différente de celle des autres, et cela te plaît de ne pas te fondre dans la foule. Mais peut-être peux-tu essayer de t'en servir positivement, en t'impliquant dans des causes sociales qui te tiennent à cœur, par exemple. Bref, il est important que tu trouves un projet qui te propulsera vers le haut, et non qui te tirera vers le bas.

Samedi 8 mars

Aujourd'hui, je suis presque triste, car nous repartons demain matin.
Toute la semaine, nous avons fui la réception de l'hôtel, de peur qu'on se moque de nous à cause de la *maleta*.

Mais lorsque nous croisions des employés qui nous demandaient : « Avez-vous réglé vos problèmes de bruits ? » nous répondions humblement que oui, sans trop savoir s'ils étaient au courant de la conclusion de notre aventure et si nous n'étions pas devenues, en un après-midi, la risée des G.O.

C'est bizarre, car j'ai toujours cru qu'un voyage aux Antilles, ça se passait comme dans les films : on rencontrait un amour de vacances, c'était hyperromantique et on devait lire des tonnes d'articles du genre : « Était-ce seulement un amour de vacances ? » ou « Comment oublier ton amour de vacances ? ». J'ai rencontré zéro garçon. Oui, il y en avait. Des garçons plus vieux, vraiment beaux, qui jouaient au beach volley. Une fois, l'un d'eux m'a invitée à me joindre à une équipe. Mais étant donné mon piètre talent en sports, je n'ai pas osé. Ma mère m'a encouragée à y aller (devant le garçon : argh), mais je lui ai fait de gros yeux et elle a compris qu'elle devait laisser tomber. Il y avait aussi des garçons de mon âge, ou même des filles, mais soit on détournait le regard, soit on se regardait timidement. Il n'y a qu'aujourd'hui, alors que je repars demain, qu'on s'est lancé un faible « salut ». On est tous restés scotchés à nos parents comme si notre vie en dépendait. Il n'y a qu'aujourd'hui que je trouve ça un peu débile. Finalement, tout le monde a été un peu gêné de faire le premier pas. Résultat : nous ne nous sommes pas rencontrés.
Dans un film, ça aurait été tout autrement. On se serait rencontrés, on serait tombés amoureux, on se serait disputés, séparés, et, comme par hasard, on aurait habité la même ville et on se serait peut-être mariés.
Et dans un film, j'aurais été très bien éclairée en plus !

Waouh ! Je n'aurais, dans ce cas-là, absolument pas été gênée de me promener en bikini ! (Hi hi !)

Dimanche 9 mars

Retour !!!

18 h 7

François est venu nous chercher à l'aéroport et semblait vraiment content de nous voir. Il a pris toutes nos valises et les a posées sur un chariot pendant que nous lui racontions une tonne d'anecdotes, tellement qu'il nous a dit qu'il se sentait un peu étourdi.

18 h 56

Quand on est entrés dans la maison, Sybil a couru jusqu'à mes pieds, puis a commencé à se rouler par terre devant moi, ce qui m'a bien fait rire. Et François m'a avoué qu'elle avait semblé s'ennuyer énormément, qu'elle regardait tous les jours à la fenêtre. Je ne sais pas si elle observait les oiseaux ou si elle attendait réellement mon retour, mais ça m'a touchée. Sans prendre le temps d'enlever mon manteau, je me suis couchée par terre pour la serrer dans mes bras, ce qui l'a fait fuir. Je crois qu'elle tenait réellement à présenter son numéro de roulade sur le plancher sans interruption !

19 h 48

Après le dîner, nous avons importé nos photos sur l'ordinateur, car nous avions trop hâte de les voir ! Et nous avons raconté à François les anecdotes qui allaient avec chaque photo. Il fallait souvent repousser Sybil, car elle venait marcher sur le clavier ou se frotter contre l'écran.

LES PHOTOS :

Aéroport, avion, ciel, bouffe d'avion, un monsieur drôle qui dormait la bouche ouverte et qui ronflait, notre chambre une fois que nous en avons finalement choisi une…

Anecdote sur la photo de moi avec du ketchup :
La première fois que j'ai mangé des frites au buffet, j'ai mis beaucoup de ketchup. Très mauvaise idée : le ketchup était… aux cerises ! Berk ! Alors, ma mère m'a prise en photo avec le ketchup !

Paysage, mer, ma mère devant la mer, moi devant la mer, ma mère devant un palmier, moi devant un palmier…

Anecdote sur la photo floue d'un spectacle qu'on a vu un soir :
Il y avait une grande affiche en carton où il était écrit à la main « Showtime », et des spectacles ultraringards chaque soir. Ma mère et moi n'arrêtions pas de dire « Showtime » toutes les deux secondes tellement on trouvait ça drôle ! (Mais bon, il fallait y être, j'imagine, car ça ne fait pas rire François.)

Ma mère devant un flamant rose, moi devant un flamant rose…

Anecdote de la photo de ma mère avec ses œufs à la coque :
Je ne sais pas pourquoi, mais, chaque matin, ma mère voulait un œuf à la coque. Un matin, il n'y en avait pas, et elle a fait une crise, disant qu'elle en voulait, et elle pointait son ventre de femme enceinte pour montrer qu'elle avait des besoins pour deux. Ils n'ont rien pu faire. Le pire, c'est qu'elle ne se souvenait plus comment dire « œuf à la coque », alors elle a mimé au cuisinier. Mais elle a mimé du moment où l'œuf sort de la poule jusqu'à être bouilli. Le pauvre homme la regardait faire patiemment. Ma mère, les bras en ailes de poule, poussait des « cot cot » et mimait un œuf sortant d'elle. Ensuite, elle faisait semblant de prendre l'œuf dans ses mains et de le mettre dans une casserole. Après, elle faisait comme si elle avait un couteau et enlevait la coquille délicatement. L'homme se contentait de hausser les épaules, impuissant. Et moi, je l'observais de loin, car je ne voulais pas avoir l'air d'être liée d'une quelconque façon à cette femme qui semblait mimer son propre accouchement comme si elle se prenait pour une poule.
Le lendemain, je l'ai prise en photo avec ses œufs.
(Ça, ça a fait beaucoup rire François, surtout lorsque ma mère a accepté de refaire son mime de la poule qui pond un œuf.)

D'autres photos à la plage, une photo de ma mère avec à l'arrière-plan le mec qui vendait des photos avec un perroquet (ma mère ne voulait pas payer pour ça et elle a commencé à s'inquiéter pour le sort des animaux et bla-bla)…

Anecdote de la photo de ma mère et moi, en pyjama dans notre chambre, avec une montagne de petits chocolats :
Chaque fois que la chambre était faite, nous avions un petit chocolat sur notre oreiller.
Un matin, ma mère a vu la femme de chambre avec son chariot, sur lequel il y avait la boîte de chocolats. Elle a pointé la boîte en disant : « Miam » à la femme de chambre tout en se frottant le ventre (je crois que ma mère aime secrètement se prendre pour un mime). En fin de journée, quand nous sommes revenues dans notre chambre, au lieu d'avoir chacune un chocolat sur notre oreiller, on en avait environ une vingtaine ! On en a conclu que nous étions les chouchoutes de la femme de chambre !

Lézard, fleurs tropicales que ma mère trouvait belles, nos pieds devant la mer, prénom « François » que ma mère a tracé dans le sable entouré d'un cœur…

Anecdote de la photo de ma mère avec une bouteille de bain de bouche :
Ma mère s'est lavé les cheveux avec un bain de bouche à la menthe. Elle a confondu la petite bouteille de shampoing de l'hôtel avec celle du bain de bouche ! Ha ha ha ha ha ha !!! Elle a presque failli vomir ce matin-là, car elle a du mal à supporter l'odeur de la menthe en ce moment.

Coquillage (ma mère ne voulait pas qu'on en rapporte, car elle dit que ça ne sert à rien), d'autres photos de lézards pris sous d'autres angles, oiseau qu'on ne voit pas bien, innombrables photos de paon (on voulait qu'il fasse la roue, mais il ne l'a pas faite)…

Anecdote de la photo d'un homme avec un insecticide, qu'on a surnommé « notre héros » :
Je n'ai pas vu d'araignée là-bas, ce qui m'a réjouie. Mais il paraît que j'aurais pu voir des tarentules (même pas au sens figuré ou exagéré, comme je l'utilise souvent). Certains clients en ont déjà trouvé dans leur chambre. Nous, c'était une blatte. Pas vraiment une blatte, ça portait un autre nom que j'ai oublié, mais ça ressemblait à une blatte. Ma mère a failli faire une syncope. Moi, je suis sortie de la chambre, mais je n'ai pas autant paniqué que si ça avait été une araignée. J'ai gardé mon calme, et j'ai expliqué à l'homme qui est venu dans notre chambre où nous l'avions vue. Il s'en est chargé. Ensuite, ma mère était vraiment stressée d'être dans notre chambre. Mais c'est MOI qui l'ai rassurée. Hé hé !
Puis, la dernière photo, nous sur le petit pont qui mène à la plage. Moi, les cheveux au vent, ma mère, tenant son chapeau à larges bords.

20 h 36
François : Waouh ! Vous vous êtes bien amusées, les filles ! J'ai hâte qu'un jour on fasse un voyage comme ça, tous les quatre, en famille.
Je le serre dans mes bras et je dis :
– Moi aussi !
Ma mère commence à pleurer.
François : Oh… tu es triste que ton voyage avec ta fille soit fini ? Ou tu es touchée qu'on s'entende si bien ? Tu as hâte qu'on soit tous les quatre ?
Il la prend dans ses bras. Ma mère s'écarte de lui et dit :
– Non-on-on ! Mon premier voyage mère et fille et… je suis énooooooooorme sur touuuuuuuutes les photooooooooos !

Note à moi-même : Je me console que ma mère n'ait pas dit « on est énormes ». Ça m'aurait un peu, disons, insultée, puisque pour ma part, je n'aurais pas pu attribuer ce qualificatif à autre chose qu'à mon abus de nachos.

Lundi 10 mars

C'est peut-être un peu audacieux, limite « vivre sans filet », mais j'ai décidé d'aller voir Nicolas et de lui dire que je suis désolée pour mes propos sur le prénom de nouvelle copine, et que nous n'appellerons pas ma sœur comme ça. J'ajouterai que c'était un peu fou de ma part, et même un petit peu égoïste, de ne pas vouloir qu'il sorte avec une fille portant le même prénom que ma future sœur. J'ajouterai peut-être même une petite blague que je trouverai comme ça, sur le vif.

Tout est bien planifié dans ma tête. Je me rendrai à son casier, et je lui sortirai ça. J'ajouterai qu'inconsciemment je cherchais peut-être simplement une raison d'entrer en contact avec lui. Hum. Non. C'est peut-être trop. Et ce n'est pas vrai. Est-ce que ce serait vrai ? Est-ce qu'au fond je suis jalouse ?

Bon, l'idée n'est pas de faire une analyse psychologique de mon geste, seulement de m'excuser, comme toute personne civilisée.

8 h 34

Ce qui n'était pas prévu dans mon plan, c'était que je croise Nicolas dehors, avant d'entrer dans l'école. Et que je sois prise par l'élan spontané de lui faire signe de la main et de crier son nom, mais comme il pleuvait, j'ai seulement pu lui faire signe de la main et, au moment où j'allais crier son nom, de l'eau de pluie est entrée dans ma gorge et je me suis étouffée.
Soupir x 1 000.

8 h 35

Je me demande si ce n'est pas un signe du destin, m'indiquant que je ne dois pas lui parler.

8 h 36

Mais non, ça n'a pas rapport. Je suis juste ultramalchanceuse avec les éléments (dans ce cas-ci, l'eau).

8 h 37

Je me dirige vers son casier.

8 h 37 et 20 secondes

Je suis arrêtée sur ma route par Tommy, Kat et JF qui me sautent dans les bras. On se dit qu'on a plein de choses à se raconter, bla-bla-bla. Je vois Nicolas au loin qui se dirige vers son casier. Je sens une certaine angoisse m'envahir. Forcée par mes amis, je sors mon appareil photo pour leur montrer mes photos de voyage. Je commence distraitement à les passer une par une très rapidement, sans quitter Nicolas des yeux. Puis je leur dis que je suis super contente de les voir, mais que je dois absolument faire quelque chose et je les laisse.

8h40

J'avance timidement vers Nicolas. Il se retourne vers moi et me sourit.
Moi : Je voulais juste m'excuser d'avoir été folle, l'autre jour. Enfin, pour le prénom de ta copine. Je m'excuse. Enfin, je ne m'excuse pas pour son prénom comme tel, mais pour le fait que tu sortes avec une fille qui a le même prénom que ma future sœur. Enfin, je ne m'excuse pas non plus parce que tu sors avec une fille qui a le même prénom…
Nicolas : Aurélie…
Moi : Oh… Scuse… Dans ma tête, ça sonne toujours tellement mieux…
Nicolas : C'est fini entre Emmanuelle et moi, tu pourras appeler ta sœur comme ça.
Moi : Oh, je m'excuse tellement ! Tellement ! Je me sens mal…
Nicolas hausse les épaules et dit :
– Pas grave. Ce n'était pas vraiment « ça ». Ça va bien, toi ?
Moi : Oui, je reviens de vacances. C'était vraiment cool !
Nicolas : T'sais… je sais que ça t'inquiète, mais je suis sûr que tu vas être une bonne grande sœur.
Ça me touche, ce qu'il dit. Comme s'il avait lu mes pensées…
Il sourit et il commence à mettre des livres dans son sac. J'observe son casier semi-propre, semi-bordélique.
Oh là là ! Il ne faut pas grand-chose à mon cerveau et à mon cœur pour se mettre à dérailler en présence de Nicolas. Je dois rassembler les aptitudes requises pour procéder au programme déjà entamé, intitulé « passage à autre chose », processus qui, je l'avoue, n'était pas à son plus haut niveau de fonctionnement lorsque je suis allée lui dire que ça pouvait avoir des conséquences du

style explosion nucléaire si deux Emmanuelle issues de deux générations différentes étaient en orbite dans ma vie en même temps. Mais bon, maintenant que cette halte à la case nostalgie est réglée, je dois empêcher le processus « retour en arrière » de s'enclencher. Car ça ne donne rien de bon. Pour moi. Mais parfois, juste parfois, lorsque je suis près de Nicolas, la colère s'empare de moi et j'aurais juste envie de lui crier : « Arrête de sentir si bon ! » Mais ça n'aiderait pas à conserver des rapports cordiaux dans le cadre desquels chacune des deux parties trouve l'autre socialement normal.
Je le salue et je retourne à mon casier pour prendre mes livres pour la matinée.

8h47
Sur le chemin, je vois Kat parler à Tommy de très près. Je plisse les yeux pour voir si ce sont bien eux ou si j'ai confondu Tommy avec Truch, ce qui m'est déjà arrivé à la dernière soirée d'Halloween (bon, à ma décharge, ils portaient le même déguisement, mais c'est pour spécifier que statistiquement parlant, il m'est arrivé de les confondre, donc ça pourrait arriver une autre fois).

8h48
Confirmé : il s'agit bel et bien de Kat et Tommy. Ils se parlent à trois, non, deux centimètres de distance. Ils rient. Et pendant qu'ils rient, Kat lui donne de petites tapes sur l'épaule. Bizarre.

8h50
Ouf ! Aller parler à Nicolas a dû me faire plus d'effet que je ne le croyais, car un étrange sentiment vient de m'envahir. Sûrement des relents de nostalgie, comme je le pensais tout à l'heure.

Note à moi-même : J'ai peut-être fait une entorse à mon plan volontaire de « voyager léger ».

À l'agenda : Retrouver une certaine rigueur.

Mesures drastiques (métaphoriques) à entreprendre : En préparation pour le décollage : vérification de la porte opposée, armement des toboggans… Jeter tout par-dessus bord ! Larguer le carburant !!!

Note à moi-même n° 2 : À l'avenir, tenter d'éviter les références aéronautiques. Ça ne semble pas trop convenir à ma personnalité. Et le vocabulaire que je possède sur ce sujet est limité.

Mardi 11 mars

Le retour au froid est vraiment difficile. Dans l'avion, ma mère n'arrêtait pas de dire qu'on allait revenir et que ce serait le printemps. Elle ne pouvait pas plus se tromper. On dirait que c'est l'hiver plus que jamais (ce qui, techniquement, ne veut rien dire, j'en conviens, je ne vois pas comment ça pourrait être l'hiver plus que jamais, « jamais » ne représentant absolument rien comme mesure comparative).

8h15

En marchant vers l'école, je regarde l'heure sur mon portable et je vois que j'ai un texto. Daté d'hier. Je l'ouvre : c'est de Nicolas. Étrange. Je ne l'ai pas vu ou je l'ai reçu en retard.

Il dit :

Il faut que je te parle.

Je réponds :

Hé, je crois que je dormais lorsque tu m'as envoyé ton dernier message. Réveillée, j'aurais sûrement répondu « moi aussi », mais je ne peux l'affirmer à cent pour cent, car c'était hier et donc, c'est déjà du passé, et je ne peux exactement dire si la réponse que je pense que j'aurais dite est celle que j'aurais vraiment dite parce que, techniquement, aujourd'hui est un autre jour et donc, si on est un autre jour, peut-être que la réponse que je dis aujourd'hui n'est pas celle que j'aurais dite hier. ;)))

Il répond :

OK, LOL !!!

8h17

Je préfère utiliser l'humour pour m'en sortir et éviter de lui parler. Je ne sais pas trop ce que veut me dire Nicolas, mais ce que je sais, c'est que quand je suis près de lui, je perds mes moyens et que ça ne m'aide pas à l'oublier.

12h47

Je suis à jour sur tous les potins de la semaine de vacances.

- Kat va mieux. J'ai beau lui demander « mais encore ? », elle ajoute simplement : « Beaucoup mieux. »
- Tommy et Laeticia, c'est fini.
- JF a passé la semaine avec Vince. Il dit que c'est

l'amour fou ! (Bon, JF n'est jamais aussi excité quand il parle, à cause de sa personnalité flegmatique, mais je le comprenais par son air, même contenu, alors j'interprète avec ma perception et avec ma propre façon de décrire les émotions.)

• Kat et Tommy ont passé beaucoup de temps ensemble pendant la semaine de vacances, car ils étaient « deux âmes solitaires abandonnées par leurs meilleurs amis » (citation juste, telle qu'entendue).

• Et Truch ? Rien. Kat me dit de ne pas m'en faire. Elle l'a croisé une fois pendant les vacances, mais par hasard, au cinéma. Il était avec Noémie (son ex).

• Quoi d'autre ? Tommy (en mangeant de la tartiflette) a ajouté qu'il adore la tartiflette. Et qu'il avait lu que ça allait être retiré du menu des écoles. Que ceux qui veulent la retirer du menu des écoles sont des tyrans ! Que la tartiflette, c'est vraiment bon. Mais attention ! Ça nécessite de bonnes pommes de terre. Et ici, à notre école, les pommes de terre choisies pour la tartiflette ne sont pas bonnes. Je lui ai demandé pourquoi il voulait que la tartiflette soit toujours servie à l'école si les pommes de terre ne sont pas bonnes et il a répondu :

– Ah ! La tartiflette ! Ne l'enlevez pas des tartiflettes ! Ha ha ha ! Je me suis trompé ! J'ai dit « Ne l'enlevez pas des tartiflettes », mais je voulais dire : « Ne l'enlevez pas des écoles ! » En tout cas, c'était mon hommage à la tartiflette.

Aucun rapport.

Sur cette ode à la tartiflette qui n'a pas vraiment de rapport avec le bilan de la semaine de vacances, Kat a éclaté de rire comme si elle découvrait sa rate pour la première fois.

13h12

Bizarre. Est-ce que je suis revenue de voyage dans un monde parallèle ou quoi ? C'est quoi cette nouvelle complicité entre Kat et Tommy ?

13h14

Quelque chose ne passe vraiment pas dans ma gorge. Ai-je avalé de travers ? Oh non ! J'espère que je n'ai pas un début de grippe.

Prière : Cher Dieu, préservez-moi de la grippe. Je Vous en supplie ! J'ai des devoirs à remettre, une année scolaire à suivre, des amis à voir. Les années passées, j'ai beaucoup donné à la grippe. Je lui ai donné ma voix, mes sinus, mon teint clair, ma bonne humeur et plusieurs choses qu'il ne vaut pas la peine d'énumérer. Ce printemps, je suis certaine que la grippe peut aller voir ailleurs que chez moi. Je n'ai plus grand-chose à lui offrir de toute façon, car, pour tout Vous avouer, je n'ai pas conservé un très bon souvenir de la dernière que j'ai eue cet automne, ni de toutes celles d'avant, et je préférerais à l'avenir donner à des maladies plus sympathiques (comme la fièvre de la danse, par exemple).

Mercredi 12 mars

Fausse alerte, sans doute. Je n'ai pas la grippe.
J'ai pris ma température et j'ai même essayé de tousser, mais ça n'a rien donné de concluant.
J'ai cherché mes symptômes sur Google, mais je n'ai rien trouvé d'autre qu'une maladie avec un nom japonais étrange. (En fait, c'était soit une maladie, soit une description de sushis, je ne suis pas sûre, car je ne parle pas japonais, mais ça m'a donné faim.)
Il faut donc que je me concentre sur mon projet de théâtre.
Hier, j'ai présenté mon idée à Jason. Et il a beaucoup aimé. Je veux qu'on se serve des ombres et des lumières pour exprimer la douleur de perdre un parent. Comme Jason a perdu sa mère, il s'identifie à ce sujet aussi. Et je lui ai dit que métaphoriquement, grâce à l'ombre, ça pouvait ratisser plus large. Certains perdent un proche, pas à cause de la mort, mais à cause de l'absence, ou encore par choix. Avec ce qu'on présente, je voudrais qu'on montre que même si ce vide laisse une part d'ombre en nous, on peut être lumineux. Jason m'a avoué trouver ça limite ringard, mais je lui ai dit que j'allais retravailler mon idée. Et ce soir, c'est ce que je fais.
Mais disons que pour l'instant, mon travail consiste à :

1) observer Sybil…
2) classer mes vêtements par couleurs…

3) aller chercher une autre tasse de chocolat chaud, puis deux, puis trois…
4) écrire une ligne…
5) l'effacer…
6) me trouver pourrie…
7) aller voir ma mère pour qu'elle me dise que je ne suis pas pourrie…
8) écrire une autre ligne…
9) faire reconfirmer ma non-pourriture avec ma mère…
10) regarder s'il n'y a pas une actualité contre laquelle m'insurger sur Internet…
11) vérifier chaque minute mon portable pour voir si Nicolas m'a envoyé un texto…

Ouf ! Beaucoup de travail !

Jeudi 13 mars

– Dans le cas de la rotation, pour développer les équations, il faut d'abord trouver les coordonnées de l'image d'un point P (x, y) par une rotation d'un certain angle autour de l'origine, nous dit Sylvie Tanguay, la prof de maths, en démontrant ses propos à l'aide d'un graphique sur le tableau.

Pendant qu'elle est plongée dans ce sujet, je me dis (dans ma tête, parce que je ne parle pas à voix haute en classe, ce serait assez impoli) : « Quel bon moment pour prati-

quer mon lever de sourcil. » J'ai une légère obsession avec les sourcils.
J'ai remarqué que les gens très importants sont capables de faire plein de choses avec leurs sourcils : les froncer, les arquer, et le plus cool, c'est d'être capable d'en lever seulement un pour se donner un air suspicieux. Je rêve de pouvoir le faire. Mais c'est impossible, on dirait que mes sourcils sont connectés entre eux, ils ne veulent pas se séparer pour donner une expression différente.

10 h 50

Alors que j'ai l'impression d'avoir réussi à lever un sourcil (le droit) plus haut que l'autre (impossible de vérifier sans miroir), ma prof me demande si je vais bien.
Moi : Oui, pourquoi, je n'ai pas l'air ?
Mme Tanguay : Tu as l'air…
Moi : Suspicieuse ?
Mme Tanguay : Non, je trouvais que tu avais l'air d'avoir mal quelque part.
Moi : Merde…
Mme Tanguay : Pardon ?
Moi : Ah non, désolée, c'est seulement que je pratiquais un air suspicieux… avec seulement un sourcil. Je vois que j'ai raté.
Mme Tanguay : Aurélie, on arrête de faire sa comique et on se concentre, s'il te plaît.
Je ne prendrai même pas la peine de faire ma montée de lait contre les gens qui parlent en « on ». Ça m'énerve grave. Mais si j'étais impertinente, j'aurais dit : « Je vous trouve concentrée et pas trop comique, donc… » Bon, je n'aurais même pas été capable de finir ma phrase. Je suppose que la fin me viendra d'ici vingt ans.
Je m'imagine revenir à l'école, dans dix ans, pendant un de ses cours et dire : « Vous souvenez-vous quand vous

m'avez dit qu'on arrêtait de faire sa comique et qu'on se concentrait ? Eh bien (et ici, je balancerais la réplique tout à fait travaillée, pertinente, comique et marquante). Tous ses jeunes élèves m'applaudiraient et je quitterais la classe après une ovation.

Ce que je ne dirai jamais à ma prof de maths : « Rendons-nous à l'évidence, je ne serai jamais bonne en maths. Ce n'est pas la faute de mes profs. Ce n'est pas ma faute. Mon cerveau n'est juste pas fait pour ça. Et ça me surprendrait que je développe spontanément une passion pour les maths. Autant avoir l'expression adéquate si, par hasard, quelqu'un me parle de maths et que je veux présenter un air intéressé, contrit, surpris, indécis, etc. Il va toujours falloir que je fasse semblant de m'intéresser à la conversation et d'y comprendre quelque chose, alors que dans les faits mon esprit vagabondera toujours. Dans cette circonstance, la bonne expression de sourcils sera nécessaire. Et le cours de maths est donc tout indiqué pour m'exercer à ce qui me servira dans ma vie pendant ces moments-là. Ma logique est tout à fait implacable. »

17h1

Petit problème : le reste de la journée, plein d'élèves qui me croisaient me demandaient : « Alors ?! T'y arrives, là ? » en faisant référence aux expressions sourcilières. Je répondais par un « ha ha ha » non senti et poli.

Prédiction (qui me place à un niveau supérieur à tout le monde) : Un jour, une conversation les ennuiera et ils regretteront de ne pas s'être entraînés aux bonnes expressions faciales.

vendredi 14 mars

Je dors chez Kat ce soir. Elle veut qu'on espionne Julyanne.
Je pense que Kat n'aime pas que sa sœur ait un copain.
Moi : C'est miiiignon ! Son premier petit copain ! Laisse-la tranquille…
Kat : C'est pas mignon du tout. Elle va avoir de la peine. Elle est trop jeune ! Viens, on va se faufiler.
Moi : Se faufiler ?
Elle : Ouais.
Moi : Pour qui tu te prends, une ninja ?
Il me semble qu'on était bien quand notre seul problème était d'être un peu embêtées parce qu'on se sentait obligées de jouer avec Julyanne. Maintenant qu'elle n'a plus aucun intérêt pour nous et qu'elle a sa propre vie, c'est nous qui l'espionnons.

20 h 1

Julyanne parle sur Skype avec son copain. Conversation vraiment futile. Je regarde Kat et lance :
– On n'a pas autre chose à faire ?
Kat : Je me venge pour toutes les fois où elle nous a espionnées.
Moi : Quelle perte de temps !
Kat arrête de regarder par l'embrasure de la porte de la chambre de sa sœur, se tourne vers moi et m'avoue

qu'elle s'ennuie beaucoup d'Emmerick. Elle n'arrête pas de me raconter ses souvenirs avec lui (même des choses dont je me souviens, car j'étais là).
Elle ne digère pas que sa petite sœur ait un copain. Soit c'est ça, soit elle veut la protéger, comme je l'ai fait chaque fois qu'un homme s'est approché de ma mère par le passé.

Pour détourner la conversation, je lui lance :
– Si une fille présente son copain à ses parents, qu'ils lui demandent ce qu'il fait dans la vie et qu'il répond : « Mickey à Eurodisney », ça doit être étrange, tu ne trouves pas ?

Elle rit. Et me remercie de lui changer les idées. On arrête d'espionner Julyanne et on va dans la chambre de Kat pour regarder un film de filles, emmitouflées dans des couvertures en mangeant du pop-corn et en essayant de nous convaincre que si jamais on n'a pas de copain au bal, ce n'est pas grave.
– Tu te rappelles quand je voulais faire un pacte pour qu'on ne sorte avec aucun garçon jusqu'à deux semaines avant le bal, juste pour être accompagnées ?
Moi : Oui… et je sortais en cachette avec Nicolas et je n'osais pas te le dire…
Kat : C'était débile…
Moi : De sortir avec Nicolas ?
Kat : Non… mon pacte.
Moi : T'avais de la peine.
On entend éternuer.
Kat se lève et va ouvrir la porte de sa chambre, et on voit Julyanne qui se sauve en courant. Kat la suit. Julyanne esquive, fait demi-tour, revient dans la chambre et saute derrière moi pour se cacher. Je l'attrape et je

commence à la chatouiller. Elle rit et crie qu'elle nous a vues l'espionner.

Puis Kat dit :

– Je déclare solennellement que j'aime ma sœur et qu'elle peut se joindre à nous chaque fois qu'elle le veut. Et que la saison d'espionnage est définitivement terminée !

Julyanne prend Kat dans ses bras et dit :

– Je t'aime, ma sœur.

Kat : Je t'aime, moi aussi.

Moi : Et moi ???

Je me colle contre elles.

Et bien que, par le passé, leur modèle m'ait un peu inquiétée, je dois avouer que j'espère avoir une relation semblable avec ma sœur.

Kat (en regardant Julyanne) : Hey ! C'est mon pull, ça ? T'as pris mon pull ! Qu'est-ce que j'ai dit au sujet de fouiller dans mes affaires ?

Julyanne : Ça va être à moi de toute façon quand il ne te plaira plus ! Pourquoi je ne pourrais pas l'avoir pendant qu'il est à la mode ?!

Kat explose de colère, Julyanne lui crie des bêtises et je retire mon souhait que ma relation avec ma sœur soit comme la leur. Ma vie serait simplement un enfer. Bref, j'espère qu'avec tous les vœux que j'ai faits, ce n'est pas celui-ci qu'on retiendra. Il a été formulé dans un moment de totale mégarde.

Samedi 15 mars

– Oh non ! Encore lui !

Je lance cette phrase après avoir jeté un œil sur mon téléphone qui vibrait pour m'annoncer un nouveau texto. Kat et moi sommes dans sa chambre, et on feuillette des magazines en commentant les potins (OK, j'avoue, ce n'est pas très constructif, surtout quand on a beaucoup de devoirs à faire, mais on s'est dit qu'on a toute la journée de toute façon).

Kat : Qui ça ?

Moi : Le mec, là. Jean-Benoît. (Honteusement :) Celui à qui j'ai fait croire que j'étais ma jumelle.

Kat éclate de rire.

Moi : C'est pas drôle ! Il n'arrête pas de m'inviter à faire des activités et je refuse toujours.

Kat : Pourquoi ?

Moi : Ben ! C'est évident !

Kat : Vas-y ! Ce serait drôle ! Ça ferait une super bonne anecdote à raconter plus tard. De toute façon, il ne t'intéresse pas, c'est la meilleure situation pour faire semblant d'être quelqu'un d'autre. Je ne sais pas, ça doit être rigolo. Comme si t'étais une espionne.

Moi : Mais c'est quoi ton trip avec les espions ?

Kat : On va s'amuser ! Je vais t'aider !

Moi : C'est comme, genre, le plus mauvais conseil du monde ! Mais… ça me tente !!!

Kat (en sautant) : Wouaaaaaahhhhh !
Moi : En plus, il m'a super insultée en disant que ma sœur, donc moi, était trop bizarre. Pfff ! Pour qui il se prend, lui ? Monsieur Parfait ?
Kat : Ouais !! Ça pourrait être juste drôle de le faire marcher ! OK, il nous faut un plan.

14 heures

Kat insiste vraiment pour élaborer un plan d'action. Elle pense que je ne pourrai pas réussir à être dix minutes avec quelqu'un sans faire quelque chose de travers. (Je tente de passer par-dessus ce genre d'insulte déguisée.)
Kat : Il te faut un personnage.
Moi : Euh…
Kat : Essaie de me dire quelque chose de, je ne sais pas, sensuel.
Moi : Euh… ?
Kat : Allez ! Avec une voix sensuelle, dis, en montrant tes lèvres pulpeuses : « Saluuut, beau gosse… »
Moi : Hé là ! Je ne vais pas devenir strip-teaseuse ! Il faut juste que je sois plus sérieuse, plus sûre de moi.
Kat : Si t'es même pas capable de dire « salut, beau gosse » de façon sensuelle, je ne sais pas comment on va faire.
Moi : Serena !
Kat : Quoi ?
Moi : Je veux être Serena dans *Gossip Girl* ! Serena est toujours calme, posée, sexy, mais sans dire des choses déplacées.
Kat : OK, on s'exerce à être Serena.

15 heures

Après visionnement de quelques extraits de *Gossip Girl* trouvés sur YouTube, nous avons remarqué que Serena

1) parle toujours la bouche entrouverte, 2) regarde les gens intensément dans les yeux, 3) ne parle pas fort, 4) s'exprime avec un débit assez lent.

15 h 30

Après dix mille essais, Kat insiste pour dire que je ne suis VRAIMENT pas comédienne. Je lui ai demandé d'arrêter de m'insulter et elle m'a dit que ce n'étaient pas des insultes quand c'était la vérité. (Bref. Sans commentaire.)

16 h 1

Idée géniale de Kat : m'acheter une oreillette.
Son plan : m'assister par téléphone avec des répliques de Serena directement tirées de *Gossip Girl*, qu'elle va chercher sur Internet. C'est facile, on me met une oreillette pour qu'elle puisse me dicter quoi dire, et je laisse mon téléphone allumé près de moi pour qu'elle puisse entendre la conversation. Ainsi, chaque fois que Jean-Benoît me dira quelque chose, je lancerai une réplique de Serena.
Mon opinion : je trouve ce plan tout à fait brillant ! Ça a toujours été mon rêve que quelqu'un me dicte quoi dire, parce que le sens de la répartie, ce n'est pas trop mon fort.
Moi : Kat, tu le sais que t'es géniale, hein ?
Kat : Ben… ouais !
Moi : Hiiiiiii !!!!! C'est excitant !!!

16 h 30

On m'installe mon oreillette. Elle n'est pas grosse, elle est bien sûr sans fil, et avec mes cheveux par-dessus, ça ne se voit pas du tout.

16 h 45

Nous avons trouvé un site Internet où sont répertoriées plusieurs répliques de *Gossip Girl.* Nous avons remarqué que Blair (la meilleure amie de Serena) est quand même celle qui a les répliques les plus marquantes et donc, parfois, Kat pourrait utiliser les répliques de Blair.

17 heures

L'heure de mon rendez-vous avec Jean-Benoît.
J'attends au coin de la rue, parce que Kat dit qu'il faut que j'arrive cinq minutes en retard pour montrer que ce rendez-vous n'en est qu'un parmi tant d'autres dans ma vie chargée.
Nous sommes convenues que Kat irait au café d'en face pour m'assister. Elle pourra aussi me voir, alors je devrai essayer de choisir une place près de la fenêtre.

17 h 5

J'arrive au café où nous avons rendez-vous. Mais il n'est pas là.
Moi : Kat ? Tu m'entends ? Un-deux, test ? Il n'est pas là !
Kat : Arrête de te toucher l'oreille quand tu me parles !
Moi : Oups. Réflexe.
Kat : Hé là ! Arrête ! Tu vas avoir l'air de parler toute seule ! Vite, il y a une place près de la fenêtre, va t'asseoir là ! Oh, salut ! Ben oui !
Moi : À qui tu parles ?
Kat : Tommy et JF m'ont vue par la fenêtre…
Je l'entends expliquer la situation aux garçons. Je les entends aussi rire. Et j'entends Kat se fâcher en disant que s'ils n'ont rien de mieux à faire, ils peuvent partir. Et je les entends annoncer qu'ils vont rester, ce qui me fait protester.

Moi : Dis-leur de s'en aller, c'est une affaire de filles !
Kat : Trop tard, ils sont assis ! Au' ! Il arrive ! Aie l'air décontractée !

17h7

Je prends un air décontracté (je crois, car en réalité je n'ai que mon reflet dans la fenêtre pour vérifier, et ce n'est pas tout à fait l'expression de sourcils adéquate pour un air décontracté) lorsque Jean-Benoît arrive et s'excuse :
– Désolé, j'espère que je ne t'ai pas trop fait attendre.
Moi : Non, je viens d'arriver.
Kat : C'était Aurélie, ça. Tu dois dire : « Il faut que j'aille aux toilettes, tu crois que ça va aller si je te laisse tout seul ? »
Moi : Euh…
Kat : Allez ! Et lance un regard perçant.
Moi : Il faut… que j'aille aux toilettes, tu crois que ça va aller si je te laisse tout seul ?
Je lance un regard qui se veut perçant, mais je crois déceler chez lui un mouvement de recul semi-terrifié. (Sûrement une autre preuve de mauvais contrôle de sourcils.)
Jean-Benoît : Oui, oui, vas-y, pas de problème !

17h9

Moi : C'est quoi, ton rapport avec les toilettes ?
Kat : Serena dit ça ! T'as vu comme ça démontre de la confiance en elle ? « Ça va aller si je te laisse tout seul ? » J'espère que t'as fait les yeux perçants.
Moi : Je ne sais pas trop… Je n'ai pas le total contrôle de mes sourcils.
Kat : OK, tu peux y retourner. Et regarde où tu marches pour ne pas te prendre les pieds quelque part, ce ne serait

pas Simone-Sandrine, ça ! N'oublie pas, ta jumelle est nor-ma-le.
Moi : Hey ! Arrête de m'insulter !
Kat : Ben voyons ! Je ne serais jamais amie avec ta jumelle ! Je t'aime bien plus, ma p'tite imparfaite !
Moi : Bon, je sais que ça se veut gentil, là, mais ça me blesse.
Kat : Bon ! Chut !

17h10

Je reviens et je m'assois.
Jean-Benoît : Hé, je suis content de te voir ! J'ai l'impression que je croise souvent ta sœur, mais toi, tu es rare.
Kat : Merde ! Merde ! Je ne trouve rien pour aller avec ça. OK, attends, dis ça : « C'est quand on perd quelque chose qu'on se rend compte de sa valeur, et ce n'est pas Nate Archibald qui nous dira le contraire. »
Moi : Hein ?
Kat : Pas le passage avec Nate Archibald, scuse...
Jean-Benoît : Je disais que j'avais l'impression que je croise plus souvent ta sœur que toi.
Moi : C'est quand...
Kat : ... on perd quelque chose qu'on se rend compte de sa valeur.
Moi : ... on perd quelque chose...
Kat : Plus sensuel !
Moi (plus sensuelle) : ... qu'on se rend compte de sa valeur.
Jean-Benoît : Euh... oui. Peut-être. Hé, je vais aller me chercher un café, je manque d'énergie en ce moment. Je fais un peu trop la fête.
Kat : Oh, j'en ai une bonne : « Pourquoi gaspiller son temps à dormir quand la vie est si palpitante ? » C'est Gossip Girl elle-même qui dit ça.

Moi : Pou… pourquoi gaspiller son temps à dormir quand la vie est si palpitante ?
Jean-Benoît : Ha ha ha ! Oui, c'est clair !
Kat : Hé, je t'avais dit que ça marcherait !
Moi : Ben oui, t'es super intelligente ! Reste concentrée.
Jean-Benoît : Quoi ?
Moi : Euh… Oui, ben… on se croit super intelligents, mais dans le fond, on… a des devoirs et tout… et toi, avec l'impro, ça doit être pire.
Jean-Benoît : Oui. Bon, je reviens.
Kat : Hey ! Ne fais plus ça ! N'IMPROVISE PAS !!! Il va s'en rendre compte !
Comment pourrait-il s'imaginer que ma meilleure amie me dicte quoi dire ?!

18 h 13

Tout s'est relativement bien passé jusqu'ici. Kat a fait un travail formidable pour trouver des répliques qui fonctionnaient. On passait de Serena à Blair à Gossip Girl, sur toutes sortes de sujets : mon avenir, ma famille, mes études. Puis Kat m'a dit qu'il fallait que je lui dise que je devais partir pour ne pas m'éterniser. Jean-Benoît m'a demandé si je voulais qu'on se revoie. Là, j'étais carrément bouche bée, car je ne m'imagine pas vivre tous mes rendez-vous avec lui avec Kat dans l'oreille.
Jean-Benoît : Tu hésites à me revoir parce que tu connais ma réputation… C'est vrai que j'ai fréquenté beaucoup de filles, mais… je n'ai juste pas rencontré la bonne.
Kat : Oh ! J'en ai une bonne pour ça ! Dis : « Sérieusement, ce sont des garçons honnêtes dont il faut se méfier parce qu'on ne peut jamais prévoir à quel moment ils feront un truc incroyablement stupide. »
Moi : Ce sont des garçons honnêtes dont il faut se méfier

parce qu'on ne peut jamais prévoir à quel moment ils feront un truc incroyablement stupide.
Tommy : Débile ! C'est dans *Pirates des Caraïbes*, ça !
Moi : Quoi ?
Jean-Benoît : Oui, c'est une façon de voir les choses… Contente que tu ne fasses pas attention aux potins.
Kat : Merde ! C'est vrai ! Désolée, je n'avais pas vu, mais j'étais sur un site où il y a plein de citations mélangées, mais provenant de fans de *Gossip Girl* !
Moi : Oh non !!!
Jean-Benoît : Quoi ?
Moi : Oh non !!! Je ne fais pas attention aux potins !
Kat : Arrête ! Je t'ai dit que tu n'étais pas bonne comédienne.
Tommy prend le téléphone et lance :
– Dis : « Que ce jour reste à jamais dans vos mémoires comme celui où vous avez failli capturer le capitaine Jack Sparrow ! »
Moi : Que ce jour reste à jamais dans vos mémoires comme celui où vous avez failli capturer le capitaine Jack Sparrow !
Jean-Benoît : Euh… OK…
Intérieurement, je suis fâchée contre Tommy. J'ai répété sans réfléchir et je l'entends rire dans mon oreille. Je tente de me dépatouiller en disant :
– Euh, oui, c'est une réplique du film *Pirates des Caraïbes*. Ben… euh… Jack Sparrow était… victime de potins et… finalement, il avait un bon fond. Bref, dans ce genre de film, on apprend des… bonnes choses comme… il ne faut pas se fier aux apparences.
Jean-Benoît : Ah bon. Moi, j'ai vu ça comme une grosse fresque hollywoodienne, mais bon, chacun ses références. C'était cool de prendre un café avec toi. J'espère qu'on pourra remettre ça !

J'entends Kat et Tommy se disputer. D'après ce que je comprends, il cache l'écran de l'ordinateur et elle se bat avec lui. JF n'arrête pas de crier d'arrêter, qu'ils vont se faire sortir.
Moi (avec un regard perçant et la bouche un peu entrouverte comme Serena) : Euh, peut-être. On s'appelle.
Dans ma tête, j'entends « Bisous, bisous, Gossip Girl », mais je ne pousserai pas le jeu jusqu'à le dire tout haut. Il y a déjà eu assez de failles dans l'exécution de ce plan.

18 h 21
Kat, Tommy, JF et moi rions, au coin de la rue.

Soudain, JF arrête de rire et devient blême. Kat lui demande s'il va bien. On dirait qu'il a vu un revenant ou quelque chose comme ça. Nous nous tournons et nous apercevons Vince avec un autre garçon. Main dans la main.

Dimanche 16 mars

JF a le cœur brisé. C'est la première fois que je le vois comme ça. Nous avons essayé d'aller faire une intervention chez lui, mais il nous a avoué qu'il préférait rester seul quelque temps. Mais tout comme mes amis l'ont fait lorsque j'étais moi-même en chagrin d'amour à cause de Nicolas, nous ne lui avons pas laissé le choix. Et nous avons apporté la trousse d'urgence pour chagrin d'amour : chips, glaces, bonbons. Nous sommes dans la chambre de JF. Il est assis et joue mécaniquement à un jeu sur son téléphone.

Kat : Au' disait l'autre jour que l'amour est éphémère.
Tommy : Elle a raison. Mais l'amitié, ça dure.
Moi : Mais des fois, il y a des sentiments qui restent collés malgré notre volonté.
Je pense à Nicolas. Lui et moi, ça fait deux ans que nous sommes incapables de nous oublier. Et on se tourne toujours autour même si on n'est plus ensemble.
Je pense aussi à Iohann et Frédérique.
Iohann, un des garçons les plus populaires de l'école, que j'ai fréquenté après sa première rupture avec Frédérique, et qui s'est remis avec elle après que ça s'est terminé entre nous deux. Ils sont faits pour être ensemble. Mais pourtant… Est-ce que ça durera ? Nous sommes jeunes, et qui, parmi les adultes que nous connaissons, est encore avec son premier amour ?
Moi (vers JF) : Un premier amour, ça ne s'oublie pas, mais ça ne dure pas. Sauf pour certaines exceptions.
JF : Je ne pensais pas que ça pouvait faire ça. Je pensais que mon premier chagrin d'amour avait été au CP, quand Mme Chantal m'avait dit qu'elle ne pouvait pas être ma copine.
Kat : T'étais amoureux de ta maîtresse ? Une femme ?!
JF : J'étais au CP ! Et… elle était très masculine.
On rit. JF sourit aussi.
Moi : Tommy, toi, c'était qui ton premier amour ? Tu ne nous en as jamais parlé. C'est quelqu'un qui habite la ville d'où tu viens ?
Tommy réfléchit un instant et dit :

– Ce ne sont peut-être pas vos affaires. Et je n'en ai peut-être pas encore eu.
Kat : Mais Laeticia ?
Tommy : Une histoire qui n'a pas marché, c'est tout.
Kat : Elle est en chagrin d'amour depuis les vacances ! Les mecs, vous êtes vraiment cons avec les filles !
Tommy : On ne pense pas pareil. Je n'ai pas été méchant avec elle. J'ai appris à la connaître et ça n'a pas marché. Elle était juste plus attachée à moi que moi à elle, c'est tout.

14h1

Le téléphone de JF sonne. C'est Vince. JF sort de sa chambre et va parler dans la salle de bains.
Nous y allons tous de théorie en théorie.
Kat : Il était déchiré entre les deux, mais il choisira JF !
Tommy : Il est peut-être juste con.
Moi : Il est peut-être myope et il s'est trompé de garçon.
Kat et Tommy me regardent et éclatent de rire.
Moi : Ben quoi ? Pas le droit de faire des blagues ?
(Et puis, ça se peut, la myopie, c'est un trouble de la vision très courant !)

14h10

JF revient. Il se colle contre Kat. Puis il lui dit :
– On ne se laissera pas abattre par ça, hein ?
Kat : Non.
Moi : Alors ? Qu'est-ce qu'il a dit ?
JF : Qu'il s'excuse. Que c'est… (sa voix se brise) fini.

Du fait que nous avons toutes les deux vécu un gros chagrin d'amour, Kat et moi avons, disons, un avantage pédagogique sur le sujet, ce qui pourrait faire de nous des guides spirituelles, catégorie amour. Mais lorsqu'on

voit JF commencer à pleurer, nous sommes incapables de nous retenir, ça nous brise le cœur et nous commençons à pleurer avec lui.
Kat (en le prenant dans ses bras) : Si-iii tu-uuu pleu-eu-eures, ça me donne envie de pleu-eu-eurer aussi-ii-iii…
Moi (en les prenant dans mes bras) : Si vou-ou-ous pleu-eu-eurez, ça me donne envie de pleu-eu-eurer moi aussi-ii-iii…
Tommy est découragé et, ne sachant plus où se mettre, il n'arrête pas de répéter :
– Mais arrêtez !!!!!
Tout ce qui manque à l'ambiance, ce serait une déco intérieure gothique, ça siérait parfaitement à l'humeur générale. Je dirais même que ça y ajouterait une touche d'humour. C'est tout dire.

Lundi 17 mars

Cours d'histoire.
M. Létourneau nous raconte que Marie-Thérèse d'Autriche, qui fut l'épouse de Louis XIV, infante d'Espagne et reine de France, ne parlait pas un mot de français à son arrivée en France, mais elle y a apporté le chocolat et la première orange. Et à la suite de plusieurs problèmes (elle n'a entre autres pas su garder les secrets

de la France et les a révélés à l'Espagne), elle est devenue dépressive et obèse, car elle mangeait trop de chocolat. Bon, je résume et paraphrase. Mais je trouve que Marie-Thérèse et moi, nous avons une chose en commun : notre passion pour le chocolat. J'espère sincèrement que ce sera une question d'examen. Car je me souviens de tout ce qui concerne le chocolat.

14 h 21
Je la comprends un peu (pas pour la Haute-Trahison, mais pour le chocolat), ça ne devait pas être évident tous ces changements : nouveau pays, nouveau mari, nouveaux amis…

14 h 23
Ce que j'aime chez M. Létourneau, c'est que, grâce à lui, je ne suis pas privée de connaissances fondamentales concernant mes passions.

14 h 25
Le fait de parler de chocolat me donne envie d'en manger. Je plonge discrètement la main dans mon sac. Et je prends un carré.

14 h 27
Ouch. Aïe. Je ne sais pas si j'ai mal croqué mon carré de chocolat, mais j'ai mal à une dent.
Je demande à M. Létourneau la permission d'aller aux toilettes, car la douleur à ma dent s'intensifie et je pense que j'ai peut-être un morceau de chocolat coincé entre deux dents. Je me dis qu'il est plus sage d'aller l'enlever. Évidemment, ce n'est pas ce que j'ai donné comme raison au prof. « Puis-je sortir pour aller me passer du fil

dentaire ? » n'est pas, techniquement parlant, la meilleure des excuses pour sortir d'un cours.

14 h 30

En poussant la porte des toilettes des filles, j'entends un « AÏE ! » dans les toilettes des garçons. La curiosité me pousse à aller voir. Il n'y a personne.

14 h 31

J'avance discrètement. Il y a un vestiaire au bout des toilettes, c'est peut-être de là que ça venait.
J'aperçois trois garçons en train d'en fouetter un quatrième de dos à coups de serviettes mouillées.
Est-ce que ce garçon, c'est JF ? Il se retourne, le poing levé agressivement, prêt à frapper. C'est bien lui.
Moi : JF ?
JF lève la tête.
Les trois garçons m'ordonnent de sortir, prétextant que c'est le vestiaire des garçons. Au moment où ils s'approchent avec leurs serviettes mouillées, ma dent commence à m'élancer de plus en plus, et je me prends la mâchoire à deux mains en criant : « AOWWWW !! »
Premier garçon : Hé, on ne t'a même pas touchée, panique pas !
Deuxième garçon : On ne veut pas te faire mal, on veut juste que tu sortes !
Moi : Lâchez JF !
Deuxième garçon : Hein ?
Ils s'approchent encore de moi pour me montrer la sortie, et je vois JF, la tête un peu basse. C'est étrange, ce n'est pas son genre. Habituellement, il est plutôt fier et a toujours la réplique qui tue. Il est mon idole en repartie, moi qui suis toujours incapable de me défendre.
JF : Les mecs, laissez-la tranquille.

Soudain, ma dent me fait tellement mal que je pousse un autre « AOWWWW » de douleur. J'ai un étourdissement qui me fait vaciller et je m'agrippe au mur.
Troisième garçon : On ferait mieux de déguerpir d'ici. Lui est fou, et elle est possédée !
Les trois garçons s'en vont.
Je m'assois. La douleur est lancinante.
JF, qui finit de s'habiller, s'approche de moi et me dit :
– C'est bizarre, tu leur as fait peur… en étant bizarre ! Ha ha ha ha ha !
Moi : Qu'est-ce qu'ils te voulaient ? Ils t'emmerdaient ?
JF : Entre mecs, on fait ça des fois.
Moi : Mais t'allais en frapper un…
JF : Ils ont juste dit la mauvaise chose au mauvais moment. Je me suis énervé. Je suis content que tu sois arrivée…
Moi : Je pensais que tu étais victime… d'homophobie.
JF : Bah ! Ça m'arrive de me faire emmerder. Je suis capable de vivre avec ça. Mais cette semaine, je n'ai pas l'énergie pour trouver des répliques acerbes.
Moi : Je comprends…
Il regarde son téléphone. Je vois très bien ce qu'il vit. L'attente de recevoir un texto qui lui ferait comprendre ce qui s'est passé, ce qu'il a fait de mal. Je sais qu'il se demande si Vince pense à lui. Les garçons ne sont pas différents de nous, finalement. En tout cas, les garçons que je connais.
Moi : Tu peux nous parler des fois, si tu veux.
JF : Ça va. (Il me regarde en souriant.) Je ne sais pas comment vous faites, les filles, pour vivre plusieurs chagrins d'amour. Vous êtes fortes.
Moi : En fait, moi, je t'ai toujours vu comme le plus fort de notre bande.
JF : Moi ?!

Moi : Oui. Tu sais toujours quoi dire, au bon moment. En plus, tu es le seul qui vit une vraie différence, et tu es celui d'entre nous qui s'assume le plus, je trouve.
JF : T'es gentille.
Moi : Ben non, c'est vrai…
JF : Depuis que j'ai fait mon coming out, j'ai décidé d'assumer ce qui va avec. Des fois, je me fais emmerder. Des fois, ce sont de petits commentaires qui me rappellent que ma vie sera toujours comme ça. Mais bon, je peux vivre avec ça.
Moi : Tu as peur, des fois, de tomber sur des gens violents ? Comme ces garçons avec leurs serviettes ?
JF : Il y a des filles qui se font violer, des mecs qui se font tabasser parce qu'ils ont volé la copine de leur meilleur pote, d'autres, pour des histoires de drogues ou d'argent. Je n'ai pas envie de vivre dans la peur. Je suis comme je suis. Comme dirait mon grand-père : On verra dans le temps comme dans le temps ! Mais j'avoue que cette semaine, je suis juste un peu moins fort pour me défendre… Mais tu as raison, je dois me ressaisir.
La douleur à ma dent redevient aiguë. Et je lâche un autre « aowwww ! ».
JF : Mais non, c'est pas si terrible.
Moi : Non… j'ai mal…
JF : Tu es vraiment empathique et très généreuse de vouloir me défendre, mais… avec quelle technique au juste ? Du théâtre ? Tu voulais démontrer un genre de métaphore sur la douleur ? Leur faire comprendre quelque chose par effet miroir ? C'est un truc que vous apprenez en art dramatique ?
Moi : Non… je n'avais pas encore de plan… Je souffre tellement ! J'ai mal à une dent !!!
JF : Ha ha ha ! Ben… merci quand même. Ça n'aurait pas été cool que je me retrouve dans une baston.

Note à moi-même : Si j'étais une superhéroïne, mon superpouvoir serait un mal de dents. Mon slogan serait : « Grâce à son mal de dents, elle sauve la planète. Les gens la fuient, car elle a l'air dérangée ! » Pas super accrocheur. Je serais la pire superhéroïne du monde !

Mardi 18 mars

Je ne sais pas encore exactement ce que je veux faire du reste de ma vie, mais je sais comment j'ai envie de passer mon éternité. J'ai décidé qu'après ma mort je veux hanter un dentiste. Et lui faire peur. Et mal. En tant que fantôme, j'inciterai le dentiste choisi à dépenser tout son argent en payant très cher pour plein de choses dont il n'a pas besoin. Mouha ha ha.

J'ai été victime de ce qu'on pourrait qualifier de brutalité dentaire. Quand je suis arrivée chez le dentiste avec mon mal lancinant, l'assistante dentaire m'a lancé un regard froid en me disant :
– Ne t'avais-je pas dit de mieux te passer le fil dentaire ? (Traduction : Mui-mui-mui-mui-mui-mui-mui-mui-mui ?)
Ensuite, la dentiste est arrivée et a commencé à me frapper sur les dents avec le dos d'un instrument de

torture typique de dentiste, en me demandant si ça me faisait mal.
J'ai mal alors que personne ne frappe ma dent, alors OUI, j'ai mal quand quelqu'un la frappe !
Après qu'elle m'a eu fait une radio et examinée avec plein d'instruments, elle m'a demandé :
– Bon, quelle dent te fait mal ? La 27 ?
Il n'y a rien d'assez évolué, technologiquement parlant, pour le savoir ? Suis-je dentiste, moi, pour diagnostiquer mon propre mal ? Est-ce que je suis censée connaître mes dents par numéro ???
ARGGGGHHHHHHHHHHHH !!! JE DÉTESTE LES DENTISTES !!!!!!!!!!!!
Ensuite, la pauvre dentiste a eu la peur de sa vie. Puisqu'elle ne croyait pas que j'avais si mal, elle a envoyé du froid sur ma dent sans m'avertir, et mon corps s'est tordu de douleur comme du bacon et j'ai crié et commencé à pleurer. La dentiste est restée saisie et elle a marmonné :
– OK, tu souffres vraiment, toi.
Euh ?!?! Je vais chez le dentiste pour le plaisir, peut-être ? J'adore, moi, aller chez le dentiste. Je me promène, comme ça, tranquille, et je me dis : « Tiens, quelle belle journée pour aller voir le dentiste et vivre les pires tortures de la planète ! »
Pour la première fois, elle s'est excusée, et pour la première fois, j'ai eu un élan de sympathie pour elle. Je lui ai dit de ne pas s'en faire (sans lui révéler mon côté *drama queen*).

15 h 40

La dentiste a parlé de me dévitaliser la dent, en précisant que mon hygiène dentaire y était pour beaucoup dans ma douleur. Qu'à cause de ma mauvaise hygiène dentaire, des bactéries s'étaient infiltrées sous la gencive et

que mon hygiène dentaire ci et que mon hygiène dentaire ça…
ARGGGGHHHHHHHHHHHH !!! X 1 000 !!!!!!!! !!!!!!!!!!!!!!!

Si j'avais eu un sens de la répartie adéquat, comme je le souhaite, j'aurais répondu autre chose et j'aurais réagi tout autrement.

Au moment où l'assistante dentaire m'a lancé :
– Ne t'avais-je pas dit de mieux te passer le fil dentaire ?
J'aurais répliqué :
– Si, mais j'ai tendance à n'accorder aucune crédibilité à une personne qui me donne des conseils buccaux alors qu'elle a mauvaise haleine.

Au moment où la dentiste a commencé à frapper mes dents, je serais partie, tout simplement, en lançant que la technologie dentaire était vraiment en retard par rapport à toute autre technologie existante.

Au moment où la dentiste m'a demandé si c'était la dent n° 27 qui me faisait mal, j'aurais répondu :
– Je ne sais pas, mais, en ce qui vous concerne, est-ce votre neurone n° 27 qui a été neutralisé ?

Et finalement, quand elle m'a parlé pendant une éternité de l'importance de l'hygiène dentaire, je lui aurais précisé que, dans la langue française, répéter le même mot plusieurs fois était considéré comme une erreur stylistique et que, par conséquent, elle devrait trouver des synonymes pour ne pas avoir l'air inculte. Et j'aurais ajouté la réplique qui tue : « Surtout à votre âge. »

Et j'aurais gagné.
Je me serais sentie supérieurement intelligente.

Mais là, je n'ai rien pu dire… parce que j'avais la bouche anesthésiée.

Mercredi 19 mars

Aller dehors avec cette neige ? Ha ha ha ! Elle est bien bonne ! (Signé : humaine qui n'aime pas particulièrement être transformée en bonhomme de neige alors qu'elle a hâte d'être au printemps.)
Hier, en sortant de chez la dentiste, j'ai croisé Jean-Benoît. Et je n'avais qu'un seul côté de la bouche qui fonctionnait, l'autre étant encore anesthésié à cause de la dévitalisation.
Alors, évidemment, Jean-Benoît a tout de suite pensé que j'étais Aurélie. Parce que, bien sûr, Simone-Sandrine, bien qu'elle ait un nom ri-di-cu-le, ne pourrait pas se faire dévitaliser une dent, elle, parce que c'est sûr qu'elle se brosserait les dents comme il faut et qu'elle se passerait le fil dentaire comme il est recommandé de le faire, et elle s'entendrait bien avec tout le personnel du cabinet dentaire !
Argh ! Je déteste ma fausse jumelle ! Je la déteste x 1 000 !

Note à moi-même : Tenter d'éviter le plus possible les excès de haine envers des gens inventés. Il s'agit d'énergie gaspillée inutilement.

vendredi 21 mars

Week-end.

C'est drôle, quand même, le non-verbal (pas drôle « ha ha », drôle « étrange »). Dans mes yeux, je lance clairement le message à ma chatte : « J'veux que tu fasses mon devoir de français. » Dans ceux de Sybil, je ne lis pas : « À l'instant, maître ! »

J'essaie d'écrire quelque chose, mais je n'ai pas d'inspiration. Et Sybil n'arrête pas de passer sur mon clavier d'ordinateur et d'appuyer sur des touches au hasard, ce qui ajoute des mots pas rapport dans mon document. Comme « ;dhfoiwhrew^ » ou « ur902ûr0 ».

Peut-être que je devrais le conserver ?

Mon prof, M. Brière, qui est si snob par rapport à tout ce qui est trop commun et populaire, trouverait peut-être ça avant-gardiste. Limite impressionniste. La liberté d'expression à l'état pur. Je lui expliquerais (en balançant un foulard imaginaire de poète derrière ma nuque et en parlant avec un accent pincé) :

– Je n'écris pas des mots, je couche mes impressions grâce à des séries de lettres qu'on doit déchiffrer.
Intéressant. Hum… Il serait assez snob pour trouver ça artistiquement intéressant.

P-S : Je n'essaierai pas. Je ne me sens pas assez en forme pour faire évoluer tout un siècle de littérature avec un devoir de français et être obligée d'avouer (à ma mort) que je devais toute ma créativité à feue Sybil… une chatte très spéciale.

Samedi 22 mars

C'était l'anniversaire de Kat aujourd'hui.
Toute la bande a dîné chez elle, avec sa famille, car elle préférait faire une fête intime plutôt qu'une soirée, étant donné qu'elle ne se sent pas au meilleur de sa forme (sa façon de dire qu'on l'a carrément forcée à fêter son anniversaire).
Soirée un peu étrange, je dois dire.

Les parents de Kat se sont mis dans la tête que le plus beau cadeau du monde serait une robe de bal. Or, lorsque Kat a déballé son cadeau et qu'elle a découvert la robe que ses parents lui avaient choisie sans la consulter, son émotion était palpable : elle la détestait.

Le rouge lui est monté aux joues. Elle tentait de contenir sa déception parce qu'elle ne voulait pas faire de peine à ses parents.
Je la voyais feindre un sourire. En même temps, j'imaginais à quel point elle avait envie de se sauver dans un autre pays plutôt que d'aller au bal avec la robe qu'on avait choisie à sa place.
Son père : On voit souvent ça, dans les films, une fille qui reçoit une robe en cadeau, et on avait envie de faire la même chose.
Kat (feignant l'enthousiasme, mais affichant une apparente perplexité) : Ah… merciiiiiiiii.
Sa mère : Ça fait très « princesse Disney », comme t'aimes !
Dans la tête des parents de Kat, elle aime encore les princesses Disney. Bon, d'accord, c'est vrai, il lui arrive de regarder un Disney de temps en temps et de réussir à y prendre du plaisir. Mais elle n'a plus dix ans. Et ils semblent l'avoir oublié.
La robe est bleu pâle, turquoise, bustier sans bretelles et avec des volants à partir de la taille, et elle arrive sous les genoux. C'est vrai qu'elle rappelle un peu la robe du film *La Princesse et la Grenouille*, en plus courte. Elle ne fait pas « petite fille » du tout. Ils ont bien choisi, je trouve.
Son père : En plus court… car on sait que tu n'aurais pas aimé une robe longue.
Je crois que les parents de Kat sentent qu'elle n'est pas convaincue, et ce moment de malaise est insupportable. Je lance :
– Elle est super belle, Kat ! Waouh ! Tu vas être la princesse de la soirée !
Elle me lance un regard glacial. Je sais qu'elle m'en veut. Julyanne s'empare de la robe et va se pavaner devant le

miroir en disant à quel point elle trouve sa sœur chanceuse. Et qu'elle espère avoir un aussi beau cadeau à son anniversaire.
Plus je regarde la robe, moins je comprends la déception de Kat. La robe est sincèrement très belle. Et ça va lui éviter de longues séances de shopping.

20 heures

– Mais le shopping, ça fait partie du truc ! se plaint Kat, après le dîner, en privé, alors que je lui fais part de mon opinion sur sa robe et que je lui demande pourquoi elle est déçue.
Elle ajoute :
– J'ai l'impression de ne rien pouvoir choisir : mon cavalier… ma robe…
Moi : Tu n'exagères pas un peu ?
Deuxième regard glacial.
Son téléphone sonne. Elle regarde l'écran et me dit :
– Emmerick.
Moi : Réponds.
Kat : Oui, allô ? Ah, merci.

20 h 3

Pour lui laisser un peu d'intimité, je me dirige vers JF et Tommy. Ils sont en train de parler d'un film. Puis Tommy s'excuse pour aller aux toilettes. JF se tourne alors vers moi et en profite pour me remercier de n'avoir parlé à personne de son altercation avec les garçons dans le vestiaire. Je lui avoue que ce n'est pas parce que je n'ai pas la fibre potineuse, mais que mon histoire de dents a pris le dessus. Il rit.
Moi : Tu vas mieux ?
JF : Oui. Vraiment. C'est sûr que je suis triste, mais je ne suis pas le premier à vivre un chagrin d'amour. C'est

juste que c'est décevant de découvrir que ce que tu pensais de quelqu'un est faux.
Moi : Des fois, ce n'est pas que c'est faux, c'est juste ses sentiments qui changent et on ne comprend pas trop pourquoi. Et probablement que ça ne s'explique pas.
Tommy revient.
JF (en lui mettant le bras autour de l'épaule) : Ah, si seulement Tommy était gay ! Ce serait mon homme !
Tommy : Ah, si seulement t'étais Natalie Portman, tu serais ma femme !
Ils rient.
J'avoue avoir une certaine admiration pour Tommy, qui prend toujours tout avec des pincettes, avec humour, et qui se moque éperdument de l'opinion des autres.
Kat revient vers nous. JF la prend dans ses bras. Je dis :
– Alors ?
Kat : Il me souhaite un bon anniversaire. On s'est donné quelques nouvelles. Ça craint. C'est nul… J'irai à mon bal sans Emmerick avec une robe de princesse de Disney. S-u-p-e-r.
Tommy lui lance :
– Ressaisis-toi, Demers ! Franchement, la robe est super belle, et Emmerick, c'est une grosse larve. Comment une fille comme toi peut-elle hurler sur un client impoli dans une boutique, mais être totalement sans voix devant un garçon ? T'es plus forte que ça !
JF et moi avons le souffle coupé. Nous nous attendons à une explosion imminente de la part de Kat envers Tommy. Mais elle ne fait que s'approcher de lui et appuyer sa tête contre son épaule, lui dire qu'il a raison et le remercier.
JF me regarde.
Je fixe mes mains, puis je juge que c'est le moment

approprié pour faire craquer mes doigts. Il me semble que j'ai les jointures comprimées.
Craque, craque, craque.
Après tout, un individu ayant passé seize ans sans se faire craquer un doigt est un peu en retard sur les autres – ce qui est mon cas –, et ce moment précis est parfait pour commencer cet exercice normal pratiqué par tout le monde.
Nous entendons Lady aboyer et la mère de Kat crier :
– Les jeunes !!! Venez manger du gâteau !!!

On se rend à la cuisine, les parents de Kat éteignent les lumières et allument les bougies. Puis on chante tous : « Joyeux anniveeersaire ! Joyeux anniveeersaire ! Joyeux anniveeeeeersaire, Kat ! Joyeux anniveersaire ! »
Elle souffle les bougies.
Et ne partagera jamais son souhait avec nous, même sous la torture.

Note à moi-même : Révéler à des gens (alors qu'il règne déjà un malaise palpable au sujet d'une robe) que les robes qu'on voit dans les magazines sont ajustées dans le dos des mannequins pour être plus seyantes – information que l'on détient puisqu'on a assisté à un shooting photo pour le « Spécial bal » de *Miss Magazine* – peut passer pour de la vantardise et accentuer le malaise. Voilà sans doute pourquoi ce genre d'information ne circule pas beaucoup.

Dimanche 23 mars

Il pleut. La neige fond. Ma mère et François sont en train de préparer une pâte à crêpes. J'ai soudain une pensée pour ma grand-mère Laflamme (qui fait les meilleures crêpes du monde, mais quand ma mère fait des crêpes, je ne peux pas lui dire qu'elles ne sont pas aussi bonnes que celles de ma grand-mère). Ça fait longtemps que je ne lui ai pas parlé. Le temps passe tellement vite !

Moi : Vous êtes sûrs que vous ne voulez pas sortir ? Aller au resto ? Faire travailler maman comme ça aux fourneaux… c'est inhumain, limite exploitation et/ou esclavage !

Ma mère : Non, on fait ça ici, en famille ! Ça me fatigue de sortir.

Moi : Tu veux que je t'aide ? J'ai de l'expérience en esclavage… depuis ma naissance.

Évidemment, j'ai dit ces derniers mots tout bas, mais ma mère a entendu. Je ne sais pas si être enceinte rend l'ouïe plus aiguisée, mais elle s'est retournée vivement et, pratiquement sur le bord des larmes, elle a lancé :

– Comment tu peux dire ça ?

Moi : Mais non, oups, je mélange mes souvenirs avec un film que j'ai vu récemment. Je n'ai pas d'expérience en esclavage, mais je vais t'aider pareil… si être à côté de toi et regarder par la fenêtre compte pour de l'aide !

11h2

Il y a peut-être quelque chose qui ne fonctionne plus avec mon humour, car ma mère est en train de pleurer, François la console et je me sens coupable. Si les humoristes ont à vivre tout ce stress quand ils lancent une blague, ils ont toute mon admiration. C'est un métier dangereux.

11h14

Je me suis excusée (pour mes blagues). Ma mère s'est excusée (elle ne contrôle plus ses émotions). Et François a continué de préparer la pâte à crêpes. Ma mère n'arrêtait pas de répéter : « Je voulais juste faire plaisiiiiiir… » Et je répondais : « Ça me fait teeeeeellement plaisir ! »

P-S : Heureusement que je n'ai pas parlé des crêpes de ma grand-mère ! Ouf !!!! Mention spéciale pour ma rétention d'information.

11h43

Tout le monde est plus calme. Dossier crêpes = réglé. On attend, pour manger, que la pâte à crêpes ait « reposé ». (Honnêtement, je comprends qu'elle ait besoin de se reposer, avec tout ce drame inutile !)

11h45

On sonne à la porte.
Je me lève d'un bond pour aller ouvrir.
Ce qui fait sursauter Sybil.
Qui saute sur François, ce qui le fait sursauter à son tour et pousser un cri.
Ce qui fait que ma mère sursaute aussi en lançant :
– Qu'est-ce qui se passe ici ?!?!?!
Je ne réponds pas et me contente de leur tourner le dos

pour ouvrir la porte en levant les yeux au ciel. Pendant une fraction de seconde, j'ai un élan de compassion pour ma petite sœur, qui est tombée dans une famille de fous furieux. (Ben peut-être pas furieux, mais très certainement fous.)
J'ouvre la porte.
C'est Kat.
En pleurs.
En pleurs ??????

11h48

Kat pleure dans mes bras, sur mon divan, devant ma mère et François complètement désemparés. Elle est trempée, car elle n'a pas pris de parapluie.
Kat (en pleurant) : Han-han-Em-a-a-han-arr-han !
Ma mère et François me regardent.
Moi : Elle a vu Emmerick. Par hasard.
Kat : Han-han-es-i-o-han-han-eeerrrrr !
Ma mère et François me regardent.
Moi : En fait, elle n'a pas pu résister à l'envie d'aller l'espionner. Surtout depuis son appel d'hier pour son anniversaire. Elle a pris ça comme un signe qu'il avait peut-être encore des sentiments pour elle.
Kat : Han-han-u-o-han-han-ille !
Moi (à ma mère et François) : Il sort avec une autre fille.
Ma mère : Comment tu fais pour comprendre ?
Moi : Ça fait longtemps qu'on est amies, on est capables de se traduire dans toutes les langues d'émotions. (À Kat :) Comment tu es sûre qu'il « sort » avec une autre fille ?
Kat : Est-ce qu'une langue enfoncée à vingt centimètres dans la gorge de quelqu'un est une assez bonne preuve pour toi ?

Moi (à ma mère et François) : Elle dit que...
François : C'est bon, on a compris, cette fois.
Moi : Ça ne veut pas dire que c'est sa copine.
Kat pleure encore plus.
Ma mère : On a fait des crêpes, ma belle, tu veux manger avec nous ?
Kat : Han-han-a-ou-han-han-é... !
François : Mais non ! Tu ne nous déranges pas !
Moi : Hé ! Tu as compris !
François : Ben oui, je suis fort en langage de filles depuis que j'habite avec vous !

La théorie du bal

Par Aurélie Laflamme et Katryne Demers

Ce qui nous stresse, en première (on en est venues à cette conclusion après une longue discussion), c'est notre bal. On veut tellement que ce soit parfait. On veut y aller avec le bon cavalier. Pas juste un comme ça, choisi au hasard. On veut y aller avec celui qui restera dans nos souvenirs pour : Le. Reste. De. Nos. Jours.
D'ailleurs, ce stress vaut pour tout le reste : on veut de beaux cheveux, de la bonne couleur, de la bonne longueur, la plus belle robe, les plus belles chaussures. On dirait que toutes nos actions sont déterminantes pour que cette soirée, qui a lieu à la fin de l'année, soit parfaite. Et que ça nous met une pression énorme !
Il faut que toutes nos décisions soient prises en vue de ne pas gâcher ne serait-ce qu'un minuscule détail de cette soirée, que tout notre shopping ne réduise pas les économies que nous faisons pour notre robe, que nos notes de l'année soient à la hauteur des attentes pour ne pas perdre la face durant cette soirée, que tous nos gestes tendent vers un seul but : rendre cette soirée parfaite.

La perfection, je n'en suis plus capable.

La seule solution : annuler.

Lundi 24 mars

– Vous allez le regretter pour le reste de votre vie ! nous lance Tommy.

Moi : Pourquoi ? C'est trop de stress ! On a juste à se faire une petite soirée tranquille, Kat, toi, moi et JF. On se cache. On se rebelle contre cette tradition qui nous met vraiment trop de pression !

12 h 24

Je nous imagine très bien, Kat, Tommy, JF et moi, dans plusieurs années, croisant d'anciens élèves de notre école (dans ce rêve, je nous imagine avec du champagne à la main, je ne sais pas trop pourquoi) et rigolant de façon snob en racontant que nous avons voulu nous défaire des diktats du lycée, nous rebeller contre le système mis en place sans notre consentement, qui nous obligeait à nous soumettre à des valeurs qui ne sont pas les nôtres et qui ont peut-être même été secrètement copiées sur celles des Américains. Vraiment, en annulant le bal, on sort gagnants, car nous prouvons que nous sommes libres, indépendants et fiers.

12h25
D'après la réaction perplexe de mes amis, cette théorie ne m'aurait pas permis d'être élue en politique ou quelque chose du genre.
Tommy : Nous sommes des êtres libres et anarchiques parce qu'on décide de ne pas aller à une soirée où nous pourrions nous éclater ? Tu te mets la pression pour le bal, toi, JF ?
JF : Non, toi ?
Tommy : Non. Les filles, vous avez juste à moins stresser avec ça.

Différences garçons/filles en ce qui concerne le bal des finissants :

Filles :

- Première journée en sixième : commencer à penser au bal.

Garçons :

- Aux neuf dixièmes de la première, se dire : « Ah oui, c'est vrai, c'est le bal la semaine prochaine. Quelle date, déjà ? »

Bon, d'accord, notre plan de ne pas aller au bal n'a pas duré plus d'une journée. C'est vrai que c'était con. Mais il faut qu'on commence à se préparer sérieusement. Ça suffit, les conneries !

Mercredi 26 mars

Miss Magazine

TENDANCES
COMMENT TE PRÉPARER POUR TON BAL

TA ROBE
Quelle robe veux-tu porter ? Quel style ? Quelle couleur ? Avant de choisir, fais les boutiques. Et essaie de t'y prendre quelques mois à l'avance. Tu peux essayer plein de modèles avant d'arrêter ton choix. Pendant l'essayage, fais plusieurs mouvements avec la robe. Danse devant le miroir, marche, penche-toi, relève-toi. Passer toute une soirée dans une robe peut être très désagréable si tu ne te sens pas parfaitement à l'aise. N'oublie pas qu'il s'agit d'une soirée où tu es censée t'amuser. Une robe peut être parfaite lorsque tu te tiens immobile devant un miroir, mais devenir très embarrassante lorsque tu commences à bouger.

TES CHAUSSURES
Le bal commence habituellement vers l'heure du dîner et se termine très tard. Tu devras donc porter tes chaussures très longtemps ! Bien sûr, tu as envie d'avoir de belles chaussures assorties à ta robe, mais encore faut-il que tu sois capable de marcher ! Si tu choisis des talons hauts, il y a plusieurs trucs pour les assouplir. Tu peux par exemple les porter chez toi pour faire le ménage ou encore pour faire tes devoirs, ou pendant que tu regardes la télé. Tente de les porter le plus souvent possible avant la grande soirée !

TES ACCESSOIRES

Lorsque tu achètes tes accessoires, apporte ta robe pour t'assurer que la couleur se marie bien avec celle des accessoires. Ou assure-toi que les bijoux soient échangeables, au cas où tu arriverais chez toi et constaterais que ça ne convient pas. La tendance est de ne pas être trop chargée de bijoux !

TA COIFFURE

Quelques semaines avant ton bal, essaie des coiffures différentes (chez le coiffeur ou à la maison) pour ne pas être prise au dépourvu le soir du bal et te retrouver avec une coiffure avec laquelle tu es mal à l'aise. Les photos de bal sont des souvenirs impérissables !

TON BAL

Il est impossible de ne pas avoir d'attentes pour un événement auquel tu penses sûrement depuis des années ! Si tu désires que ce moment soit parfait en tous points, tu risques d'être déçue. Dis-toi qu'il s'agit simplement d'une façon de dire adieu au lycée et que tu passeras un bon moment avec les amis que tu côtoies depuis longtemps.

TON APRÈS-BAL

Avec ta bande d'amis, déterminez à l'avance ce que vous avez envie de faire pour l'après-bal. Mais toute l'équipe de « Miss Magazine » vous suggère la modération. Bien sûr, il s'agit la plupart du temps d'une soirée bien arrosée. Mais s'il y a de l'alcool, ne prenez aucun transport, que ce soit la voiture, le bateau ou le vélo. Même les embarcations qui semblent inoffensives, comme un pédalo, peuvent s'avérer dangereuses si les personnes qui les manœuvrent sont sous l'effet de l'alcool. Donc, amuse-toi avec prudence en éliminant toutes les sources de danger avant de te laisser aller ! On a vu trop de tragédies qui auraient pu être évitées. La soirée du bal doit marquer le début d'une nouvelle vie !

ATTENTION : *ne manque pas notre prochain numéro « Spécial bal » pour voir tous nos conseils et, surtout, nos coups de cœur pour les robes de bal de cette saison !*

Jeudi 27 mars

Je fais des rêves prémonitoires à gros budget.
J'ai rêvé que je me réveillais et qu'un robot géant tirait à la mitraillette chez moi et que j'appelais Tommy en pleurant.
Puis, aujourd'hui, ça s'est concrétisé : sans robot, sans larmes, mais avec l'impression de me faire mitrailler le cœur, et le besoin pressant d'en parler à Tommy.

J'étais à mon cours d'art dramatique lorsqu'une dame – je crois que c'était la secrétaire de l'école, mais je ne peux l'affirmer à cent pour cent, car je ne l'avais jamais vue avant – est venue me chercher. Je me demandais ce que j'avais fait.
Elle m'a conduite dans le bureau du directeur. Et celui-ci m'a annoncé de façon très polie et sensible – il est absolument irréprochable – que ma mère venait d'appeler l'école pour dire que ma grand-mère Laflamme venait d'avoir une attaque cardiaque, et qu'elle me donnait la permission de m'absenter si je ne me sentais pas bien.
Tentant de garder mon sang-froid, j'ai appelé ma mère pour avoir plus d'explications. Elle m'a dit que ma grand-mère était à l'hôpital, qu'elle n'en savait pas plus pour l'instant.
Pendant que ma mère continuait de parler, je me suis tout à coup sentie très étourdie.

J'ai raccroché et j'ai dévalé les marches qui mènent aux casiers. J'ai enfilé mon manteau en vitesse et j'ai couru dehors pour respirer. J'ai envoyé un texto à Tommy, Kat et JF, espérant que l'un d'eux aurait laissé son téléphone allumé malgré la consigne qui nous demande de l'éteindre en cours. Pendant que je courais, le film de tout ce que j'ai vécu avec ma grand-mère passait dans ma tête. Toutes les fois où j'ai senti que ma mère m'y amenait de force, l'été passé chez elle, nous deux espionnant les voisins ou regardant les étoiles filantes, toutes les fois où elle m'a dit des paroles encourageantes…

J'avais le cœur gros en me remémorant tout ça, surtout parce que je n'ai pas pris le temps de lui rendre visite depuis quelque temps et qu'en cet instant précis je le regrette tellement. Et pourtant, depuis que j'ai passé l'été avec elle, même si je m'étais promis de la voir plus souvent, la vie est allée trop vite et je n'ai pas pu respecter ma promesse.

Je sais ce que c'est, de perdre quelqu'un, et pourtant, je n'accorde pas l'importance que je voudrais aux gens près de moi. Et je m'en veux. Je m'en veux, je m'en veux. S'il est arrivé quelque chose de grave à ma grand-mère, je m'en voudrai encore plus !

14 h 32

Tommy a reçu mon texto et m'a rattrapée, m'a fait remarquer que j'avais oublié de refermer mon casier, ce qu'il a fait pour moi. Il a placé mon bonnet sur ma tête et m'a suggéré de fermer mon manteau.

Nous commençons à marcher en direction de chez moi. Il est évident que je ne resterai pas à l'école une minute de plus. Et que je vais aller rejoindre ma grand-mère chez elle. Ma mère le sait. C'est pour ça qu'elle m'a appelée et qu'elle a averti l'école. Et Tommy le sait aussi, c'est pour ça qu'il ne me demande pas où je veux aller. Je lui suggère de retourner à l'école. Mon absence est justifiée grâce à ma mère, mais pas la sienne. Il va avoir une retenue. Il hausse les épaules et me dit qu'il s'en fout.

14 h 59

On arrive chez moi. Je fais ma valise. Tommy ne dit pas grand-chose. Il m'aide. C'est tout lui, ça. Il ne parle pas beaucoup. Surtout quand j'ai de la peine. Mais il est là. À côté de moi. Et c'est tout ce qui compte. Et puis, pendant que je fais ma valise, il tente de me rassurer :
– Je suis sûr que ça va aller.
Je lui souris.

15 h 30

Je suis au terminus du car, avec ma valise et la cage de Sybil à mes pieds. Tommy m'a accompagnée. Il va rester jusqu'à ce que le car arrive. J'ai envoyé un texto à ma mère pour la prévenir de mon départ. Elle m'a dit qu'elle comprenait. Et qu'elle me rejoindrait demain.

15 h 54

Nous avons choisi de nous asseoir sur les chaises-massage qui vibrent quand on y insère deux dollars. Et on se fait rire, car quand nous parlons, notre voix tremble. Et le mouvement semble endormir Sybil, bien couchée dans sa cage. Ça me change les idées.
Moi (avec la voix qui tremble) : La dernière fois que j'ai pris le car toute seule, c'était pour aller me réconcilier avec toi. Je n'en reviens pas que tu aies voulu déménager !
Tommy (avec la voix qui tremble) : J'en avais marre de te gâcher l'existence.

Moi (avec la voix qui tremble) : Qu'est-ce que je ferais aujourd'hui sans toi ?
Tommy ne réplique pas et me sourit.
Moi (avec la voix qui tremble) : Quand je suis partie cette fois-là, j'étais triste à cause de la grossesse de ma mère. Je ressassais plein de choses. Je ne sais pas, ça va être un gros changement. J'avais peur d'être un peu mise de côté, je pense. J'ai du mal avec le changement, faut croire.
Tommy me lance un regard entendu.
Nos chaises s'arrêtent dans un soubresaut et on éclate de rire.
Moi (qui continue, avec une voix normale) : Puis sur la route, en allant chez toi, j'ai vu un graffiti où il était écrit « Aurélie, je t'aime », et je l'ai pris comme un message cosmique, comme si ça voulait dire que l'univers m'aime, ou quelque chose comme ça, et que tout allait bien se passer.
Tommy : C'est super débile !
Moi : Ben non. J'avais besoin… d'un espoir.
Tommy : C'est juste un mec qui a écrit ça parce qu'il était amoureux d'une fille ! Ça n'a rien de « magique » ou de « cosmique ».
Moi : Ben, ça a été magique pour moi à ce moment-là. On a le droit d'interpréter les graffitis comme on veut ! C'est juste que parfois, quand il m'arrive des trucs comme aujourd'hui, je me demande si le cosmos m'aime.
Tommy : Franchement !
Moi : Ne me juge pas !
Tommy : Il t'arrive plein de belles choses. Regarde, ta grand-mère est malade, mais t'as un super ami qui t'accompagne jusqu'à ton car. T'as pas besoin d'un graffiti pour avoir l'impression d'être aimée par « l'univers ».

Moi : Des fois, t'es juste con !
Tommy : Ben toi, des fois, on dirait que tu crois encore aux licornes !
Moi : Hein ?! OK, je n'aurais juste pas dû te le dire, c'est tout !
Voix dans les haut-parleurs : Tous les passagers à destination de…
Moi : Bon, c'est mon car. Sauvés par le gong avant qu'on se prenne la tête et que tu retournes à l'autre bout du monde !
Tommy : On ne se dispute pas.
Moi : Non, c'est vrai, tu t'énerves juste pour rien !
Voix dans les haut-parleurs : Dernier appel pour les passagers à destination de…
Moi : Faut que j'y aille. Merci pour ton soutien moral. Douteux vers la fin. Mais merci quand même.
Il me fait une accolade, me souhaite bonne chance et me demande de le tenir au courant ce week-end.

Note à moi-même : Rapport avec ses licornes ???

Note à moi-même n° 2 : Je n'ai jamais, au grand jamais, même pendant mon enfance, pensé que ça existait. Bon, peut-être à six ans. Mais plus maintenant ! Tsssss !

Note à moi-même n° 3 : Rapport x 1 000 ????!!!!!!!!!!!

17h50

Je suis allée déposer mes bagages et Sybil chez ma grand-mère et j'ai ensuite pris un taxi jusqu'à l'hôpital, qui n'est pas dans son village. Je suis entrée dans la chambre de ma grand-mère en criant : « Grand-maman !!! » et on m'a dit de me calmer. Ma grand-mère était étendue dans

son lit, les yeux fermés. L'infirmière m'a priée de ne pas la réveiller.
Moi : Oui, mais peut-être qu'elle fait juste semblant de dormir, je fais ça moi aussi quand je ne veux pas me lever parce que je suis trop confortable sous mes couvertures !
L'infirmière : Il n'y a rien de confortable ici. Laissez-la dormir, on la réveillera pour sa prise de sang.

18 h 34

Ma grand-mère semble paisible. J'approche ma main de son visage et je caresse délicatement sa joue et ses cheveux. Je ne peux empêcher mes larmes de couler. Je ne voudrais tellement pas que ma grand-mère meure. Pas tout de suite. Mon père est déjà mort. C'est assez. J'invoque toutes mes pièces trouvées, en plus de tous les 11 h 11 passés et futurs, Dieu, Jésus, Allah, Bouddha, Yahvé, tous les dieux existants dont je ne connais pas le nom et même… les licornes ! Et je leur demande intérieurement de sauver ma grand-mère. Et tous ceux que j'aime. Juste pour un petit temps. Pour ne plus avoir à vivre ça. La perte de quelqu'un… c'est trop horrible. Je voudrais juste un petit break dans mon cœur.
Moi (en murmurant) : Grand-maman… Je m'excuse tellement de ne pas être venue te voir plus souvent. Je me sens mal. Je m'excuse. Je t'aime de tout mon cœur. Je t'aime…
Ma grand-mère ouvre les yeux et dit doucement :
– Tu n'as pas à venir me voir tout le temps. Tu es jeune, tu as une vie.
Je m'approche d'elle et je pose ma tête dans le creux de son cou.
C'est elle qui est sur le lit d'hôpital, et elle ne pense qu'à me rassurer. Je lui dis :

– Chut… ne t'occupe pas de moi… dors…
Bientôt, ils vont venir m'avertir que je ne peux pas être étendue près d'elle. Mais je sais que ça ne dérange pas ma grand-mère. Et je ne me décollerai pas tant qu'elle ne me le demandera pas elle-même.

Avril

Se regarder le nombril

Mardi 1er avril

Je me reconnais métaphoriquement dans les descriptions de toutes les maladies, de tous les signes du Zodiaque, de tous les modèles de voitures, de toutes les sortes de fleurs, et de toutes les biographies. Bref, je ne suis pas trop sélective sur les analogies. Mais je ne saisis vraiment pas quel rapport quelqu'un peut faire entre moi et une fille qui croit aux licornes ! Pfff ! Franchement ! Des fois, Tommy m'énerve grave. C'est vraiment moi, ça. Aller le chercher jusque chez lui – où, en passant, ça prend mille ans pour se rendre en car – pour qu'il revienne et que, deux mois plus tard, il m'insulte, comme ça, hypergratuitement !

Je fais des crêpes pendant que ma grand-mère est allongée au salon. Elle m'a expliqué comment faire. Ça fait déjà trois jours que je fais des essais, et je n'arrive pas à reproduire exactement sa recette. Pourtant, ce sont les mêmes ingrédients. Mais ça n'a pas du tout le même goût !

– Tu n'es pas concentrée ! C'est en train de brûler !

Ma grand-mère est à l'entrée de la cuisine et m'observe. Elle ajoute :

– À quoi tu penses ?!

Moi : À rien !

En réalité, je pensais à plein de choses. Un tourbillon de pensées qui allaient de Nicolas à Gab en passant par Tommy et en revenant à Gab.
Premièrement, cette invitation à sortir que Nicolas m'a lancée vendredi dernier. Je lui ai répondu que je tenais compagnie à ma grand-mère à l'hôpital (ce qui me donnait en même temps une bonne raison pour ne pas le voir). Il était désolé d'apprendre qu'elle était malade. Mais pour ne pas faire une conversation en textos trop longue, j'ai tourné ça à la blague en parlant du Vendredi saint.

Moi à Nicolas :
J'espère que tu n'es pas trop triste pour la mort de Jésus. Petite info secrète : il ressuscite dans trois jours. Je dis juste ça pour ne pas que tu te prennes trop la tête avec son décès.

Nicolas à moi :
J'peux pas croire que tu m'aies spoilé la vie de Jésus !!! Je n'ai même plus hâte d'être au lundi de Pâques maintenant... On se contacte à ton retour ! xx

11h24
Je baisse le feu pour éviter que ma tentative de crêpe soit calcinée.
Je repars ce soir. Ma mère et ma grand-mère se sont mises à deux pour me convaincre de retourner à l'école et d'arrêter de m'occuper de ma grand-mère.
Ma mère et François sont venus nous rejoindre ce week-end. Ma grand-mère s'était mis en tête qu'elle gâchait nos vacances de Pâques, mais on lui répétait qu'elle ne gâchait rien du tout tant qu'elle était en bonne santé. Et que Pâques, c'était fait pour être fêté en famille.
Elle vient de faire une attaque cardiaque et, à sa façon

de raconter son séjour à l'hôpital, on dirait qu'elle a eu autant de bons moments que ma mère et moi aux Antilles ! Elle affirmait que ça lui faisait plaisir de voir du monde tout le temps, que c'était sa première expérience en ambulance et qu'elle a énormément apprécié. Est-ce moi, ou ma grand-mère pourrait gagner le prix Nobel de l'attitude positive ?

D'après mes recherches sur Internet, une des causes des attaques cardiaques serait le tabagisme et je lui ai subtilement reproché ses années de fumeuse. En fait, ce n'était pas subtil du tout. J'étais devant l'ordinateur et je lui ai carrément dit : « Il paraît qu'une des causes des maladies cardiaques est le tabagisme. » Elle m'a rappelé qu'elle avait arrêté de fumer grâce à moi. Et j'ai conclu par : « Heureusement. » (Je voulais lui montrer que j'étais fâchée.) Bon, d'accord, il s'agit d'une des causes. Je sais bien. Et je sais aussi que faire des reproches à quelqu'un qui est malade n'est pas tout à fait approprié. Pas du tout, en fait. Mais perdre ma grand-mère n'est pas envisageable dans mon plan de vie immédiat. Dans mon plan de vie global non plus, mais disons que c'est un événement auquel je m'attends, puisque la vie n'est pas éternelle, j'en suis consciente. Mais je ne veux pas que ça arrive maintenant. ET SURTOUT PAS AVANT QUE J'AIE RÉUSSI À REPRODUIRE SA RECETTE DE CRÊPES !

Mais ma grand-mère m'a assuré qu'elle allait mieux. Elle doit prendre des médicaments. Elle a des amis qui viendront à la maison. Et elle insiste pour dire qu'il faut que je retourne à l'école. J'ai accepté tout en lui installant Skype sur son ordinateur, un logiciel qui nous permettra de faire des appels vidéo. Ma grand-mère a failli faire une autre attaque cardiaque quand je lui ai montré comment ça fonctionnait, et qu'elle a réalisé qu'on pourrait se parler et se voir. Elle n'arrêtait pas de sautiller sur place en criant qu'elle était dans le futur ! Je lui ai dit de se calmer, que ça ne devait pas être super bon pour elle, toute cette excitation. Mais au moins, avec cette « technologie du futur » (citation de ma grand-mère), je pourrai la voir plus souvent, malgré la distance.

Kat et Tommy se sont chargés de m'envoyer les devoirs. Je n'avais malheureusement pas apporté tous mes livres. Mais bon. Ce n'est pas pour cause d'un Alzheimer précoce ou quoi que ce soit ayant rapport avec une mémoire génétiquement déficiente, c'est seulement que lorsqu'on a une grand-mère à l'hôpital, on ne pense pas nécessairement à ses devoirs. J'ai fait ce que j'ai pu. Je mettrai les bouchées doubles à mon retour.

En réalité, je me sentais coupable d'avoir quelque peu négligé ma grand-mère ces derniers temps. Je n'ai pas vu le temps passer, j'ai fait plein de choses. Ça prend du temps, l'école, les amis, une jumelle inventée… Ma grand-mère m'a dit que, de son temps, elle n'a jamais rendu visite à ses grands-parents aussi souvent que je lui rends visite. Je lui ai rappelé que, de son temps, les gens vivaient moins longtemps. Et qu'une longue vie, c'était justement ce que je lui souhaitais, car étant donné mon emploi du temps chargé, sa longévité me permettra de la voir plus souvent, de façon moins rapprochée. Elle a ri. Et m'a un peu reproché de la faire rire, car ça lui donnait de petits étourdissements (je n'ai pas osé lui rappeler son excitation générée par les nouvelles technologies). Elle m'a assuré qu'on n'est pas obligé d'être toujours avec les gens qu'on aime pour leur prouver qu'on les aime. Et on a décidé de faire des crêpes. Et de regarder des films de filles.

Pendant mon séjour, j'ai également revu Gab, l'ami que je me suis fait lorsque je suis venue passer l'été ici. Il m'a dit (ce qui n'a pas arrangé ma culpabilité) : « Hé !!! On ne te voit pas souvent… » Mais ce n'est pas ça qui m'a le plus déstabilisée. Et c'est aussi à ça que je pensais, juste avant que ma grand-mère me demande : « À quoi tu penses ? »

Samedi, il y a trois jours, vers 14 heures

Je suis allée à la quincaillerie où Gab travaille, car je cherchais des choses qui auraient pu aider ma grand-mère (en réalité, et pour être parfaitement honnête, j'avais envie de voir Gab). Quand je l'ai aperçu, il était en train de discuter avec un autre employé devant les meubles de jardin. Je lui ai tapé sur l'épaule et je lui ai demandé ce qu'il avait en stock pour une dame qui avait fait une attaque cardiaque. Son visage est devenu tout souriant, il m'a serrée dans ses bras. Et c'est là qu'il m'a dit : « Hé !!! On ne te voit pas souvent… » Ceci n'était pas lancé comme un reproche, plutôt comme une remarque réaliste, mais j'ai quand même baissé les yeux pour camoufler la culpabilité que cette remarque me causait. Et Gab a ajouté :

– Tu cherches quoi, déjà ?

Moi : Ma grand-mère a fait une attaque cardiaque, je voulais savoir si vous vendiez des trucs qui pourraient l'aider.

Il a éclaté de rire et a répliqué :

– Dans le fond, tu voulais me voir !

Moi : Mais non, je…

Gab : Parce que je ne sais pas si tu as remarqué, mais ici, on vend de la peinture, des meubles de jardin, des clous, des vis, des outils… Pour les attaques cardiaques, tu ferais mieux d'aller dans une pharmacie.

Moi : OK, je voulais te voir. Bon, content ? Mais comme je me sens coupable par rapport à ma grand-mère, je me suis dit que si vous vendiez des choses pour les gens qui sont un peu moins mobiles, je pourrais joindre l'utile à l'agréable.

Samedi, il y a trois jours, vers 15 heures

Pendant la pause de Gab, nous sommes allés au parc, derrière l'église située en face de chez ma grand-mère. Nous nous sommes assis sur des balançoires. Et nous nous sommes rappelé des souvenirs que nous avions vécus ici. Nous avons beaucoup ri, car, pour un même souvenir, nous n'avions pas du tout la même version de l'événement. Exemple : la grosseur des araignées qui m'avaient fait tomber à l'eau lorsque nous avons fait du kayak. Selon moi, elles étaient énormes ; selon lui, elles étaient minuscules (je SAIS que j'ai raison). Puis on a parlé de notre avenir. Je lui ai avoué que j'espérais être acceptée en fac de communication, et il m'a annoncé qu'il souhaitait travailler dans la construction, que c'est ce qu'il aime le plus faire. Je lui ai rappelé les pancartes qu'il m'avait aidée à fabriquer pour protester contre la fermeture de mon école, il a ri et a cru bon de préciser qu'il aimerait travailler sur de plus gros projets que des pancartes de manifestation (comme si je ne m'en doutais pas ?!?).

– Je me suis toujours demandé pourquoi tu ne voulais pas qu'on reste amis après l'été qu'on a passé ensemble.

Gab : On est encore amis.

Moi : Non, mais pourquoi tu ne voulais pas qu'on s'écrive et tout.

Gab : Parce que… je tripais un peu sur toi, je pense. Je ne voulais pas que ça devienne… un amour impossible,

genre. Je savais que t'étais encore amoureuse de ton ex. Comment il s'appelle, déjà ? Nicolas ?
Moi : Oui. Nicolas. Désolée… j'avais mal interprété.
Gab : Tu as peut-être du mal à comprendre les garçons.
Moi : Ça, c'est vrai ! Exprimez-vous clairement et ce sera plus facile !!!
Gab : T'énerve pas… Qu'est-ce qui s'est passé, finalement, avec Nicolas ?
Je lui ai raconté que nous nous étions remis ensemble et que j'avais décidé ensuite de mettre un terme à notre relation, car il avait suggéré que Tommy prenait trop de place dans ma vie. Puis toute l'histoire en détail.

Samedi, il y a trois jours, vers 15 h 30

Moi : … Et là, je suis allée le chercher, mais la semaine dernière il m'a dit que je croyais aux licornes ! Pfff ! Franchement ! Vraiment pas rapport !
Gab : Ce n'est pas parce que je n'aime pas entendre parler de Tommy, mais ça fait une demi-heure que tu m'en parles et faudrait que je retourne travailler…
Moi : Ah, OK.
Il se lève.
Moi : Toi, tu as une copine ? Toujours la même ?
Gab : Oui. On s'est quittés pendant un mois cet été, mais on s'est remis ensemble.
Moi : C'est elle qui a cassé ou toi ?
Gab : Moi… J'ai paniqué parce que je trouvais qu'on était trop jeunes pour avoir une relation aussi sérieuse. Et je me suis trouvé con. Mais… ce n'est pas aussi compliqué que tes histoires ! Ha ha ha !
Moi : Qu'est-ce que tu veux dire ?
Gab : Je suis d'accord avec Tommy. Tu crois encore aux licornes !

Retour à aujourd'hui, 11 h 39

Franchement !

Moi + croire aux licornes = vraiment pas.

FRANCHEMENT !!!

Ma grand-mère : Aurélie !!! Ta crêpe prend feu ! Ça brûûûûleeeee !!!

Je crie, puis elle me lance :

– Poisson d'avril !

Je ris seulement par pitié, parce qu'elle a eu des problèmes de santé et que je veux l'encourager. (Mais j'ai trouvé ça extrêmement bébé.)

Elle me pousse, jette ma crêpe ratée et en recommence une autre en me disant que je suis douée avec les ordinateurs, mais que je devrais rester concentrée et faire plus d'efforts pour apprendre à faire la cuisine. Et elle ajoute :

– Je crois tout de même que je serai plus en sécurité quand tu seras partie. Ha ha ha ha !

Moi : Ha. Ha. Très. Drôle.

C'est ce qui m'a convaincue de partir. La perspective de voir ma grand-mère brûler à cause de mes gaffes ne m'enchante pas du tout. (Et celle d'entendre des blagues des années 1940 non plus.)

Mercredi 2 avril

J'ai été assez surprise lorsque Kat m'a appris que Tommy avait une copine. Ça s'est passé pendant mon séjour chez ma grand-mère. J'ai été encore plus surprise qu'elle m'avoue qu'elle était déçue.
Kat ? Déçue que Tommy ait une copine ?
Kat : Au' ?
Moi : Oui ?
Kat : Tu ne parles plus depuis deux minutes.

Impossible de dire que je suis sous le choc. Car je ne comprends pas trop pourquoi j'aurais un choc. C'est sûrement la fatigue. Ou le retour à l'école. Ou encore parce que mon corps s'est habitué aux chocs depuis ce qui est arrivé à ma grand-mère, et se choque automatiquement sans raison valable, seulement par habitude.
Moi : Pouha ha ha ha ha ha ! Je viens de comprendre ! HA HA HA HA HA HA HA ! Vraiment bonne !
Kat : Quoi ?
Moi : Ton poisson d'avril. Que ça te dérange que Tommy ait une copine et tout. Ma grand-mère aussi a fait un poisson d'avril hier et…
Kat : Franchement ! Tu penses que j'ai quel âge pour faire des poissons d'avril ? On n'est plus en primaire ! Non… je suis déçue parce que c'est une fille qui m'énerve un peu… J'ai honte de l'admettre, mais Truch

aussi tripait sur elle, et… c'est ça ! Je pense que je suis jalouse ! Mais honnêtement, elle a vraiment un petit quelque chose qui énerve.
Moi : Ah. J'adorerais discuter plus longuement, mais j'ai manqué beaucoup de cours, il faut que je me mette à jour.

9 h 20
En français.
Kat jalouse ? Elle le kiffe ou quoi ? Depuis quand ?

10 h 50
En maths.
Tommy + Kat = amour ? Bon, où est le problème au fond ? Rien.

Midi
Moi (à Tommy) : Il paraît que t'as une copine ?
Tommy : Il paraît.
Moi : C'est qui ?
Tommy : Charlène Bolduc.
Moi (en lui donnant un coup amical sur l'épaule) : Cool.
Tommy : Oui, cool. Elle est vraiment belle, en plus.
Moi : Ben… ça dépend des goûts. Elle a une beauté, genre, évidente.
Tommy : C'est sûr que niveau beauté, nous, les garçons, on aime que ce soit bien caché. T'sais, ça nous donne l'impression que quand on la découvre, on le mérite vraiment.
Moi : Ha. Ha. Débile. Tu penses que… c'est sérieux ?
Tommy : Hé là ! Ça fait juste deux jours, relaxe !
Moi : Des fois, on sent ces choses-là. Hé hé.
Tommy : Ça dépend.
Moi : De quoi ?

Tommy : De si on croit encore aux licornes !
Je le rue de coups sur l'épaule et il s'esclaffe :
– Ha ha ha ! Je vais continuer tant que ça te dérangera ! Licornes ! Licornes !

P-S : Je ne suis même pas certaine de comprendre ce que Tommy veut *réellement* dire avec son insulte de licornes…

13 h 35
Perm.
J'en profite pour faire mes devoirs. J'ai beaucoup de choses à rattraper. Je vais y arriver. La raison pour laquelle je me suis absentée (ma grand-mère) était bonne. Karmiquement parlant, je mérite une récompense. Scolaire, j'entends.
Mon esprit doit arrêter de vagabonder vers des sujets pas rapport, comme les amours de mes amis. Le bonheur des autres ne peut que m'enchanter.

13 h 50
Je me demande vraiment si Tommy est amoureux de Charlène. C'est une fille quand même assez cool, malgré ce que Kat en pense. Elle est vraiment belle, en plus. Bon, beauté évidente, mais ça a l'air de ne déranger personne sauf moi. Elle est toujours bien habillée. Peut-être un peu trop maquillée, mais bon, c'est une opinion personnelle. Peut-être qu'au fond elle cache une maladie de peau ou quelque chose d'horrible.

13 h 55
Oh ! Pauvre Charlène ! Une maladie de peau ! Elle doit être un peu comme un serpent sous son maquillage, c'est pour ça qu'elle est obligée d'en mettre autant. Dans le

fond, Tommy fait un geste charitable en sortant avec elle. Il a tellement un grand cœur. Vraiment, je suis fière qu'il soit mon ami.

15 h 15
En cours de monde contemporain.

Peut-être que Tommy sort avec Charlène par charité, mais peut-être qu'elle sort avec lui pour élever sa cote aux yeux des autres et démontrer que sortir avec quelqu'un qui a une maladie de peau, ce n'est pas un problème.

15 h 20
ELLE PROFITE TOTALEMENT DE LUI !

vendredi 4 avril

Il y a une araignée cachée dans ma cuisine. Au début, elle n'était pas cachée, mais elle s'est cachée quand j'ai tenté de m'approcher d'elle pour la tuer. Bon, techniquement, je ne me suis pas approchée. J'ai approché un parapluie au bout duquel j'avais accroché la planche à découper (car tel que souvent mentionné à quiconque oserait me contredire, on tue les araignées seulement avec une surface plate, parole d'arachnophobe). Les araignées étant intelligentes, celle-ci a vite découvert mon subterfuge et elle s'est cachée. Et je ne sais plus où elle est.

Ma seule option : déménager.

Ou un lance-flammes ?

Lors de mon procès, où on m'accuserait de pyromanie, on me demanderait : « Qu'avez-vous à dire pour votre défense ? » J'expliquerais : « Ben... monsieur le juge... il y avait des araignées... »

7h39

Assise sur la table de la cuisine, armée de mon parapluie et de la planche à découper, je considère la situation avec consternation. C'est étrange, car peu importe ce que je fais, peu importe la maturité que je semble acquérir, je ne suis pas capable de me défaire de cette peur irrationnelle des araignées. Je ne vois vraiment pas ce qu'une araignée a de plus effrayant qu'un autre insecte. Aucun insecte ne me fait peur ! Je cohabite très bien avec eux. Une araignée, ce n'est pas pire que...

AAAAAAAHHHHHH !!!!! ELLE EST LÀ !!!!!!! SUR LE PLANCHER !!!!! ELLE COURT SUPER VITE !!!!!! AU SECOURS !!!!!!!!!

Je m'empare du parapluie auquel est toujours attachée la planche à découper et je me mets à frapper plusieurs fois sur le plancher avec mon arme de fortune en criant : « ARRRRRGGGHHHHH ! ARRRRRRGHHHHH ! JE VAIS T'AVOIR, *BITCH* ! ARRRRGHHHH ! »

Pendant que je continue de frapper le sol avec le parapluie, je réalise que ma mère et François sont derrière moi. Ma mère en pyjama et François avec sa brosse à dents dans la bouche. Ils ont tous les deux la bouche ouverte.

Ma mère : Aurélie, si tu n'aimes pas les légumes à ce point-là, tu n'as qu'à le dire et on t'en donnera moins. Pas besoin de t'en prendre à ma planche à découper !
Argh.

Note à moi-même : Argh x 1 000.

Note à moi-même n° 2 : Encore plus « argh » depuis que j'ai découvert qu'il n'y avait aucune araignée écrasée sous la planche et qu'elle se promenait toujours librement dans la maison.

Samedi 5 avril

Ce matin, Nicolas m'a appelée pour me demander si on pouvait manger ensemble ce midi. J'ai dit (ou plutôt balbutié) oui (suivi de blagues nulles à oublier). Car je n'ai cette fois-ci réussi à trouver aucune bonne raison de refuser et que j'avais envie d'y aller (malgré mes bonnes résolutions).

12h14

Nous sommes l'un en face de l'autre. Chacun avec un hamburger. Le mien, ketchup-mayonnaise. Le sien, avec la totale. (Ce détail est absolument superflu, je ne sais pas pourquoi je le précise, le stress peut-être. Sûrement,

car ce n'est absolument pas pour être certaine de me souvenir à tout jamais du repas que nous avons pris ensemble dans un fast-food – je m'en fous un peu).
Il me demande gentiment des nouvelles de ma grand-mère. Je lui dis qu'elle va mieux. Et je lui raconte des anecdotes survenues à l'hôpital, vraiment trop longues et pas du tout dignes d'intérêt. Alors, je me sens mal. Et je lui demande aussi des nouvelles de sa famille. Et pendant que je l'écoute à moitié, je n'arrive pas à comprendre l'effet qu'il me fait (ou plutôt, faisait). Je le regarde manger son hamburger. Bien normal. Il se salit, comme tout le monde. Il dit des bêtises, comme tout le monde. Il est somme toute banal. Alors, pourquoi est-ce que je ne l'oublie pas ?
J'ai peut-être le contraire de la maladie de ma mère, un Alzheimer inversé où on n'oublie rien.

12h17

Nous mangeons notre hamburger en silence. Nous avons fait le tour des sujets d'usage, comme l'école, nos parents et nos amis. Je ne sais plus trop quoi lui demander. Bloquée par l'émotion ? Je ne sais pas. Avant, c'était pour cette raison. Maintenant, c'est pour quoi ? Est-ce que je ressens pour lui la même chose qu'avant ? On dirait que non. Ou peut-être ? Peut-être que c'est une forme d'amour plus mature ? Ou un souvenir d'amour ?
C'est avec lui que j'aurais aimé aller au bal. C'est ce que je me suis toujours dit. Il a été mon premier amour. Le garçon que j'ai le plus aimé embrasser de tous les cinq garçons que j'ai embrassés. Avec lui, ça aurait été la soirée parfaite. Je ne sais pas s'il aurait aimé la même chose. Et je n'oserais jamais lui poser la question.

12 h 25

Mais est-ce que j'oserais l'inviter à m'accompagner au bal ?

12 h 35

Moi : Nicolas, j'ai quelque chose à te demander. C'est un peu bizarre.
Nicolas : Pas surprenant ! Ha ha !
Moi : Ouais… en fait, pourquoi tu m'as invitée à déjeuner ?
Il hausse les épaules avant de répondre :
– T'es importante pour moi. J'aime te parler. Et ça faisait longtemps…

14 heures

J'ai voulu envoyer un texto sympa et légèrement teinté d'humour à Nicolas pour lui montrer que ça me plairait d'être son amie et de continuer à déjeuner avec lui, comme ça, de temps en temps. Et je me dis qu'une fois le malaise passé, nous aurons des discussions longues et passionnantes. Mais je me suis trompée et j'ai envoyé le message à son numéro de téléphone fixe… chez sa mère ! Et je ne le savais pas, mais quand on envoie un texto à un téléphone fixe, c'est une voix robotisée qui délivre le message, en disant bien les points et les LOL de façon extrêmement saccadée.
Mon message (à imaginer avec une voix de robot) : C'était. Super. Cool. Déjeuner. Même. Si. Mayonnaise. Sur. Le. Nez. L. O. L. On. Se. Rappelle. Bientôt. X. X. X.
La mère de Nicolas a ensuite appelé mon numéro pour me sommer d'arrêter de faire des blagues au téléphone. J'ai essayé de lui expliquer mon erreur, sans succès.

Plus tard, Nicolas m'a appelée, en riant aux éclats, pour me dire que c'est pour des situations comme celle-là qu'il est incapable d'arrêter de me voir.
Son commentaire m'a rendue émotive sur le coup, puis m'a un peu vexée, genre je ne suis qu'un pur divertissement, limite clownesque.

Dimanche 6 avril

Chez Tommy.
Je fais part à Tommy de l'admiration que je lui porte depuis qu'il sort avec quelqu'un qui a de graves problèmes de peau, par pure charité, et il ne peut plus s'arrêter de rire.
– Franchement ! Te moque pas d'elle ! C'est ta copine !
Tommy : Je ne me moque pas d'elle, je me moque de toi, Laf ! Charlène n'a pas de problèmes de peau, où est-ce que tu as été chercher ça ?
Moi : Euh…
Tommy : T'es allée t'imaginer ça, sérieux ?
Moi : Ben non. Je crois que je l'ai entendu… comme une rumeur. Et son maquillage aussi, c'est assez couvrant… Donc, t'es amoureux sans faire preuve de charité ?
Tommy : On peut dire ça, oui.
Moi : Est-ce que c'est avec elle que tu vas aller au bal ?

Tommy : Argh ! Tu me soûles avec tes questions de fille ! Ça ne fait même pas une semaine que je sors avec elle !
Moi : Scuuuuse-moi de m'intéresser à ta vie !
Je prends mes affaires et me dirige furieusement vers la porte.
Tommy : T'en va pas ! Scuse-moi… Je n'aime pas trop parler de ces choses-là. C'est juste que… c'est récent. Je n'ai pas vraiment de réponse. OK ?
Moi : OK.

Note à moi-même : Parfois, je trouve que les gens qui sont en couple sont un peu condescendants envers les célibataires qui s'intéressent, de façon tout à fait désintéressée, à leur bonheur.

Dans le fond, ne pas avoir de copain n'a aucune importance pour moi. Je peux me concentrer sur les choses importantes.

Lundi 7 avril

Miss Magazine

SPÉCIAL BAL
PSYCHO

QUI EST LE CAVALIER IDÉAL POUR TON BAL ?
Ton bal arrive bientôt et tu ne sais pas avec qui y aller ? Voici un petit guide qui pourrait t'aider !

TON COPAIN
Évidemment, si tu as un copain, la question ne se pose pas ! Par contre, si vous n'allez pas à la même école et que vous n'avez pas les mêmes amis, vous pouvez discuter ouvertement de la possibilité de ne pas vous accompagner à vos bals respectifs. Si, par exemple, tu as une bande d'amis qu'il ne connaît pas, tu pourrais te sentir tiraillée, et te sentir obligée de t'occuper de lui si jamais il ne s'amuse pas. Même chose de son côté. Par contre, si vous décidez tout de même d'aller aux deux bals ensemble, soyez conscients que le bal, que ce soit le tien ou le sien, est censé être une soirée mémorable que l'on passe avec nos amis du lycée, et non une soirée romantique à deux.
LE + : Partager ce moment avec celui que tu aimes.
LE – : Impossible de le laisser seul pendant que tes amis et toi vous remémorez des anecdotes.
TRUC : Présenter à ton copain quelques-uns de tes amis avant le soir du bal, surtout ceux avec qui il a des points communs.

LE PLUS BEAU GARÇON DE L'ÉCOLE

Tu as des vues sur un garçon depuis la sixième et tu as envie d'avoir un peu d'audace en l'invitant à t'accompagner au bal ? Tu as l'impression qu'il s'agit de ta dernière chance de l'aborder ? Bien sûr, c'est un risque, mais c'est une bonne idée. Par contre, il est préférable de tâter le terrain avant. Te rend-il tes sourires ? Quand tu t'arrêtes pour lui parler, a-t-il un intérêt pour la conversation ? Si tu as envie d'inviter un garçon très convoité à t'accompagner, d'autres ont peut-être eu la même idée. Alors, il est bien de vérifier si tu as des chances. Malgré tout, comme tout le monde peut être timide dans ce genre de situation, même les gens les plus populaires, tu ne pourras jamais connaître sa réponse tant que tu ne lui poseras pas clairement la question. Alors, ose. Et le pire qui puisse arriver, c'est qu'on te dise non, ce qui n'est pas si grave, car nous avons d'autres choix à te proposer !

LE + : Passer la soirée avec le garçon de tes rêves.

LE – : Si tu ne le connais pas beaucoup, tu risques de sentir, pendant la soirée, qu'il ne t'accorde pas beaucoup d'attention.

TRUC : Même s'il te dit oui, n'aie pas d'attente par rapport à lui. Et si jamais son attention est détournée de toi, repère dans la salle d'autres amis avec qui t'amuser sans t'acharner sur ton cavalier.

TON AMI D'ENFANCE

Vous vous connaissez tellement bien que tu as l'impression qu'il pourrait être un membre de ta famille. Depuis la maternelle, vous allez à l'école ensemble. Il est celui qui te remonte le moral quand ça ne va pas, qui t'aide à faire tes devoirs et, lorsque vous vous êtes embrassés pour la première fois au jeu de la bouteille, tu as trouvé ça aussi excitant qu'un flash d'info. Bref, c'est un garçon pour qui tu n'as aucun intérêt romantique. Il pourrait être un cavalier parfait étant donné la foule de souvenirs que vous partagez, votre complicité et vos amis communs. Il n'y a pas de doute, avec lui, tu passerais une excellente soirée ! Ne le vois pas comme un dernier recours, mais plutôt comme une option qui pourrait te permettre de bien t'amuser et t'offrir la possibilité de voir un proche sous un nouveau jour. Après tout, même si tu ne l'as jamais considéré comme un amoureux potentiel, il pourrait te surprendre. Ne le tiens pas pour acquis et n'attends pas la dernière minute pour le lui demander.

LE + : Passer une soirée avec un grand ami sans avoir d'attentes.

LE – : Si l'un de vous deux a des sentiments inavoués pour l'autre.

TRUC : Pour éviter toute confusion, lui préciser en l'invitant que tu aimerais passer cette soirée avec ton ami d'enfance.

LE NEVEU DE LA SŒUR DE LA COIFFEUSE D'UNE AMIE DE TA MÈRE

À quelques jours du bal, te voyant angoisser parce que tu n'as pas trouvé de cavalier, ta mère, qui a parlé à son amie qui en a parlé à sa coiffeuse qui en a parlé à sa sœur (la chaîne ne finit plus), te suggère d'inviter le neveu de celle-ci, un garçon apparemment merveilleux qui serait ravi de t'accompagner à ton bal. Évidemment, cette situation comporte une part de risque : passer la soirée avec un inconnu. Donc, deux choses peuvent arriver : tu passes soit la plus belle soirée de ta vie, soit la plus mauvaise. Il faut aimer l'aventure pour se sentir à l'aise dans cette situation.

LE + : Faire une rencontre intéressante.

LE – : Te retrouver avec quelqu'un que tu ne connais pas le soir de ton bal.

TRUC : Demande-toi à quel point il est important pour toi d'être accompagnée ce soir-là. C'est ce qui déterminera ton choix.

TON COUSIN

Quelle bonne façon de s'enlever de la pression que d'inviter son cousin, celui qui est sociable et toujours apprécié de tous. Tu pourras lui dire exactement quel genre de cavalier tu aimerais pour ton bal et, comme il n'y a aucune ambiguïté possible avec lui, il ne peut te décevoir. Il pourrait même rencontrer l'une de tes amies célibataires pendant la soirée, qui sait ? Par contre, essaie de t'assurer de sa discrétion sur ce qui se passera le soir du bal pour éviter que ça alimente, par la suite, les potins de famille !

LE + : Être avec quelqu'un que tu connais bien et que tu peux inviter à la dernière minute.

LE – : Ton cousin pourrait te découvrir sous un nouveau jour que tu n'aimerais pas partager avec ta famille.

TRUC : Faire un pacte. Tout ce qui se passe au bal reste au bal.

TON EX

Toi et ton ex vous entendez super bien et vous n'avez pas trouvé de cavalier/cavalière pour le bal, alors vous vous dites : « Pourquoi ne pas y aller ensemble ? » C'est une bonne idée seulement si vous êtes sur la même longueur d'onde au sujet de votre relation. Est-ce vraiment terminé ? Êtes-vous sincèrement amis, ou l'un de vous a-t-il encore des sentiments pour l'autre ? Si c'est le cas, vous ne vous sentirez pas à l'aise à l'idée d'avoir des rivaux/rivales pendant la soirée.

LE + : Passer la soirée avec quelqu'un que tu connais très bien.

LE – : On pourrait croire que vous êtes de nouveau ensemble, ce qui vous empêcherait de faire de nouvelles rencontres.

TRUC : Si vous y allez ensemble, parlez de toutes les éventualités qui pourraient survenir lors de cette soirée. Et demandez-vous sincèrement comment cela vous ferait réagir. Ça vous permettra de prendre une décision éclairée.

TOI-MÊME

Pourquoi penser qu'aller au bal toute seule est une des dix plaies d'Égypte ? Tous tes amis seront là, c'est une grande soirée, impossible que tu passes cinq minutes sans parler à quelqu'un ! Bref, y aller sans cavalier ne serait pas du tout une catastrophe ! En y allant seule, tu t'assures de toute la liberté pour parler à qui tu veux et, surtout, de la possibilité de faire de nouvelles rencontres. Bien sûr, ce n'est pas la situation idéale pour tout le monde, il faut avoir une certaine indépendance, mais il ne faudrait surtout pas croire qu'aller seule à son bal est synonyme de déchéance sociale ! Bien au contraire ! Il faut arrêter de croire que le choix du cavalier est déterminant et un gage de réussite ou d'échec. L'important, c'est de passer une belle soirée !

LE + : La possibilité de surprises et de moments inattendus !

LE – : Te retrouver souvent seule si tes amies sont du genre fusionnelles avec leur propre cavalier.

TRUC : Cette situation est idéale si ta bande d'amis prend la même décision que toi. Attention, l'idée n'est pas d'imposer ça à tout le monde, mais si vous êtes quelques-uns dans la même situation, pourquoi ne pas choisir cette option en groupe ?

Mardi 8 avril

M. Brière, notre prof de français, nous a fait un long discours (du moins, moi, ça m'a paru très long) pour nous annoncer le sprint final jusqu'à la fin de l'année. Il nous a rappelé que les réponses des facs arriveront cette semaine ou la semaine prochaine, mais qu'il ne faut pas perdre le cap, et ne surtout pas oublier que nous sommes acceptés sous réserve de réussite scolaire. Qu'il ne fallait donc pas se reposer sur nos lauriers même si nous avions une réponse positive et bla-bla-blaaaaa.

Puis il nous a annoncé que nous avions un exposé oral à préparer pour la semaine prochaine. Ça a été suivi de quelques murmures de protestation dans la classe.
C'est fou, mais quand il a parlé des lettres des facs, ça m'a fait réaliser que je ne serai peut-être pas acceptée dans la filière que j'ai mis tant de temps à choisir. Et ça m'a stressée. Alors, j'ai peut-être choisi la bonne filière ?

9 h 50

Le stress, c'est motivant ! Je suis super concentrée sur ce que M. Brière dit depuis le début du cours !

10 h 20

Je me souviens que depuis le collège il m'arrivait de remettre des devoirs sans penser aux conséquences, à mon avenir. J'étais moins sérieuse, moins stressée par mon niveau. Parfois, je prenais des libertés, sans me soucier de savoir si j'allais me planter ou non. Je ne suis plus comme ça. Parce que ça se termine et que j'ai réellement envie que ça se termine. Et parce que j'ai vieilli. Je suis plus sérieuse à l'école maintenant. Plus question que mon esprit divague sur des sujets différents de ceux qui sont présentés dans mes cours. À deux mois de la fin, il était temps !

10 h 21
On frappe à la porte de la classe.

10 h 23
C'est le comité du bal qui passe dans les classes pour nous annoncer que le bal aura lieu le 14 juin.

10 h 24
Merde, je n'ai pas encore ma robe !!!

Note à moi-même : Techniquement, c'est un sujet qui a été exposé pendant un cours. Donc, on ne peut m'accuser de manquer de concentration. Ah !

Mercredi 9 avril

Au téléphone avec Kat. Conversation à propos de ma robe :

– Avec ou sans bretelles ?

Malheureusement, je ne connaîtrai jamais l'avis de Kat sur la question, car au moment où elle va répondre, ma mère entre en trombe dans ma chambre avec ce qui ressemble à plusieurs de mes affaires qui – j'imagine – traînaient quelque part, et elle semble avoir trébuché dessus (à en juger par tous les mots dramatiques qu'elle utilise, du genre « danger », « chute mortelle », etc., dans le même registre).

Planification du bal des finissants (repensée en fonction des aléas de la vie, comme une mère qui vous empêche de réfléchir à votre look pour cause d'affaires qui traînent) :

Sixième : commencer à penser à la robe qu'on va mettre au bal en première.

Quatrième : commencer à penser au garçon qui va nous accompagner.

Seconde : repenser à la robe parce que notre première idée est démodée.

Deuxième trimestre de première : stresser, car nous n'avons pas trouvé de cavalier pour le bal.

Fin du troisième trimestre de première : acheter robe et accessoires.

Note : pendant cette période, ramasser ses affaires comme sa mère le demande pour éviter qu'elle vienne interrompre une conversation cruciale sur le sujet.

Trois mois avant le bal : volonté possible d'annulation.

Deux mois avant le bal : faire une crise de nerfs parce qu'on n'aime plus le look choisi, incluant robe, chaussures, accessoires.

Deux semaines avant le bal : être satisfaite de nos choix.

Une semaine avant le bal : douter de la robe, et stresser à propos d'une autre fille qui aurait choisi la même.

Deux jours avant le bal : douter encore de la robe et des accessoires (et du cavalier).

Le jour J : se ressaisir et se dire que tout est en ordre grâce à la planification mise en place depuis la sixième.

Petit problème : je suis vraiment en retard sur toute l'organisation !!!

vendredi 11 avril

– Pourquoi tu as renoncé à ton plan de ne pas aller au bal, déjà ? me demande Tommy alors que nous profitons d'une journée pédagogique pour faire du shopping dans un centre commercial.
Kat : Tu veux bien me dire pourquoi on a emmené les garçons avec nous pour faire du shopping, Au' ? Ils nous ralentissent depuis qu'on est arrivés !
JF : Hey ! Je n'arrête pas de vous donner de bons conseils ! Si je n'avais pas été là, Aurélie se serait acheté une robe qui lui donnait l'air d'avoir été habillée par un pâtissier spécialisé en pièces montées !
Kat : J'ai une déclaration à faire. Attention, c'est énorme.
On se retourne tous vers elle.
Kat : Il faut vraiment que je laisse mon orgueil de côté pour avouer ça…
Tommy : Allez, parle !
Kat : Ben… à voir toutes les robes aujourd'hui… je n'en trouve pas une plus belle que celle que m'ont offerte mes parents.
Après son anniversaire, la mère de Kat avait remarqué qu'elle ne semblait pas tout à fait convaincue par sa robe et elle lui avait proposé d'aller l'échanger. Elles sont allées au magasin et Kat n'a rien trouvé d'autre qui lui plaisait. Elle m'a confié qu'elle s'était toujours imaginée en noir, avec un look un peu « rock » (ses mots). Comme la

boutique n'offrait pas de remboursement, seulement des échanges ou des avoirs, Kat a dit à sa mère qu'elle garderait la robe et qu'elle s'arrangerait.
Moi : Boooooon ! J'espère que tu vas leur dire ! OK, on se concentre sur ma robe maintenant.
Kat : Oui, promis… Je me sens mal d'avoir agi comme ça. Mais je n'étais pas moi-même, chagrin d'amour et tout. Mais c'est totalement réglé maintenant ! Je ne pense même plus à lui !

14 h 49

Tommy et JF sont allés s'acheter quelque chose à manger.
Et Kat s'est soudain figée comme une statue, dans le couloir menant aux toilettes.
Je passe ma main devant ses yeux.
Elle pointe le doigt dans une direction.
Je regarde.
Je vois une bande de mecs.
Moi : Qu'est-ce qu'il y a ? Ils t'ont volé quelque chose ?
Kat : Regarde celui avec le manteau bleu et vert.
Moi : Oh. Mon. Dieu. C'est Jérémie Verreault !
Kat : Tu le connais ?
Moi : J'étais avec lui en primaire.
Kat : Va lui parler !
Moi : Kat, en primaire, j'étais carrément impopulaire ! Personne ne me parlait !
Kat : On a vieilli maintenant ! Allez ! C'est peut-être l'homme de ma vie.

15 h 1

Qu'est-ce qu'on ne ferait pas pour une amie ?

15 h 2

Au moment où je m'approche timidement, les mecs s'en vont. Je regarde Kat au loin qui affiche un air vraiment fâché.

15 h 45

Moi : Ce n'est pas ma faute ! Tu les as vus comme moi, ils sont partis !
Tommy et JF arrivent.
JF : Qui ça ?
Kat : J'ai rencontré l'homme de ma vie et il est parti à cause d'Au' !
Tommy : Je pensais qu'on cherchait des robes, pas des mecs.
Kat : Ha. Ha.

16 h 35

Bon, Kat m'attribue une énorme responsabilité dans l'échec de l'entreprise pour aller parler à un garçon à qui je n'ai jamais parlé et à qui je n'aurais pas su quoi dire d'autre que : « Euh… salut, on était dans la même école primaire. » Il aurait répondu : « Ah, salut. » Et je n'aurais pas su quoi ajouter (à part peut-être : « T'sais, des fois, tu m'embêtais… »).
Je convaincs Kat que ce plan, de toute façon, était voué à l'échec.
J'en élabore un bien meilleur.
Je propose donc le plan suivant : on trouve son numéro, je me fais passer pour l'élève organisatrice des retrouvailles du primaire et je lui demande s'il peut être là à la soirée. Ensuite, après avoir parlé des détails de cette fausse soirée, je lui demande s'il était au centre commercial, lui parle de mon amie qui l'a trouvé mignon, lui

demande s'il a une copine et, s'il n'en a pas, je lui propose une rencontre avec elle.
Kat : C'est un plan génial ! T'es comme un génie !!! OK, on rentre et on l'appelle !
Moi : Mais ma robe !!! On ne peut pas partir tout de suite !
Kat : On reviendra une autre fois !

16 h 36

Je décroche le téléphone. Tommy, JF et Kat m'observent. Ce qui, avouons-le, est vraiment très gênant.
Moi : Arrêtez de me regarder ! Faites autre chose !
Tommy, JF et Kat commencent à (faire semblant de) faire autre chose.

16 h 37

Ça sonne.
Ça répond.
Voix de femme : Oui, allô ?
Moi (avec une très bonne diction, style pincé) : Bonjour, est-ce que je pourrais parler à Jérémie Verreault, s'il vous plaît ?
Kat (me chuchote) : Franchement ! Dis pas son nom de famille !!!
Moi (vers elle) : Chuuuuut !
Voix de femme : Pardon ?
Moi : Jérémie. Jérémie Verreault.
JF (chuchote vers Tommy) : Bond. James Bond.
Voix de femme : Il n'est pas ici en ce moment, puis-je prendre un message ?
Moi (en chuchotant à Kat) : Il n'est pas là !
Kat (en chuchotant) : Demande son numéro de portable !

Moi : Pourrais-je avoir son numéro de portable, s'il vous plaît ?
La femme m'a donné son numéro de portable et j'ai raccroché.
Tommy : Tu veux bien nous dire pourquoi tu prenais un accent d'aristo ?
Moi : C'était, disons, du français parfait, sans accent. Dans ma tête, mon personnage était quelqu'un qui l'appelait pour un travail.
Tommy : Un aristo ?
Moi : Non, mais ça fait plus sérieux dans un français impeccable. Je voulais passer pour une adulte.
Tommy (avec un regard chargé de jugement) : Oh mon Dieu !
Moi : Juge-moi tant que tu veux, au moins j'ai son numéro de portable !

16h41

Au téléphone avec Jérémie, prise 1 :
Moi : Allô, Jérémie ?
Lui : Oui.
Moi : C'est Aurélie Laflamme. Je ne sais pas si tu te souviens de moi, on était dans la même école primaire.
Lui : Euh… c'est vague.
Moi : Peu importe… J'ai été mandatée pour organiser des…
Kat, devant moi, me mime « retrouvailles » avec ses lèvres.
Moi (qui continue) : … retrouvailles. Du primaire. Et je me demandais si tu étais libre, euh… la semaine prochaine… pour… ben… la soirée.
Lui : Quel jour ?
Moi (en panique) : Le 2 janvier.
Lui : Hein ? On est en avril.

Moi : Le 2 mai, scuse !
Lui : Ce n'est pas la semaine prochaine.
Moi : Oh, scuse-moi, je me suis embrouillée dans mon calendrier.
Lui : Mais c'est quand, finalement ?
Moi : Le 2 mai.
Lui : À quelle heure ?
Je panique. Et j'en veux à Kat de m'obliger à faire ça ! Elle me fait signe d'enchaîner tout de suite.
Moi : Euh… en passant, est-ce que tu étais au centre commercial cet après-midi ?
Lui : Oui…
Moi : Ah, OK. J'ai cru te reconnaître, mais… je n'étais pas sûre. Je te l'aurais dit sur place… pour les retrouvailles.
Kat me pousse du coude pour que je parle d'elle.
Moi (je continue) : Euh… et, en passant, j'étais avec une amie et elle t'a trouvé mignon !
Kat me pousse cette fois furieusement. Elle me chuchote :
– Dis pas ça !!!
Moi (à elle en chuchotant) : Ben quoi ??
Lui : Ah, cool.
Silence.
Je fais signe à Kat qu'il ne dit rien.
Kat me fait signe de faire quelque chose.
JF me fait signe d'enchaîner.
Tommy lève les yeux au ciel.
Moi : Euh, ben, en tout cas, si jamais tu n'as pas de copine, peut-être que je pourrais te donner son numéro de téléphone, elle est pas mal cool et…
Lui : Ouais, dis-lui qu'elle m'appelle, pas de problème.
Moi : OK ! Bye !
Lui : Oui, mais pour les retrouvailles ?

Moi : Oui, c'est ça, les retrouvailles, ben je te rappelle !
Je raccroche.
Moi (à Kat) : Cool, il veut que tu l'appelles !
Kat : T'es super nulle !!! Il va le savoir que c'était un plan !
Moi : Je n'allais quand même pas lui donner un faux rendez-vous de retrouvailles !
Tommy : Je n'en reviens pas comment vous perdez votre temps avec des bêtises pareilles ! Kat, appelle-le, invite-le et vous verrez si ça marche ou non !

Bon. Depuis que monsieur est « en couple », « amoureux » ou tout autre terme servant à décrire son état, il se croit le Bouddha des relations, peut-être ? C'est sûr que pour lui, c'est très facile. Dans les soirées, toutes les filles vont le voir juste parce qu'il joue de la guitare, et elles font : « Ooooh woooow, t'es boooon, joue telle ou telle chanson ! » Franchement, comme si un mec m'approchait en me disant : « Waouh… il est suuuuper boooon, ton poème, lis-en un auuuuutre. » Ce qui n'est jamais arrivé. Non. Parce que les mecs ne tripent pas sur les filles pour leurs talents artistiques, sportifs ou autres. D'ailleurs, ils tripent sur les filles pour quoi, au juste ? Bon, là n'est pas la question. Mais c'est seulement pour dire que pour Tommy, c'est facile. Il se fait approcher tout le temps par les filles. Dans les soirées. Juste parce qu'il joue de la guitare. Et qu'il est ultrasympathique avec tout le monde. Et que… bon, là n'est pas la question non plus. Une fois de temps en temps, il a une copine. Et ça ne dure jamais longtemps. Alors, bon, ça ne fait pas de lui un expert en rencontres. D'ailleurs, pour Charlène, ce n'est pas, disons, ce qu'on pourrait appeler une grande histoire romantique. Ils se sont rencontrés à une soirée où il était allé avec JF et Kat. Charlène était

là avec une amie, et elle a foncé sur Tommy et ils ont commencé à parler. Ça sonne tellement comme un plan de fille, c'est in-cro-ya-ble ! C'est Kat qui me l'a raconté. Parce que Tommy ne raconte jamais rien (en tout cas, pas ces choses-là). Alors, lui, il pourrait se permettre de donner des conseils ? Pfff !
Kat : Hey, toi ! On ne t'a rien demandé !
Elle m'enlève les mots de la bouche.

16h57

En parlant du loup (expression tellement bizarre qui signifie que la personne dont on parlait arrive. Mais d'où ça vient ? On parle du loup et il arrive dans quelles circonstances exactement ?), Charlène arrive. Tommy lui a envoyé un texto pendant que nous faisions notre plan. Kat tient son téléphone entre les mains et JF l'encourage. Charlène demande à Tommy ce qui se passe et il lui raconte.
Charlène a un sourire narquois. Et ce sourire, c'est tout ce que j'attendais pour confirmer que je la déteste. Quoi ?!? Elle, madame Je-fonce-sur-Tommy-pour-le-draguer, va juger MON AMIE parce qu'elle a un plan pour rencontrer un mec ???
Une fureur incroyable s'empare de moi.
Moi (à Charlène) : C'est sûr que notre plan n'est pas aussi au point que si on avait, disons, foncé sur lui au centre commercial, mais on fait avec ce qu'on a. Hein, Charlène ?
Je. La. Déteste. Et c'est réciproque. Je le vois dans ses yeux. Je sens aussi que j'ai raison et qu'elle avait un plan en fonçant sur Tommy.
Tommy : Ah, des fois, ça marche, ça !
Et il serre Charlène contre lui et l'embrasse.
Bon. Ce que je retiens de ça, c'est que 1) je ferais une

excellente détective, car j'ai vu clair dans le jeu de Charlène, et que 2) si les garçons ne réalisent pas qu'on fait des plans pour les draguer, ça vaut la peine d'en faire, hé hé !

17h1

Kat a dû ressentir l'animosité ambiante (totalement imputable à Charlène, selon moi), car elle nous a avoué qu'elle préférait appeler Jérémie quand elle serait toute seule. Elle m'a énormément reproché de ne pas lui avoir demandé son adresse de courriel. Elle dit que ça aurait été plus facile, moins gênant. Comme je voulais avoir l'air ultracomplice avec Kat devant Charlène, je n'ai pas laissé paraître que ce qu'elle disait m'énervait grave. Et je l'ai plutôt encouragée à l'appeler en lui disant que, de toute façon, si elle l'appelle, c'est plus incognito (car il n'a pas ses coordonnées).

17h2

Cela dit, ça ne règle pas mon problème de bal. Kat a déjà sa robe et travaille dur pour se trouver un accompagnateur. Pour ma part, c'est loin d'être gagné.

17h3

J'ai un vif souvenir de la robe du *Miss Magazine*. La robe de mes rêves. J'y repense sans cesse.

17h4

À bien y penser, je vis un grand drame. Le genre dont on se remet difficilement. Le fait que cette robe soit inaccessible est une torture. Sniiiiiiiiiiif ! Et dire que je ne me suis même pas prise en photo avec. Je ne conserverai que le souvenir flou de cette robe magnifique qui m'aurait valu les meilleurs compliments sur mes vêtements, non seulement de cette soirée, mais de ma vie ! Je repense à cette robe en fredonnant une chanson triste. (Quoi ? Moi ?! *Drama queen* ?! Pfff ! Cette question était réglée, il me semble.)

Samedi 12 avril

Tommy est avec Charlène, et Kat est à son premier rendez-vous avec Jérémie. Elle l'a appelé et il paraît qu'ils ont parlé pendant deux heures au téléphone (et elle ne s'est pas excusée pour tous les reproches qu'elle m'a faits concernant la non-demande d'adresse de courriel, mais bon). Elle était tout énervée ! Et nous avons passé tout l'après-midi à choisir son look de premier rendez-vous. Elle voulait une tenue vestimentaire qui lui ressemble, qui dit qu'elle est originale et canon, mais en même temps quelque chose qui semblerait avoir été choisi à la dernière minute, pas trop étudié, pour ne pas sembler avoir donné une si grande importance à ce rendez-vous. (Note : c'est évidemment volontairement nunuche !)

Tout ça pour dire que c'est la raison pour laquelle j'ai accepté l'invitation de Jean-Benoît lorsqu'il m'a demandé d'aller au cinéma avec lui. En tant que Simone-Sandrine évidemment. Mon alter ego parfait. Ça me relaxe de paraître parfaitement normale aux yeux de quelqu'un (même si, pour ça, je dois être quelqu'un d'autre).

18 h 58

Nous marchons vers le cinéma.

Jean-Benoît est arrivé en scooter, tout fier, disant qu'il était content que ce soit le printemps, car il pouvait enfin l'utiliser. Sans vouloir (ou pouvoir) avouer que j'avais peur de ce genre de véhicule, j'ai prétexté que c'était très peu écologique et que je préférais marcher pour sauver la planète.

Ce qui a inspiré une discussion sur l'implication sociale. Et nous avons une conversation qui fait état de sa suprématie en tant qu'être humain.

Jean-Benoît : Donc, voilà, je m'implique beaucoup dans les œuvres caritatives de l'école.

Moi : En plus de l'impro ? Et du théâtre ?

Jean-Benoît : Oui.

Moi : Mais… il te reste du temps libre ?

Jean-Benoît : Oui, en ce moment.

Il me donne un coup d'épaule.

Jean-Benoît : Mais t'sais, j'ai l'impression que, en ce moment, on investit dans notre avenir. Il faut être discipliné, pour être à la hauteur de nos ambitions.

Moi : Tout à fait d'accord…

Jean-Benoît : Et toi, tu t'impliques socialement ? À part pour ce qui est de refuser les transports qui polluent l'atmosphère.

Moi : Oui, je recycle.

Jean-Benoît : Comme tout le monde !

Moi : Je… sauve des animaux aussi !

Jean-Benoît : Ah oui ? Comment ?

Moi : Je leur donne… mon sang !

Il me regarde, perplexe.
Moi : Ha ha ! Blague ! Ah, on est arrivés !

Note à moi-même : Passer du temps avec quelqu'un de parfait peut s'avérer épuisant et refléter notre grande incompétence en tant qu'être humain. À l'avenir, y faire attention ou, au lieu de parler, adopter le « hum-hum » compensatoire adéquat dans cette situation.

19 h 17

Jean-Benoît (en pointant les affiches) : Oh ! J'ai entendu dire que ce film était très intéressant !
Moi : Ah oui, moi aussi, super !
Jean-Benoît : En version originale ?
Moi : Évidemment. Je suis bilingue.
Je me dis qu'après tout ce mensonge n'aura pas de grandes conséquences sur ma soirée. Ce n'est pas grave de passer deux heures de sa vie à ne pas comprendre ce qui se passe sur un écran géant. Deux heures, dans une vie, ce n'est rien ! Et ça peut probablement me faire pratiquer mon anglais, donc c'est bon pour mes études. Je suis gagnante sur tous les plans.

19 h 35

Plongés dans l'obscurité.
Dans le film : « Et tout mon village a été dévasté… » (ou, du moins, c'est ce que je comprends d'après cette image d'un homme qui crie devant un village dévasté).

19 h 56

Dans le film : Une image au ralenti d'un homme qui se fait cribler de balles.
Je regarde Jean-Benoît et il semble s'ennuyer tout comme moi.

Moi (à l'oreille de Jean-Benoît) : Est-ce qu'on peut partir ? Je crois qu'on peut obtenir un remboursement…
Jean-Benoît : Mais non, voyons ! Ce film est nominé aux Oscars !
Moi : Ce n'est pas parce qu'il est nominé qu'il est bon !
Jean-Benoît : Habituellement…
À l'écran (en anglais) : « Ils ont tué ma mère, mon père, mon frère, et maintenant… »
Moi : C'est un peu déprimant…
Jean-Benoît : Il paraît que c'est porteur d'un beau message d'espoir à la fin !
Comment je pourrai attendre jusque-là ?

20h1
Dans le film : Plusieurs corps ensanglantés.
J'ai les larmes aux yeux.
Moi : Écoute, ça me rappelle un peu trop… euh… une action humanitaire à laquelle j'ai participé… Ce soir, j'ai besoin de me divertir !
Jean-Benoît : Non ! Je suis contre le fait de partir en plein milieu d'un film !
Moi : Il ne faut pas tuer tout un village, OK ! La guerre, ça n'apporte rien de bon ! C'est ça, le message d'espoir ! Viens, on s'en va !
Jean-Benoît : Non !
Soudain, les lumières s'allument et on entend un « bip ! bip ! » d'alarme. Jean-Benoît et moi regardons partout autour de nous. Tout le monde se lève.
J'attrape mes affaires en vitesse et je me rue hors de la salle.
J'arrive la première au guichet pour le remboursement.

20h6
Un homme sort avec un porte-voix et annonce :

– Fausse alerte ! Retournez dans les salles ! C'était une fausse alerte !
Jean-Benoît me regarde, un peu secoué, et demande avec un sourire :
– Euh… t'es une sorcière ?
Moi : Tu regardes trop de films ! C'est juste que je n'accepte pas qu'on me dise non. Hé hé !
Ouf ! J'ai lancé ça avec une telle confiance ! Zéro comme moi ! Mais je n'ai pas envie de lui dire que j'ai une possible incidence télépathique sur les trucs électriques. J'ai découvert ça récemment. Les portes automatiques ne s'ouvrent pas toujours lorsque j'arrive, les lumières s'éteignent, etc. Jusqu'à maintenant, par contre, j'avoue que ça n'avait jamais été à mon avantage. Peut-être que j'ai de réels pouvoirs inconscients. Hum… je devrais m'en servir.
Jean-Benoît : C'est vrai que je regarde trop de films. Mais j'aime les sorcières.
Et là, il m'embrasse.
Ensuite, pendant que je suis toujours dans ses bras, il me dit :
– Je tripe vraiment sur toi. J'aimerais qu'on sorte ensemble.
Ne sachant pas trop quoi dire, j'utilise le fameux « hum-hum » compensatoire, qu'il interprète sûrement comme un oui.

Constat : Il embrasse bien.

Constat n° 2 : Bon. Ma sœur imaginaire a un copain et donc, probablement, quelqu'un pour l'accompagner au bal. Et moi, je suis célibataire. Bravo, Aurélie.

Plan (tentative) : Vu que j'ai appris que les mecs ne s'aperçoivent pas trop des plans de filles, peut-être que si je change progressivement de nom pour mon vrai nom, il ne s'en rendra pas compte.

Constat n° 3 : Je suis vraiment dans la mouise.

Statut de mon sens de l'organisation de vie : Exemplaire. (Commentaire absolument ironique, bien entendu.)

Dimanche 13 avril

Driiiiiiiiiiiiiiiing !
Je réponds au téléphone, encore un peu endormie. C'est Kat qui me dit :
– Devine quoi ?
Moi : Quoi ?
Kat : Rien.
Moi : Bah ?!
Kat : Ben, je pensais que si je disais : « Devine quoi ? », j'allais pouvoir trouver quelque chose d'original à te dire, mais je n'ai rien trouvé ! Hi hiiiiiii ! Qu'est-ce que tu faisais ?
Moi : Dis donc, t'es de bonne humeur ! Je dormais.

Kat : Lève-toi ! Viens dehors, il fait super beau !
Je sors du lit, je prends ma douche et je vais rejoindre Kat au parc. On a décidé de s'acheter une glace. C'est vrai qu'il fait super beau. Et il y a un vent chaud qui chatouille notre visage.
Assises sur un banc, on regarde le sol qui est tout mouillé et un peu sale après l'hiver. (En fait, je regarde le sol ; Kat, pour sa part, a le regard dans le vide).

11h47

Elle me raconte qu'elle a passé une soirée extraordinaire avec Jérémie. Elle dit qu'au début ils étaient tous les deux gênés. Gros malaise. Ils se posaient des questions du genre « Comment ça va ? » et ils répondaient : « Bien, toi ? », « Bien, toi ? », « Bien, toi ? » sans s'arrêter. Très redondant. Ce qui les a fait rire et a détendu l'atmosphère.
Ensuite, après les « En quoi tu vas étudier ? » etc., Kat n'a pas pu résister à l'envie de lui dire la vérité sur son plan pour le rencontrer. Et sur le fait qu'elle m'avait demandé d'inventer cette histoire de retrouvailles. Paraît qu'il a dit qu'il se demandait pourquoi j'étais aussi bizarre et qu'il trouvait ça louche. (Bon, ce détail est selon moi un peu insultant et superflu, elle aurait très bien pu le conserver dans son jardin secret, je ne l'aurais pas accusée de rétention d'information. En plus, je le répète, j'ai fait de mon mieux. J'en ai un peu marre qu'on dise que je suis « bizarre ».)
Il a dit qu'il était content qu'elle ait fait ça pour le rencontrer.
Moi : Il a dit « content » ?
Kat : Hum… il me semble, pourquoi ?
Moi : Ben… c'est différent s'il a dit « content », « surpris » ou « touché ».

Kat : Il n'a pas dit « touché ». C'était peut-être « surpris », mais il me semble que c'était « content ». De toute façon, ce n'est pas important !
Donc, pour résumer, il lui a dit qu'il était « content », et ensuite ils ont terminé leur repas, ils ont marché et, à la fin de leur balade, il lui aurait dit : « C'est quoi le meilleur plan que je pourrais inventer pour te revoir ? » (À noter que Kat m'a rapporté cette phrase avec la voix la plus aiguë qu'il m'ait été donné d'entendre de toute ma vie. J'ai cru voir un chien, dans le parc, se boucher les oreilles !) À ce moment, j'imagine qu'elle a poussé un rire qui sonnait comme un gloussement (je la connais, quand même, c'est ma meilleure amie depuis cinq ans), et elle m'a dit qu'elle lui a dit qu'il trouverait bien. Et ils se sont embrassés.
Je dois avoir un air ahuri, car Kat me lance :
– T'as l'air bizarre (ce que j'interprète comme « tu as un air ahuri »).
Moi : Tu vas sûrement trouver ça débile, mais... je m'étais imaginé que tu... tripais sur Tommy.
Kat : Tommy ??? Tommy Durocher ? Notre Tommy ?
Moi : Oui, notre Tommy. Je ne sais pas, vous aviez l'air plus proches, et tu as dit que tu étais déçue qu'il sorte avec Charlène.
Kat : *Oh my god* !!! Tu devrais écrire des romans, avec l'imagination que t'as ! Mais pas des romans policiers parce que, côté enquête, t'es nulle !
Moi : Hey ! Pas obligée de m'insulter...
Kat : C'est vrai que Tommy et moi on s'est rapprochés, mais je ne peux pas te dire pourquoi maintenant.
Je dois avoir un air intrigué, puisqu'elle me lance :
– Ne me regarde pas comme ça et ne me pose pas de questions, sinon je vais tout te dire et je n'ai pas le droit !
Je détourne donc le regard, mais je continue :

– Mais l'histoire avec Charlène ?
Kat : C'est juste que je suis déçue qu'il sorte avec quelqu'un d'autre… que toi.
Moi : Hein ? Pas rapport ? C'EST. QUOI. LE. RAPPORT ??? PFFFF !!! FRANCHEMENT ! D'ailleurs, Tommy et moi, on s'est embrassés à la Saint-Valentin et on a réalisé que nous étions simplement de grands amis.
Kat : QUOI ??? TU M'AS CACHÉ ÇA !!!!
Moi : Je ne te l'ai pas caché. T'étais en chagrin d'amour et, je te jure, c'était juste un gros malaise. C'était tellement anodin que j'ai oublié et que je ne t'en ai pas parlé. Mais je t'en parle aujourd'hui pour te prouver que tu inventes n'importe quoi !
Kat : Tu sais ce que c'est, ton problème, à toi ? Nicolas ! Oh ! Nicolas est tellement gentil ! Nicolas ci, Nicolas ça ! Tu ne l'as jamais oublié et oh ! grosse nouvelle, l'amour, à notre âge, ça ne dure pas ! Réveille-toi ! Tu me l'as toi-même dit mille fois !
Je la regarde, puis j'ajoute :
– Je t'admire, Kat…
Kat : Hein ? Pourquoi ?
Moi : Je te trouve forte par rapport aux garçons. Tu passes toujours à autre chose. Tu ne reviens pas en arrière. Même si t'as de la peine, tu passes à autre chose. C'est fort.
Kat semble bouche bée. Elle me regarde et demande :
– Donc, t'avoues que j'ai raison par rapport à Nicolas ?
Moi : C'est bizarre qu'une partie de moi n'arrive jamais à l'oublier.
Kat : C'est normal, c'est ton premier amour.
Moi : Oui, mais toi, tu as oublié Truch.
Kat : C'était Truch !!! Un semi-con !
Moi : Ha ha ha ha ha ha !

Kat : C'est toi qui m'as aidée à oublier Truch. Et c'est toi qui m'as aidée à surmonter mon chagrin d'amour avec Emmerick. Je suis peut-être moins bonne pour aider en cas de chagrin d'amour !
Moi : Ha ha ha ha ! Ben non ! C'est juste moi qui ai un défaut de fabrication majeur au niveau du cœur !
Kat : Mais pour Jérémie, je vais suivre tes conseils.
Moi : Quels conseils ?
Kat : Chaque fois que je rencontre un garçon, je deviens presque une autre personne et j'oublie ce que j'aime. Cette fois-ci, je ne vais pas faire ça. Il reste juste deux mois d'école…
Moi : Deux mois et demi.
Kat : Deux mois et demi d'école. Eh bien je vais être la plus nerd ! Je vais étudier, réussir ! Et je vais me trouver un travail aussi ! Je veux trouver qui je suis, en dehors des mecs et tout. Et tu sais quoi ? Si ça ne marche pas avec Jérémie et que je vais toute seule au bal, ça ne me dérange pas. Ce n'est pas la fin du monde.
Moi : Eh ben, t'es bien zen !
Kat : Quand tu auras dix-sept ans, toi aussi, tu comprendras.
Moi : Très drôle.
Kat : D'ailleurs, j'ai un projet. Je vais envoyer mon CV au camp équestre où je vais depuis deux ans. J'aimerais être monitrice. Et j'ai envie de le faire, peu importe si j'ai un copain et que je dois partir tout l'été. Peu importe si, au fond de moi, je ne me sens pas à la hauteur. J'ai envie d'essayer. Et de me prouver que je suis capable. Parce qu'au fond, c'est ça que j'ai envie de faire pour le moment. Et ça me manque de faire de l'équitation. Et j'ai arrêté pour les mauvaises raisons.
Moi : Trop cool !!! Je te le souhaite tellement !

Et histoire d'ajouter un peu de bizarrerie à la conversation, je lance :
– Bon, moi aussi, j'ai un potin. Jean-Benoît m'a embrassée et il veut sortir avec moi. En fait, pas moi Aurélie, mais moi Simone-Sandrine.

12 h 31
Ça fait exactement trois millions d'années que Kat rit. Et elle est infatigable. Et quand elle arrête un peu pour reprendre son souffle, elle repart de plus belle. J'avoue qu'au début mon orgueil était plus fort que mon envie de rire, alors je ne riais pas du tout, mais finalement, son fou rire est devenu contagieux et je ne suis plus capable d'arrêter non plus.

Lundi 14 avril

Comment convaincre ma mère que c'est VRAI que j'ai mangé mon dessert avant mon plat principal parce que j'avais oublié que je n'avais pas dîné ?
Je n'ose l'avouer à personne en ce moment, mais je suis préoccupée par mon admission à la fac. Ça m'a pris du temps de déterminer dans quel domaine je voulais étudier, mais maintenant que j'ai envoyé ma demande, je crois que je serais énormément déçue de ne pas être

choisie en communication. Et je guette le courrier tous les jours…
Cela dit, ma mère croit que j'ai fait exprès de manger mon dessert avant pour ne pas manger ce qu'elle avait cuisiné parce qu'elle est une mauvaise cuisinière. Sur cette autocritique (assez juste, je dois dire), elle a commencé à pleurer. En ce moment, je n'ai nullement besoin de me disputer avec elle. Elle le fait très bien toute seule et je la regarde faire. Je n'ai pas besoin de dire quoi que ce soit. Elle me regarde, décide à quoi je suis en train de penser (assurément une insulte à son égard) et commence à pleurer à cause de la supposée-insulte-à-laquelle-je-suis-censée-penser.
Pendant qu'elle pleure, Tommy m'appelle et je termine rapidement la conversation en disant quelque chose comme :
– OK, bonne soirée avec Charlène.
Et lorsque je raccroche, ma mère s'exclame :
– Charlène ? Oh waouh, quel beau prénom ! Ce serait parfait pour ta sœur, ça, non ?
Moi : Euh… non. Pas d'accord. Ce n'est pas super… En plus, je crois que les Charlène ont des problèmes… de peau. Vraiment, non. Ce prénom est de mauvais augure.
Ma mère : Hum… ce ne serait pas le même genre de truc qui t'est arrivé avec la copine de Nicolas, ça ? Avec Tommy, tu… ?
Moi : Arrêêêêêête ! Aucun rapport !!!! Je n'aime pas le prénom Charlène, j'ai le droit ! C'est ma sœur, je ne veux juste pas qu'elle commence sa vie avec un prénom qui annonce des problèmes, c'est tout !

Qu'est-ce qu'il faut pour avoir de la crédibilité auprès de sa mère de nos jours ???

Note à moi-même : Peut-être qu'une distraction vous faisant oublier de dîner avant de manger votre dessert n'aide aucune cause. Tenter d'être vigilante par rapport à l'alimentation.

Mardi 15 avril

Français.

Jour où on doit faire nos exposés oraux. En fait, pas tout le monde. C'est étalé sur deux jours. Aujourd'hui et demain. Et c'est Audrey qui passe en ce moment. Tout en sirotant un jus (on a le droit), je la regarde. Et je dois avouer que je ne comprends absolument pas pourquoi mon prof tripe autant sur ce qu'elle écrit. Elle est en train de lire un texte en prose qui n'est pas du tout mon genre. C'est tellement pompeux, prétentieux. J'aurais envie qu'elle se plante, juste une fois, pour qu'elle voie ce que ça donne de ne pas réussir tout le temps. Pour qu'elle voie comment ça se passe dans notre monde à nous, les normaux, ceux qui ne réussissent pas tout ce qu'ils entreprennent, et qui s'en sortent quand même vivants, ceux dont l'orgueil prend un coup presque chaque jour, mais qui continuent d'avancer comme si de rien n'était, soit en apprenant de leurs erreurs, soit en assumant leur différence.

Je ne sais pas pourquoi je suis remontée à ce point contre les gens pour qui tout semble facile. Je crois que c'est parce que pour moi rien n'est tout à fait simple. Il y a toujours une série d'obstacles, une série d'épreuves. Parfois je les surmonte, d'autres fois, non.
Il me semble que pour Audrey tout est facile. Et ça m'énerve. Je suis jalouse. Et ça ne m'arrive pas souvent d'être jalouse. Je n'aime pas ça. J'ai l'impression d'être Anakin Skywalker juste avant de passer du côté obscur de la force. Bien honnêtement, je ne sais pas pourquoi c'est mon exemple. Je n'ai pas particulièrement tripé sur *Star Wars*. Je n'ai même pas une once de geek en moi. Pourtant, c'est l'exemple qui me vient en tête.
Je suis quelqu'un pour qui tout n'a pas été facile. Mais je ne suis pas la pire non plus. Pourtant, en ce moment, j'expérimente la jalousie. Parce que j'envie certaines choses qu'ont des gens de mon entourage. Je suis jalouse d'Audrey parce que le prof de français aime tout ce qu'elle fait. (Est-ce que je trouve ce qu'elle fait nul parce que ça ne correspond pas à mes goûts, ou seulement parce que je n'arrive pas à réaliser cet exploit ?) Je suis jalouse de Kat, de Tommy et de JF qui savent depuis longtemps ce qu'ils veulent faire dans la vie. Je suis jalouse de Kat et de sa famille nucléaire. Je suis jalouse de Tommy parce qu'il a une copine. Et surtout, je suis jalouse de ma sœur parce qu'elle a un père vivant. Je suis jalouse de tous ceux qui m'entourent parce que j'ai l'impression que je n'ai pas eu leur chance. Ou que je n'ai pas fait ce qu'il fallait pour réussir ce que j'avais envie d'entreprendre. Jalouse parce que je ne sais même pas si j'avais tant envie que ça d'entreprendre quoi que ce soit. Et je voudrais ne pas être jalouse. J'essaie de me libérer de ce sentiment, et plus j'essaie, moins il s'en va.

10 h 20

M. Brière (après le texte d'Audrey) : Des commentaires ? Après chaque exposé oral, M. Brière nous demande ce que nous en avons pensé, et il fait par la suite ses propres commentaires. Évidemment, lorsqu'il s'agit d'Audrey, personne n'ose contredire le prof. Tout le monde sait qu'il aime ce qu'elle fait et personne n'ose lui tenir tête. Pas même moi. Non, je n'ai pas ce courage. Le courage d'affirmer haut et fort mon opinion, au risque de me mettre tout le monde à dos. D'ailleurs, il est rare que les élèves de la classe critiquent un autre élève. Personne n'a envie d'être en froid. Une solidarité s'est construite entre nous, sans que nous ayons eu besoin d'en parler. Alors, comme prévu, les quelques personnes qui lèvent la main pour s'exprimer disent à quel point elles ont aimé.
M. Brière : Audrey, ton texte est convenu. Je t'avoue ne pas être impressionné, tu nous as démontré que tu étais capable de faire mieux.

Midi

Je suis traumatisée depuis ce matin. Je crois que j'ai des pouvoirs de sorcellerie ou quelque chose comme ça. Preuves : 1) les hasards électriques et 2) j'ai semi-souhaité qu'Audrey se plante et elle s'est plantée.
Je suis ultramachiavélique. Je suis *devenue* Dark Vador.

12 h 10

Kat : Tu peux nous dire ce que t'as ? Tu fixes le vide depuis dix minutes !
J'ai effectivement le regard dans le vide, la bouche ouverte, tenant mon sandwich, prête à mordre dedans, mais je ne bouge pas.
Moi : Audrey s'est plantée dans son exposé oral.

Kat : Ouais, et alors ? Ça arrive à tout le monde !
Moi : Pas à elle. Et… il faut que je vous avoue quelque chose : avant qu'elle se plante, j'ai souhaité qu'elle se plante. Vous croyez que j'ai un genre de pouvoir ?
Tout le monde me regarde et rit.
Moi : Non, mais j'ai toujours rêvé de faire de la télépathie. J'en fais peut-être !
Tommy : À quoi je pense là ?
Moi : Tu penses que je suis débile.
Tommy : Ah ! ça marche ! T'as un don.
Moi : C'est une opinion tout à fait réciproque.
Kat (qui n'a pas arrêté de rire) lance :
– Franchement !!! Pas ta faute !

Sort : Par tous les pouvoirs qui me sont conférés, je souhaite réussir mon exposé oral de demain et faire un triomphe.
Alea jacta est !

Mercredi 16 avril

C'est officiel : je n'ai pas de don. Je peux dire adieu à ma carrière de pseudo-magicienne-sorcière, je me suis royalement plantée dans mon exposé, même si j'ai souhaité le contraire. (Bon, c'était peut-être aussi un retour karmique pour avoir souhaité du mal à Audrey.)

M. Brière a encore dit que ce que j'écrivais était désincarné et que ce que j'avais à dire était dissous par l'humour. Et que je n'osais pas mettre de véritables sentiments dans mes textes. J'ai honte de l'avouer – et je ne le ferai jamais ouvertement –, mais mon prof a raison. Je ne peux étaler mes sentiments devant lui, il me fait trop peur. Écrire des poèmes comme je le faisais l'an dernier, quand Sonia était ma prof, est impossible. Celle-ci m'encourageait. J'avais toujours envie d'écrire plein de choses.
Il est vrai aussi que lorsque Nicolas m'a demandé de voir moins Tommy, et que j'ai décidé de ne pas l'écouter, et qu'on a cassé, j'ai pris la décision de devenir un robot. Façon de parler, bien évidemment, mais je n'avais pas envie d'être détournée de mon objectif de réussir mon année scolaire. Je n'avais pas envie de perdre du temps dans un énième chagrin d'amour le concernant. Et il y a eu ma mère et l'histoire du bébé. Toutes ces émotions que je ne savais plus trop comment gérer et que j'ai décidé de réprimer. Et il est trop tard pour les exprimer maintenant, car je n'ai même pas besoin de parler pour que ma mère se mette à pleurer. J'ai bloqué mon cœur. Et pour mes compositions, j'ai commencé à écrire des choses, disons, automatiques, dans lesquelles j'étais moins investie.
Je me demande cependant une chose. Je suis en première, pas dans un cours de création littéraire. Donc, pour m'évaluer, il devrait vérifier si j'ai bien construit mon texte, dans un bon français, sans fautes d'orthographe. Après tout, le but est de bien exprimer une idée, non ?
Je décide d'aller le lui demander.
– J'exige davantage de mes élèves, me répond-il sans lever les yeux de son bureau.

Je veux me battre un peu pour ma note. Mais disons que ça se résume finalement en une question, posée sans grande conviction, et avec un flagrant manque de salive. Il ajoute :
– Tu t'es inscrite en communication, option lettres ?
Moi : Oui…
Lui : Tu auras des travaux beaucoup plus exigeants à faire que ce que je te demande.
Je pense : « Et peut-être des profs beaucoup plus sympathiques », mais je m'abstiens de le dire, comme je le fais toujours. Parce qu'il me glace. Je pense aussi que son physique ingrat ne m'inspire que l'insulte suivante : « Espèce de monsieur Patate mal assemblé ! » mais, là encore, je m'abstiens, pour des raisons évidentes.

20 heures

J'ai passé la soirée chez moi avec JF, car nous sommes tous les deux abandonnés par nos amis communs. Parfois, quand je lui parle, je ne sais pas trop à quoi il pense. Il semble toujours concentré sur la conversation, fait des interventions pertinentes, dit des phrases avec des mots que je suis parfois obligée d'aller chercher sur Google pour m'assurer de leur sens. Il me regarde sans cligner des yeux. Avec Tommy, c'est différent. Parfois, il joue de la guitare pendant que je lui parle, il regarde par terre et on dirait qu'il ne m'écoute pas (ce qui m'énerve). Pourtant, deux semaines plus tard, il peut me ressortir une information que je lui ai donnée, ce qui me prouve que même s'il ne semblait pas concentré, il écoutait tout ce que je disais.
Je demande à JF des conseils pour lancer de bonnes réparties à mon prof de français.
– À M. Brière ? Je dirais : Quel manque de crédibilité de la part de quelqu'un dont on devine un début de

démence d'après son accoutrement. Commencez par être présentable et, ensuite, on sera plus concentrés sur ce que vous dites.
Moi : Pffff ! Ha ha ha ha ! Tu ne dirais jamais ça ! T'es toujours poli !
JF rit et me conseille de ne pas prendre mon prof trop au sérieux. Et surtout, de ne pas me brimer dans mes compositions écrites à cause de lui.
Sybil aime beaucoup JF, et on doit la pousser quand elle saute sur lui, car il est un peu allergique.
JF (parti dans une envolée lyrique) : Les gens qui sont différents des autres ont deux solutions : s'écraser ou s'élever. De mon côté, beaucoup de gays font de grandes choses après s'être affirmés. Artistiquement, politiquement, dans le domaine des affaires… Chaque fois que je vis quelque chose de difficile, je pense à ça : que le fait de m'accepter comme je suis me permettra de faire quelque chose qui me convient vraiment dans la vie. On ne peut pas s'accepter et faire quelque chose qui n'est pas conforme à ce qu'on est intrinsèquement. C'est un but. Je ne veux pas m'écraser. Ça devrait être ton but aussi.
Moi : Hum… oui, pas bête. J'essaie de trouver ma place, je pense.
JF : Tu vas y arriver.
Moi : Je sais que tu n'aimes pas parler de ça, mais… comment tu te sens, par rapport à Vince ?
JF : Ha ha ha ! T'es bien une fille ! Je te parle d'avenir, de carrière, et tu me parles d'amour.
Moi : Mais non ! C'est juste que… Qu'est-ce que tu veux que je dise après ton discours qui résume tout ? Je ne peux pas atteindre un tel niveau de perfection, alors je change de sujet, tout en montrant que je m'intéresse à toi. Franchement ! Tsss !

JF : Ça va. J'ai envie de me concentrer sur autre chose. J'ai fait des recherches et j'ai trouvé un organisme qui permet à des jeunes de faire des stages un peu partout dans le monde. Il y a un stage sur les droits de la personne qui m'intéresse beaucoup. C'est en Afrique.

Moi : Waouh ! Tu partirais seul ? Tu n'as pas peur de t'ennuyer ?

JF : Je n'ai pas envie que ça me freine dans mes projets.

Je jette un coup d'œil à Sybil, assise dans un coin, qui nous regarde et qui semble comprendre qu'elle ne peut s'approcher, même si elle aimerait être près de nous. Et je me dis que si ce que croit Jean-Félix est vrai – si on s'accepte –, on ne peut faire quelque chose qui n'est pas conforme à ce qu'on est. Pour ma part, je ferai quelque chose qui me permettra de rester assez près des gens que j'aime, car j'ai bien du mal à les quitter très très longtemps. Et ça, c'est moi.

vendredi 18 avril

Je trouve que la tisane framboise-citron a un petit goût estival (fonctionne seulement si on ne regarde pas dehors).

La température est vraiment en montagnes russes en ce moment. Un matin, c'est le printemps, le lendemain, c'est l'hiver. Ce matin : pluie, grêle et ciel pouvant vaguement ressembler à l'image qu'on se fait de l'apocalypse. Je déjeune avec François et je le regarde lire le journal. Il a une miette au coin de la bouche, ce qui me fait rire. Sybil est à ses pieds, car, puisqu'il est le seul à céder à ses caprices, elle sait que c'est à lui qu'elle doit faire les yeux doux si elle veut de la nourriture.

8h32

J'entends le facteur déposer quelque chose dans la boîte aux lettres. Je me lève d'un bond et me précipite pour aller chercher le courrier, comme chaque matin depuis quelques jours (c'est la raison qui me fait quitter la maison plus tard pour me rendre à l'école). François et Sybil sursautent et mon beau-père me soupçonne de vouloir lui faire faire une crise cardiaque. (Ce qui n'est nullement mon intention, voyons ! Je trouve ça limite de mauvais goût qu'il dise ça, étant donné ce qui est arrivé à ma grand-mère, mais je décide de ne pas m'arrêter sur ses mots, qu'il a lancés plutôt comme une expression.)

8h33

Je plonge ma main dans la boîte aux lettres et je ramasse les enveloppes. Il y en a trois : une d'EDF, une du gouvernement pour ma mère et une de la fac.
Je vais enfin savoir si je suis acceptée !
Mon avenir est là-dedans.

8h37

Ma mère est devant le comptoir avec son air enragé habituel et semble fulminer pour quelque chose dont je ne me préoccupe pas, et François me regarde. Il demande :

– Alors ?
Moi : Je vais être en retard !
Je range la lettre dans mon sac sans l'avoir ouverte, j'attrape mon manteau et je sors en courant.

9h1

Kat n'est pas acceptée dans la prépa de sciences. Mais elle a quand même le moral. Elle me lance :
Kat : Tu sais quoi ? Je pense que j'ai des pouvoirs magiques, moi aussi.
Moi : Hein ?
Kat : Ben… l'autre jour, je me suis dit que je ne savais plus trop si j'avais envie d'aller en prépa de sciences.
Moi : Ben voyons ! Depuis que je te connais, tu veux être vétérinaire !
Kat : C'était peut-être justement un rêve de petite fille qui ne tenait pas compte de mes nouvelles passions. T'sais, comme quand on est petite et qu'on dit qu'on veut être une princesse, mettons. Ensuite, on change et on veut être autre chose.
Moi : Ha ha ha ha !
Kat : J'ai un secret à te confier.
Je m'avance vers elle.
Kat (qui continue) : J'ai finalement envoyé mon CV au camp de vacances où je vais depuis deux étés, et ça, je voudrais vraiment que ça fonctionne. J'y tiens beaucoup. J'aimerais être monitrice. Peut-être que je pourrais faire quelque chose dans ce domaine. Je ne sais pas… Mais ce que je sais, c'est que je suis soulagée.
Moi : Pourquoi ?
Kat : Je déteste tous les cours de la prépa de sciences !
Je ris.
Moi : T'es acceptée dans ton deuxième choix ?
Kat : Oui, mais je vais annuler. J'avais choisi au hasard,

en pensant être acceptée en prépa de sciences. Je vais faire une demande dans la même fac que toi, peut-être en langues ou en sciences humaines. Comme ça, on pourrait aller à la fac ensemble ! Le Web aussi, ça m'intéresse. J'ai comme plein de nouvelles possibilités qui s'offrent à moi. Je vais y réfléchir plus sérieusement.
Moi : T'es forte.
Kat : Je prends exemple sur toi.
Moi : Sur moi ?
Kat : Ben oui, chaque fois que tu vis quelque chose de difficile, tu le surmontes. Moi aussi, j'ai envie d'être comme ça.
Moi : Je ne crois pas que devenir un robot soit une bonne idée, finalement…
Kat sourit. Je sais ce qui se trame en elle. Elle est déçue de ne pas avoir été acceptée en prépa, mais elle tente de le prendre de façon positive. Et elle est déterminée à trouver mieux. Et, dans sa relation avec Jérémie qui commence, elle ressent une légère nervosité à l'idée de risquer d'être blessée à nouveau. Mais elle ne m'en parle pas. Parce que ça se passe en elle-même. Et elle a besoin de digérer tout ça, de prendre du recul avant de pouvoir en discuter. Je le sais, car c'est ma meilleure amie, et je lis dans ses pensées. Mais c'est peut-être aussi seulement ma perception. Parce que après tout j'ai accepté de façon définitive le fait que je n'ai aucun talent en télépathie.
Kat : Mais toi ? T'es acceptée ? Juste pour être sûre, car si tu n'es pas acceptée non plus, on choisira la même fac !
La lettre est toujours dans mon sac et je n'ose l'ouvrir pour vérifier. Je lance :
– Allez, on va être en retard ! On en reparle !

12h30

Tommy est accepté en musique. Mais il dit qu'il aimerait peut-être ensuite faire d'autres études ayant un rapport avec les jeux vidéo pour devenir producteur ou directeur artistique. Il nous a avoué qu'il fera sa première année de fac, mais que dans la boîte où il travaille à temps partiel pour tester des jeux, des employés lui ont fait miroiter de belles possibilités de carrière qui l'attirent, et qu'il va peut-être changer de domaine d'études.

Quant à JF, il est accepté dans le programme d'études internationales, toujours dans le but d'étudier par la suite en politique. Le travail de ses rêves serait d'être diplomate à l'étranger. Je le vois totalement là-dedans, surtout après ce qu'il m'a confié l'autre jour sur ses projets estivaux.

Tout le monde me regarde, et je balbutie que le facteur n'est pas passé. Pas parce que je n'ai pas envie de partager la nouvelle avec eux, mais parce que si je ne suis pas acceptée, je passerai la journée à me demander dans quelle autre fac m'inscrire, et ça m'empêchera de me concentrer sur mes cours (raison officielle).

17h50

OK. Après avoir fixé l'enveloppe (en cachette, évidemment) pendant une heure, je suis prête. J'essaie de l'ouvrir, mais j'en suis incapable. Elle est trop bien collée. Je pose l'enveloppe sur le comptoir de la cuisine pour chercher le coupe-papier dans les tiroirs, je le trouve et lorsque je me retourne pour reprendre l'enveloppe, elle est plongée dans une flaque d'eau que je n'avais pas vue. Je veux m'en emparer vivement pour l'extirper de la flaque d'eau, mais en tendant ma main vers l'enveloppe, je renverse un verre de jus qui traînait là. Je réussis à m'emparer de l'enveloppe et j'essaie de sauver la lettre, mais plus j'essaie d'ouvrir l'enveloppe, plus j'ai l'impression que le papier se déchiquette. Je crie :

– Nooooooooooooooooon !

Je me laisse tranquillement tomber par terre. Et je m'assois. Découragée.

Ma mère surgit à toute vitesse (disons, à la vitesse que lui permet son corps devenu un peu lourd, c'est-à-dire à une vitesse de tortue) et me demande :

– Qu'est-ce qui se passe ?

Moi : Je ne sais pas ce qui est arrivé, mais il y avait de l'eau sur le comptoir et j'ai fait tomber quelque chose de super important dedans !

Ma mère affiche un air triomphant et me répond :

– Tu sais ce que c'était, cette flaque d'eau ?

Moi : Berk… ne me dis pas que c'était…

Je lui pointe son ventre. Et je lui tends l'enveloppe mouillée.

Ma mère : Mais non, voyons ! Je n'ai pas perdu les eaux sur le comptoir, quand même ! C'est *ton* dégât. Que tu fais presque tous les jours et que tu n'essuies pas. Et j'en ai marre de l'essuyer, alors tout à l'heure, hors de moi, je l'ai laissé là en espérant que tu allais t'en rendre compte et le nettoyer. Je vois que mon plan a fonctionné.

Je prends une grande inspiration. Suivie d'une expiration. L'eau sur le comptoir. C'est vrai. Chaque fois que je change l'eau du bol de Sybil, j'ouvre le robinet à fond car ça va plus vite. Mais… je fais des éclaboussures partout. Pourquoi je ne suis pas capable de mettre de l'eau dans le bol de mon chat sans faire de dégât ? Je ne sais pas. Pourquoi je ne le nettoie pas ? Je ne sais pas non plus. On dirait qu'à force de faire ça, je me suis habituée à faire une flaque d'eau et que j'ai oublié… volontairement.

Ma mère : Pareil pour ton verre de jus ! D'un, tu gaspilles ! De deux, tu ne le ranges jamais ! Tu le laisses toujours traîner là !
Les larmes me montent aux yeux. Et je laisse tomber ma tête entre mes jambes.
Je pointe l'enveloppe, qui est maintenant à l'autre bout de la cuisine, et je dis :
– C'était ma lettre de la fac.
Ma mère : Ah-ha ! Ça t'apprendra à ranger tes affaires ! D'ailleurs, puisqu'on est sur ce sujet, quand tu finis un paquet de jambon, jette-le au lieu de le laisser traîner, tu seras contente que ça ne sente pas le vieux jambon pourri dans la maison parce que ta chatte l'aura traîné jusque sous le canapé.
Oui, en effet, je serai contente et je danserai partout grâce à l'odeur acceptable de mon environnement de vie et à l'insouciance de ne pas savoir si je vais étudier ou non dans un domaine que j'aime. Elle a raison : l'odeur de vieux jambon est ma totale priorité !

18h32

Impossible de déterminer ce qui est écrit dans ma lettre, l'encre a sûrement coulé. Suis-je acceptée ou refusée ? Mystère, mystère, et aucun don télépathique ne peut malheureusement m'aider à deviner la réponse.

Samedi 19 avril

N'est-ce pas la meilleure journée pour sortir avec le copain de ma sœur imaginaire ? Je peux oublier que je suis une gaffeuse en série. Je peux oublier ma mère, toute fière de ses plans pour m'apprendre à devenir maniaque. Et je peux oublier que, selon elle, je suis une fainéante. Et je peux aussi oublier un système de défense, comme de lui parler d'Alzheimer génétique et/ou volontaire, parce que ça n'a aucun impact sur elle et qu'elle reste là, les bras croisés. Je peux également oublier la compassion maternelle au sujet de trucs qui me préoccupent, car hier, alors que je pleurais (car, bien honnêtement, ma curiosité au sujet de mon admission à la fac est assez grande pour que « l'affaire de la flaque d'eau » soit considérée comme un drame par mes glandes lacrymales), ma mère a seulement haussé les épaules et dit :

– Tu les appelleras lundi. En attendant, essuie ta flaque d'eau.

Je crois, si ma mémoire est bonne, qu'elle a dit « ta satanée flaque d'eau ». C'était peut-être aussi « ta sempiternelle » flaque d'eau. Non, ce n'était pas « sempiternelle », sinon je crois que j'aurais arrêté de pleurer pour rire.

12h34
Dans un brunch, avec Jean-Benoît.
Moi : … et là, ma sœur a fait tomber ma lettre de la fac dans la flaque d'eau !
Lui : Franchement, elle aurait pu faire attention !
Moi : Carrément !!! Des fois, elle m'énerve tellement ! J'aimerais que ça existe, le divorce entre sœurs.
Il rit.
Je mange. Soudain, je me mords la lèvre.
Je fais « ouch ! » et je prends ma mâchoire dans ma main.
Jean-Benoît : Ça va ?
Moi : Mo shoui mowdu.
Soudain, je vois apparaître Nicolas qui s'approche de notre table. Je ne lâche pas ma mâchoire.
OK. Cher… Chère… disons, Force suprême de la nature. Parfois, vous réalisez mes vœux. D'autres fois, non. Vous m'avez permis de faire arrêter un film chiant au cinéma. Vous m'avez permis de découvrir qu'Audrey pouvait aussi se planter dans un exposé oral. Je vous remercie de ces cadeaux déguisés en hasard. Maintenant, s'il vous plaît, faites que Nicolas ne dise pas mon nom, en aucune circonstance, dans la conversation qui suivra.
Nicolas : Hé, salut !
Moi : Mmmm.
Jean-Benoît : Oh, salut ! Elle a du mal à parler, elle vient de se mordre la langue.
Moi (en acquiesçant) : Mmmm-hum….
Nicolas : Ah, ça fait mal, ça. C'est bien elle !
Il rit.
Jean-Benoît : Moi, c'est Jean-Benoît.
Nicolas : Ah, enchanté. Nicolas. Bon, ben content de t'avoir rencontré. (Il se retourne vers moi :) Bye, Aurélie.
Et il s'en va.

Et je me dis que la « Force suprême de la nature » n'est pas tout à fait constante dans les vœux qu'elle m'accorde ou non.
Il serait intéressant qu'elle se manifeste pour les bonnes causes.
Je m'apprête à m'expliquer à Jean-Benoît lorsqu'il me dit :
– Ça doit t'arriver souvent, ça... qu'on te confonde avec ta sœur. Ça doit être pénible.
Moi : Oh... onw sh'habitchswu.
Ouf ! Quelle honte s'il avait découvert que je me suis inventé une sœur...
Comme a dit ma mère lors de notre voyage aux Antilles lorsque mon réveil sonnait dans ma valise et que j'ai mobilisé tout un hôtel : comment vais-je m'en sortir avec élégance ? Hum... Pas évident.

13 h 34

En sortant du restaurant, Jean-Benoît m'a proposé de me ramener sur son scooter, mais j'ai encore une fois invoqué les problèmes écologiques planétaires et, en plus, le mauvais temps, ce qui rendait la route glissante et dangereuse (ce qui est le principal problème, je trouve). Non, mais tout ce que je peux imaginer, en montant là-dessus, c'est de glisser, de me casser quelque chose et d'arriver estropiée à mon bal.

21 h 30

J'ai raconté l'anecdote à Tommy (celle de Nicolas qui me voit pendant que je joue à Simone-Sandrine) en pensant que ça allait le faire rire. Il n'a pas ri et il a simplement lancé une question que j'ai sentie chargée de jugement. C'était (et je cite) :
– Pourquoi tu fais ça ?

Moi (croyant qu'il me parlait de l'anecdote) : Ben, j'aime bien raconter des anecdotes, j'ai le droit, non ? Si tu n'aimes pas que je t'en raconte, je ne t'en raconterai plus, argh !
Tommy : Non, je veux dire, pourquoi tu sors avec un mec en te faisant passer pour quelqu'un d'autre ?
Moi : Parce que je ne sais plus si être moi-même est une bonne idée avec les garçons. Ça n'a jamais marché...
Tommy : C'est complètement débile !

Pfff ! Tsss ! Et toutes les onomatopées pour exprimer que je suis outrée par son commentaire. Pfff ! Il ne comprend tellement RIEN !

Pfff ! Tsss ! Je suis certaine qu'il est seulement jaloux de Jean-Benoît parce qu'il a un scooter et qu'il en voudrait un !

Pfff x 1 000 !!!!!

Pfff x infini + 1 000 !!!

Dimanche 20 avril

Je vis dans un monde où je dois gérer de nombreux stress.

1) Avoir laissé tomber ma lettre de la fac dans une flaque d'eau. Et devoir appeler la fac à la première heure demain matin.

2) Avoir une meilleure amie qui se questionne pour la première fois sur son avenir, car elle n'a pas été acceptée dans le domaine d'études choisi.

3) Ne pas avoir encore trouvé de robe de bal.

4) Avoir une mère totalement à la merci de ses hormones et que je ne dois pas trop contrarier, justement pour cause de grossesse.

5) Avoir un meilleur ami qui a une copine que je trouve personnellement insupportable et qui me juge dans ma façon de gérer mes relations.

6) M'être inventé une jumelle… qui a un copain.

7)

8)

9) Trouver éventuellement quelque chose pour remplir les cases 7 et 8, car il me semble que j'ai plus que six stress, mais ça ne me vient pas (et ça m'ajoute un stress).

10) Incapable de me trouver dix stress décents.

Voici quelques sons relaxants pour me détendre :
Le vent sur les rochers : shhhhhiiiiiiioooouuuuuuuueeee…
L'océan dans un coquillage : blublublublublublubluuuu uuuuu…
Des goélands : keeewooook… kwwoook…. keewwwoo oook…
Un feu qui crépite : pprpkrpiyrpkyprpkpriykrrpiyrk-pyirk…
La pluie sur un toit : plocplocplocploc… plocplocploc-ploc…
Une respiration de relaxation : ah-fuuuu, ah-fuuuuu…

Lundi 21 avril

Pendant l'heure du déjeuner, je me mets à l'écart près des casiers et je tente d'appeler la fac depuis la cabine téléphonique, car la batterie de mon portable est presque morte et que la ligne est toujours occupée. (Personnellement, je trouve cet établissement scolaire très peu au fait des nouvelles technologies en matière de téléphonie. Une ligne occupée, ça fait un peu préhistorique, il me semble. Je doute vraiment qu'une école digne de ce nom puisse transmettre le savoir correctement si elle n'a pas fait le saut dans l'ère moderne des communications. Mais bon, c'est simplement mon opinion.)

12h10

Oh, ça répond !

Moi : Oui, bonjour, je voudrais…

Réceptionniste : Un instant, s'il vous plaît.

Quelle impolitesse ! Je n'ai même pas réussi à terminer ma phrase ! Non, mais franchement !

12h16

Je suis en attente (avec de la musique franchement insupportable).

12h19

Je fredonne sans trop m'en rendre compte la musique insupportable lorsque la réceptionniste revient :

– Oui, bonjour ?

Moi : Oui, bonjour, je voudrais… En fait, c'est que… Vous allez voir, c'est un petit peu drôle même, euh… ce que je veux dire, c'est que…

Réceptionniste : Un instant, s'il vous plaît.

12h24

Grrr. Encore en attente ! Heureusement que je n'appelle pas de mon portable. Ça me coûterait une fortune !

Ma mère me dit toujours qu'en journée, lorsque je passe des appels de mon portable, il faut que ce soit pour quelque chose de rapide, du genre « J'arrive » ou quelque chose comme ça, car sinon ça gaspille des minutes et ça finit par coûter cher. Elle dit que pour de plus longues conversations, c'est mieux d'appeler depuis une cabine. Disons qu'actuellement je vois ce qu'elle veut dire (même si je trouve un peu que le téléphone sent la salive d'inconnus et que j'ai vraiment hâte d'avoir terminé cet appel. Beurk ! C'est un drôle de conseil de la part d'une maniaque des bactéries…).

12 h 25

Je sursaute quand la réceptionniste reprend la ligne.
Moi (fort et très rapidement) : J'AI LAISSÉ TOMBER MA RÉPONSE À MA DEMANDE D'ADMISSION DANS L'EAU ET J'AIMERAIS SAVOIR SI, OUI OU NON, J'AI ÉTÉ ACCEPTÉE !!!!!!
Réceptionniste (froidement) : Eh bien, c'est vrai que les jeunes sont impolis de nos jours, hein ? Vous êtes une génération d'enfants rois à qui on mâche le travail !
Euh… Allô la Terre ? Ça fait trois fois (OK, deux, mais quand même) qu'elle me coupe la parole pour répondre à d'autres appels, et c'est moi la fautive parce que j'essaie juste de prendre mon élan pour terminer ma phrase ? Tsssss !!!!
Réceptionniste (qui continue) : Bon, c'est quoi, ton problème ?
Moi : Ben… je voulais juste finir ma phrase.
Réceptionniste (qui pèse ses mots comme si j'étais une débile) : Je veux dire : La. Raison. De. Ton. Appel.
Moi (qui pèse mes mots pour l'imiter) : J'ai. Perdu. Ma. Lettre. Je. Veux. Savoir. Si. Je. Suis. Acceptée.

12 h 35

Cette conversation ne s'est pas super bien passée, mais m'a permis d'apprendre une chose : JE SUIS ACCEPTÉE !!!!!!!!
Bon, le problème est que je trouve cette fac très peu accueillante et chaleureuse.
Mais ce n'est pas si grave, je suis sûre qu'elle a aussi ses bons côtés.

JE SUIS ACCEPTÉE !!!!!! Moi !!! J'ai ma place quelque part !!!!

18h1

Avant même que j'aie annoncé à ma mère et François que j'avais été acceptée, ils m'ont sauté dans les bras en me félicitant. Je me demandais de quoi ils parlaient ou s'ils avaient des dons de devin ou si j'avais oublié que je leur avais déjà annoncé lorsque ma mère m'a dit que la lettre avait séché et que, trop curieuse, elle l'avait ouverte. Elle m'a révélé que l'encre d'imprimerie, ça s'efface rarement, etc., et que lorsqu'elle a vu ma lettre trempée l'autre jour, elle n'a pas osé me donner ces informations pour que j'aie une réelle leçon sur l'importance de nettoyer ses dégâts.

Conclusion : Ma mère a un esprit vraiment tordu et légèrement machiavélique. Et en plus, elle ouvre mon courrier !

Note à moi-même : J'ai vraiment hâte qu'elle accouche pour pouvoir me prendre la tête avec elle comme au bon vieux temps.

Mardi 22 avril

Ma mère et François étaient tellement contents que je sois acceptée qu'on a fêté ça au dîner hier (et que ça a complètement dissipé les tensions sur « l'affaire de la flaque d'eau »).

Je me suis couchée un peu plus tard que d'habitude, alors je ne suis pas d'humeur, pas d'humeur du tout à m'engueuler avec Jason. J'aurais dû savoir qu'en choisissant quelqu'un avec qui je n'ai rien en commun, on ne s'entendrait jamais !

Finalement, notre théâtre d'ombres n'a pas été retenu pour le spectacle de fin d'année.

Ça n'a été qu'une histoire de compromis.

Moi, je voulais faire quelque chose de lumineux, où un personnage (fille) se sent dans l'ombre des fantômes qui la hantent, mais qui réussit à s'en sortir.

Lui, il voulait faire quelque chose de sombre, où le personnage (garçon) se laisse détruire par les fantômes qui le hantent.

Nous avons fait un compromis de tout ça avec un personnage (fille) qui est envahi par l'ombre de fantômes, qui cherche la lumière sans jamais parvenir à la toucher (elle ne s'en sort pas, mais n'est pas détruite non plus). La fin est ouverte sur un entre-deux. La lumière fuit tout le temps, mais la fille continue d'essayer de la rattraper. Nous nous reprochons l'un l'autre d'avoir gâché un peu l'ensemble. Lui, il dit que je suis arrivée avec une bonne idée, mais que mon côté « pop » m'empêche de creuser les choses (il répète presque exactement ce que mon prof de français me dit toujours devant tout le monde, ce que je trouve *cheap* de sa part). Et moi, je lui reproche de ne pas avoir eu confiance en ma première idée. J'ajoute que nous ne sommes pas obligés d'être sombres pour être profonds.

Voyant que nous nous disputions, Diane nous a dit que la raison pour laquelle nous n'avions pas été sélectionnés était que notre thème ne correspondait pas à ce qu'elle cherchait pour un spectacle de fin d'année. Elle aurait préféré un thème « scolaire ». Mais que ce que nous avions fait était très bien. Et que le compromis fait partie de la vie et de l'art. Que les divergences d'opinions enrichissent les œuvres. Ce qui avait été le cas pour la nôtre (car dans le travail, nous devions décrire notre processus créatif). Que nous avions bien travaillé. Et elle nous a attribué une très bonne note (18/20). Qu'il faut avoir l'humilité d'accepter que même si on a beaucoup travaillé, ce qu'on a fait ne sera peut-être pas choisi, n'ayant peut-être pas sa place maintenant, ce qui n'amoindrit pas la qualité de l'œuvre. Selon elle, nous avons fait quelque chose de magnifique. Elle a salué notre créativité, mais nous a reproché de ne pas avoir présenté quelque chose qui avait un rapport avec l'événement pour lequel elle nous commandait ce travail, c'est-à-dire un spectacle de fin de lycée. Et c'est ce qui explique les quelques points que nous avons perdus.

J'ai argumenté sur le fait que notre idée pouvait représenter métaphoriquement le lycée. Elle n'y a pas cru. J'aurai bien essayé !

Après ça, Jason et moi avons arrêté de nous diputer.

Et il m'a lancé :

– Heureusement qu'on n'est pas sortis ensemble, hein ?

Moi : Heureusement !

Lui : Amis ?

Moi : Amis.

J'ajoute :

– Tu vois que la lumière triomphe toujours ! Ah !

Lui : Ah, toi, tu m'énerves !

En riant, il lève sa canette à notre excellente note, et à notre amitié maintenant possible malgré nos personnalités opposées.

Mercredi 23 avril

Je m'entraîne à faire ma signature.
Le comité de l'album est venu nous annoncer que nous allions recevoir notre album des finissants vendredi. Les profs nous ont avisés que lorsque les élèves reçoivent leur album, c'est l'excitation générale et qu'ils ne peuvent enseigner leur matière. Tout le monde le feuillette, veut signer l'album des autres et personne n'écoute ce qu'ils disent (bon, en réalité, personne n'écoute ce qu'ils disent en général, c'est juste que ça paraît, disons, moins), et que c'est la raison pour laquelle, cette année, ils donneront seulement l'album en fin de journée vendredi.
J'ai vraiment hâte !!!

Ma signature :
« Aurélie » avec une étoile sur le « i ».
« Aurélie Laflamme » avec une flamme sur le « a » de « Laflamme ».
« Aurélie Laflamme » écrit presque en un mot avec la ligne du « e » qui se prolonge pour revenir jusqu'au « i » et faire un cœur pour terminer la courbe.
Hum… je n'ai rien trouvé d'efficace. Une signature qui va rester, disons. Une que, lorsque je serai adulte, j'utiliserai pour signer les documents importants, ou mes tickets de cartes de crédit, ou des contrats de travail ou quelque chose comme ça.

Et c'est déterminant, car on ne peut pas changer de signature, disons, tous les trois mois, sinon on se fait accuser de voler une identité.

Note à moi-même : Il me semble que toutes ces choses déterminantes pour notre avenir procurent un stress immense. M'en souvenir quand je serai vieille et que je reprocherai aux jeunes d'être paresseux et nonchalants. Cette relaxation et ce ralentissement sont nécessaires à la survie de l'espèce humaine, car avec toute cette pression, quiconque n'aurait pas un sens inouï de la détente et du lâcher-prise exploserait.

vendredi 25 avril

Excitation généralisée due à la réception de notre album des finissants !
On le feuillette compulsivement !
On regarde les photos !
Et surtout, on lit les mots de la personne désignée pour écrire sur nous.

Mot de moi à Kat :
Ma belle amie,
Tu es quelqu'un qui a tellement de caractère, de fougue et d'idées. Tu es une âme généreuse, toujours prête à te battre

pour ceux que tu aimes. Quoi que tu décides de faire dans ta vie, je suis certaine que tu vas toujours réussir ce que tu entreprendras. J'en suis convaincue. Alors, pour ton avenir, que puis-je te souhaiter ?
Ah oui… ben… peut-être toutes ces petites choses qui peuvent rendre une fille heureuse, genre sexe, drogue et rock'n roll. Ah non… ça, c'est ce qui rend heureuse une rock star des années 1970. Pour une fille, ce serait plutôt… disons… du romantisme, l'accomplissement professionnel et personnel, du temps de qualité avec les gens que tu aimes, des produits de beauté gratis même si tu en as déjà une armoire pleine, des moments où tu sentiras la liberté envahir chaque pore de ta peau (dépourvue de points noirs) et, surtout, plein de moments de bonheur tout simples, ceux qu'on n'a pas besoin de souhaiter, mais qui arrivent par hasard et qui nous font sentir que la vie est belle.

Kat fait « Oooooooooohhhhhh ! » et me serre dans ses bras.

Mot de JF à Tommy :
Tommy,
Tu me fais penser à un film hollywoodien pour mecs. Tu en possèdes toutes les caractéristiques :
1) Tu es capable d'inventer des répliques que nous pourrons répéter pendant des années.
2) Tu es un protagoniste beau gosse, avec une intelligence moyenne, qui a un ami marginal mais sympathique, doté d'une intelligence supérieure.
3) Une certaine importance est accordée à une machine quelconque (voiture-moto-vaisseau, dans ton cas, tu désires ardemment un scooter).
4) Tu vis une aventure.
5) Une belle fille participe à ton aventure, mais l'histoire d'amour ne prend pas toute la place (malgré tout, l'histoire

d'amour attirera le public féminin qui, souvent, passera en accéléré les scènes d'action avec la machine quelconque mentionnée plus haut).
6) Si possible, le film contient une blague avec un pet à un moment donné (ce qui est toujours drôle !).

Je souhaite que mon personnage soit renouvelé dans toutes les suites, qu'il n'ait aucune scène coupée au montage, et je suis convaincu que ton histoire, ton avenir, sera en tous points un happy end.

Tommy est visiblement ému et dit :
– Ah, mec. Tu assures.
Il commence par lui tapoter le bras, et JF l'enlace. Ça ne dure qu'un instant, car Tommy est mal à l'aise avec les manifestations d'affection. Ils sont mignons.

Mot de Kat à JF :
Le plus beau des JF du monde !
À qui j'écrirai un mot, sans point d'exclamation, car il faut chaque fois justifier nos abus de ponctuation.
Celui qui, malgré ses vingt kilos tout mouillé, est le pitbull du bonheur de ceux qui l'entourent.
Tu aurais pu toi-même me dicter ce qui aurait été le meilleur mot d'album de finissants, et je sais d'avance que ce que j'écrirai ne sera jamais à la hauteur de tout ce qu'on pourrait dire de toi tant tu es intelligent, élégant, brillant et tout plein de mots rimant avec « an »…
Un jour, on t'engagera comme scripte pour nous trouver des réparties adéquates à lancer en toutes occasions, car tu en es le maître.
Tous les gens différents, qui ont accepté cette différence, se sont élevés dans la société. Tu le dis toi-même souvent.
Tu nous as démontré que vivre avec une différence est

possible et constitue même un atout. Et je sais que nous ne cesserons d'assister à tes succès.
Que pourrais-je donc te souhaiter de plus ??? (À noter ici l'abus de points d'interrogation extrêmement dépourvu, c'est certain, de ton approbation, mais ô combien justifié dans ce cas particulier.)
Je te souhaite d'atteindre le summum du chic tant convoité. Peut-être qu'un jour, apothéose suprême, tes yeux seront assortis à tes chaussettes.

JF prend Kat dans ses bras et l'embrasse sur les lèvres, comme ils le font souvent, toujours amicalement. Et Kat avoue :
– Aurélie m'a aidée !
Moi : Juste un peu. Mais je ne savais pas que c'était pour l'album !
JF me serre aussi dans ses bras.

Mot de Kat à JF ? Et de JF à Tommy ? Mais je croyais que Tommy écrivait celui de JF, et Kat, le mien ?
Je tourne les pages pour trouver le mot qui me concerne et Tommy m'explique :
– On a échangé. J'étais inspiré. Merci, Kat.
Kat : De rien.

Mot de Tommy à moi :
Aurélie aime le chocolat. Non, elle adooooore ça. Tellement qu'elle a dû faire une cure de désintox, comme d'autres le font pour une drogue. Elle fait aussi plusieurs lapsus quand elle parle. Elle s'endort elle-même en racontant ses propres anecdotes qui sont toujours un peu trop détaillées. Elle peut crier au meurtre seulement parce qu'elle aperçoit une araignée, mais elle peut se mettre en danger juste pour ramasser une pièce par terre qui lui portera chance. Si elle a une

idée en tête, elle va se battre à la vie à la mort pour la concrétiser. Et malgré cette grande volonté qui la caractérise, elle préfère croire en des choses magiques qu'en elle-même. Alors qu'en réalité, c'est elle qui est magique. On ne l'aime pas seulement parce qu'elle est spéciale ou originale et qu'aussitôt qu'on croise sa route on est incapable de l'oublier. On l'aime simplement parce qu'elle est Aurélie Laflamme. Et qu'elle est unique.

J'ai un choc.
Je regarde Kat, puis Tommy.
Kat lance :
– C'est pour ça qu'on complotait. Je n'aurais pas laissé ma place si facilement. Il a fallu qu'il me convainque. Finalement, quand j'ai lu son texte, j'ai pensé que je n'aurais pu faire mieux.
Moi : Merci…
Kat : Je n'en reviens pas que tu ne te sois doutée de rien quand je t'ai demandé de l'aide pour un mot à JF ! Je te jure, ne deviens jamais détective, tu feras faillite !
Tommy : Heureusement que ce n'est pas toi qui as écrit son mot, finalement. Imagine ce que ça aurait donné : « Chère Aurélie, ne deviens jamais détective, tu vas faire faillite. Bonne chance dans la vie ! »
Kat : Mais ! Je n'aurais pas écrit ça, franchement, je me serais forcée !
Moi : Bon, tout est redevenu normal entre vous, ça me rassure…

Je serre Tommy très fort dans mes bras, émue, sans trop savoir comment gérer les émotions qui montent en moi tout d'un coup.

Tous ces mots. Sur moi. Tant d'amour. Ces mots qui me font réaliser que depuis quelque temps, depuis que j'ai mis mes émotions de côté, je vis avec l'impression que je ne mérite aucune attention.

Recherché : mon amour-propre. Il a fait une fugue il y a quelques mois (années ?) et il est en cavale depuis. Si vous le voyez, s'il vous plaît, contactez les autorités sur-le-champ. Il gagnerait à être retrouvé.

Mai

Vider son sac

Jeudi 1er mai

Lorsque Tommy a emménagé dans mon quartier, je répondais promptement « Jamais ! » à tous ceux qui me demandaient si j'allais un jour sortir avec lui. Mais depuis quelque temps, je ne sais pas ce qui m'arrive, je me sens comme Gollum dans *Le Seigneur des anneaux* par rapport à lui. On dirait que je chuchote dangereusement « Mon préciiiiiieeeuux… » chaque fois que quelqu'un s'en approche, de peur qu'on me le vole. La seule différence est que je n'habite pas une grotte. Et que je suis mieux habillée. Et que j'ai des cheveux. Bon, je n'ai jamais chuchoté « mon préciiiiiieeeeuuux… » en parlant de lui non plus, finalement. Peut-être une fois, en blague, mais ça reste un souvenir vague. Bon, d'accord, je n'ai rien en commun avec Gollum.
Mais il reste que j'agis étrangement avec Tommy sans comprendre pourquoi.

Est-ce que… par hasard… il se pourrait que… Impossible ! Kat aurait raison ? Pire : ma mère aurait raison ? Non !!! Si ? Non !!! Si ?
Seule explication possible sur mon état : je me transforme en monstre possessif. Peut-être que, puisque je l'ai choisi au lieu de choisir Nicolas, je voudrais qu'il soit

tout à moi. Ça me semble être une explication logique à tout ce que je vis par rapport à lui depuis que je suis allée le chercher. Ce qui n'est pas très sympathique et assez injuste de ma part. Et comme j'aime être sympathique, juste et n'avoir aucun point commun avec des personnages obligatoirement fabriqués technologiquement, car ils ne sont pas humains, je devrais vite remédier à tous ces sentiments négatifs de possessivité qui m'habitent.

Seul remède possible : Appeler la prof de yoga prénatal de ma mère pour qu'elle me souffle des formules positives pour lâcher prise.

vendredi 2 mai

Ma mère et moi, en posture du guerrier.
À ma demande, ma mère a appelé Roxanne, la prof de yoga, pour qu'elle nous donne un cours d'urgence aujourd'hui après les cours. Ma mère a quant à elle fini le travail plus tôt. « Un des avantages d'être enceinte », m'a-t-elle dit avec un clin d'œil.
Roxanne nous invite à avancer nos pieds à l'avant du tapis, à lever les bras et à ramener les mains vers le cœur.
Roxanne : On s'ancre bien au sol. Sentez tous vos membres, de vos orteils jusqu'à vos oreilles. On fait

circuler l'énergie. Toutes les pensées sont évacuées. On fait le vide. On fait de la place au renouveau en inspirant et expirant profondément.

Note à moi-même : Bien qu'il s'agisse d'une pratique ancestrale, le yoga doit être surestimé, car je pense encore à 103 000 affaires, et au moins 102 995 concernent Tommy.

Samedi 3 mai

Cette nuit, insomnie pour cause d'avoir trop mangé trop tard pour mon système digestif.

3 h 24

Dans mon lit, sur le dos. Je repense à hier soir.

Hier, vers 20 h 30

Après le cours de yoga, JF, Tommy et Kat sont venus me rejoindre chez moi et, alors que nous allions descendre dans ma chambre, on a vu que François, qui faisait le tri dans ses affaires, allait jeter le jeu *Docteur Maboul*. JF l'en a empêché pour qu'on puisse jouer, en disant : « Oh, c'est cool, des jeux vintage », ce qui, par la suite, a obligé François à nous avouer que ça lui donnait un coup de vieux.

Hier, vers 20 h 55

Moi : L'expression « avoir des papillons dans le ventre », est-ce que ça vient de ce jeu ?

Kat : Ah ! Attention, JF, tu fais tout le temps sonner le patient ! T'es super nul ou tu le fais exprès ?

Moi : Non, mais ça vient peut-être de là, cette expression. Ou ils ont mis le papillon dans le jeu parce que l'expression existait déjà ?

Kat : On se questionnera plus tard, on essaie de jouer, là.

À mon tour. J'ai essayé d'enlever le cornet dans le cerveau. J'y allais vraiment doucement.

Tommy : Allez, qu'est-ce que tu fais, Laf ?

Moi : Arrête !!! Tu me déconcentres !

J'ai réussi à enlever le cornet. J'ai ensuite tendu la pince à Tommy.

En prenant la pince, il frôle ma main et, sans comprendre pourquoi, je ressens une décharge électrique partout dans mon corps.

Il a pour mission d'enlever le papillon dans l'estomac. Après quelques tentatives, il n'y est pas arrivé.

JF : Ha ! Ha ! Ha ! T'es aussi nul !

Tommy : J'ai fait exprès !

Kat : Ben voyons, pourquoi ? Ça rapportait cinq cents dollars.

Tommy : Premièrement, ce n'est pas vraiment cinq cents dollars, et c'est con que les jeux nous récompensent toujours avec de l'argent. Comme si la seule gratification qu'on pouvait avoir dans la vie, c'était l'argent ! C'est super capitaliste ! Et ça influence Aurélie. Ça la force à risquer sa vie pour ramasser de l'argent dans la rue !

Moi : Ha. Ha.

JF : On peut entendre ton « deuxièmement », s'il te plaît ? Ton sermon anticapitaliste, ça sonne trop comme une excuse.

Tommy (avec un sourire) : Deuxièmement, je n'ai pas envie de lui enlever son papillon… C'est cool, un papillon dans le ventre.

Retour à cette nuit, 3 h 25

Cette scène de ma vie n'aurait pas valu la peine que je m'en souvienne. Honnêtement, c'est le genre de chose banale qu'on vit et qu'on a déjà oubliée le lendemain. C'est étonnant de remarquer, dans les vingt-quatre heures qui constituent une journée, ce qu'on choisit de conserver comme souvenirs. Moi, de ma journée d'aujourd'hui, je retiens ceci. Parce que, ensuite, j'ai rêvé que je jouais à *Docteur Maboul.*

cette nuit, heure inconnue, juste avant que je me réveille en sursaut

Dans mon rêve, j'étais avec Kat ainsi que Blair et Serena, de *Gossip Girl.*
Moi : Les filles, j'ai un secret, je ne peux plus garder ça pour moi !
Blair : Un secret !!!
Kat : C'est quoi ?
Moi : On dirait… que… Tommy…
Et là, je continuais de parler, mais sans être capable de prononcer des mots. Je faisais : « Bwouaaaa, bwouuuaaaa, BWOUUUAAAAA. »
Avec la pince du jeu *Docteur Maboul,* Blair a commencé à me gratter la gorge.
Serena : Blair ! Arrête ça ! Qu'est-ce que tu fais, là ?
Blair : J'essaie de lui faire sortir ce qu'elle a à dire, ça a l'air dur.
Kat était morte de rire.
Serena : Arrête de rire ! Blair va lui faire mal !
Kat : C'est bon pour la santé, rire, tu sauras ! Ça fait

travailler plein de muscles et ça fait sécréter des endorphines dans le cerveau.
Blair : Dis-nous ton secret !
Moi : OK, je vais le dire vite, parce que c'est dur à dire, mais je ne voudrais pas avoir l'air de... En tout cas, en le disant vite, ça va m'aider, mais ça ne veut pas dire que j'ai raison, c'est seulement peut-être...
Serena : Elle n'a rien à dire !
Blair : Tout à fait d'accord ! On s'en va.
J'ai pris la pince des mains immobiles de Blair et j'ai commencé à les piquer avec.
Blair : Aïe !
Moi : J'ai... des papillons. Enlevez-les-moi.
Serena : On opère !
Kat : Tu ne peux pas faire ça à Nicolas.
Moi : Nicolas ?
Blair : Jean-Benoît !
Moi : Jean-Benoît ?
Serena : Jason !
Moi : Jason ?

Retour à cette nuit, 3 h 30
Je me tourne sur le ventre.
On ne se souvient jamais exactement des rêves qu'on fait. Peut-être que, dans le rêve, j'ai associé Blair et Serena à deux filles de l'école. Peut-être que les mots n'étaient pas du tout ceux dont je me souviens, et que j'ai réinventé ce dialogue à ma façon. Je ne sais pas.

4 h 15
Dans mon lit, sur mon côté gauche.

4 h 16
Dans mon lit, sur mon côté droit.

4h17

Dans mon lit, sur le dos.
Quand on n'est pas le personnage d'un vieux jeu et qu'on a encore tous nos morceaux, comment ça s'enlève, des papillons dans le ventre, quand ils n'ont absolument rien à faire là ?

Dimanche 4 mai

Il fait beau !!!!!!!! J'ai vraiment bien travaillé !
J'ai décidé de laisser de côté mes réflexions émotives pour me concentrer sur mes études, ce qui en cette presque fin d'année est la chose la plus importante dans laquelle mettre mon énergie. Je. Veux. Réussir. Telle est ma devise !
Ça fait deux heures que je fais mes devoirs et je décide de m'accorder une pause, de me faire un cornet de glace et de m'installer sur une chaise longue, sur notre terrasse.
Ma mère vient me déranger en me disant :
– Cet été, il faudrait que tu travailles.
Moi : Hum…
Ma mère : Je ne veux pas te voir traîner tout l'été.
Moi : L'été dernier, je ne traînais pas, je suis allée dans le camping de grand-papa et grand-maman !
Ma mère : Et cette année ? Plein de jeunes travaillent en parallèle du lycée !

Moi : C'est vrai… J'ai envoyé des CV et je n'ai pas été prise.
Ma mère : La recherche d'emploi, c'est difficile.
Moi : C'est quand même un peu dur pour l'ego de ne pas être prise pour travailler dans un resto où je n'aime même pas aller comme cliente !
Ma mère : Je comprends.
Moi : Je ne pourrais pas juste avoir un dernier été, relax, de congé ? Juste un ! Je pourrais m'occuper de ma sœur !
Je commence à battre des cils de façon séduisante, croyant fermement que mon argument la charmera.
Ma mère : Tu peux faire les deux. Je ne te demande pas de devenir présidente d'une société et de travailler soixante-quinze heures par semaine. Juste de trouver un travail, à temps partiel s'il le faut. Je t'ai laissée tranquille cette année, vu qu'on a vécu beaucoup de changements et que je voulais que tu te consacres à tes études, mais là, l'été arrive, et si tu ne commences pas à envoyer des CV maintenant, tu passeras à côté et je trouve que c'est important.
Moi : Oui, mais… j'ai mérité un congé ! J'ai travaillé dur à l'école.
Ma mère : Je travaille dur toute l'année, moi, et est-ce que j'ai deux mois de vacances pendant l'été ?
Moi : Tu n'avais qu'à devenir prof. Ils sont en congé, eux, l'été.
Ma mère : Il faut que tu travailles. Ça va t'aider à être plus responsable et à gérer ton argent.
Moi : HEY ! Je suis responsable ! Super mature en plus ! Enfin… de plus en plus.
Ma mère : C'est non négociable.
Moi : Oui, mais maman… c'est super dur pour mon ego d'être refusée dans les endroits où je veux travailler !

Et si tout ce rejet de ma personne me faisait tomber en dépression et me faisait rater mon année ?
Ma mère : Oh, franchement ! Commence à t'habituer. Ça se passe comme ça dans la vie. Des fois, on essaie des choses et ça ne marche pas. Ce n'est pas parce que tu te fais dire non une fois que ça ne marchera jamais. Et ce n'est pas parce qu'on dit non à quelqu'un qu'on le rejette. Change un peu ta perception des choses.
Moi : Argh. OK, d'abord. Ils vont me dire non et je vais encore pleurer toutes les larmes de mon corps.
Ma mère : Si tu pleures toutes les larmes de ton corps, ça veut dire que travailler t'intéresse.
Moi : Non, c'est parce que ça m'h-u-m-i-l-i-e. J'ai l'impression de ne pas être assez bonne pour eux ! Regarde juste dans la boutique où travaille JF, ils ont engagé Kat et pas moi. Qu'est-ce qu'elle a de plus que moi ?
Ma mère : Quelque chose de mieux t'attend. Allez, un peu de courage. Tu me dis non depuis tout à l'heure. Est-ce que j'ai l'air humiliée ?
Moi : Ce n'est pas pareil...
Ma mère : Est-ce que tu me dis non parce que tu me détestes ?
Moi : Non, mais...
Ma mère : Et qu'est-ce que je fais ?
Moi : Tu insistes ?
Ma mère : Fais la même chose dans ta recherche d'emploi ! Va les voir, sois positive, propose tes services avec le sourire.
Moi : En insistant ?
Ma mère : Pas trop. Juste assez. Relance-les. Démontre ton intérêt.
Elle m'ébouriffe les cheveux. J'éloigne ma tête pour qu'elle arrête.

Ma mère (sur un ton dramatique) : Ohhh ! Je me sens rejetée !
Moi : Arrêêêêête !!!
Je regarde ma mère avec des yeux menaçants. Même si je n'ose pas lui avouer qu'au fond elle a raison.
Ma mère : Va juste donner ton nom à plusieurs endroits, s'ils te disent oui, tant mieux, s'ils te disent non, je ne t'embête plus avec ça et je t'engage comme femme de ménage.
Moi : Ark !!!
Ma mère : Faut que je t'encourage dans tes talents.
Moi : Ha. Ha. Tu as toujours eu le don de me valoriser.
Je ne veux pas le lui avouer (parce que j'ai mon orgueil, et parce qu'elle aurait vraiment l'impression d'avoir gagné et que ça lui monterait à la tête), mais je le dirai à ma sœur un jour que… on a de la chance d'être tombées sur elle.
Ça fait drôle de parler de ma mère en termes de « partage ». Dans ce « nous » que je formerai bientôt avec ma sœur. Ça fait drôle de dire « ma sœur ». Elle n'est pas encore là, et pourtant elle y est. Elle aura la même mère que moi. Celle que j'ai eue pour moi toute seule toute ma vie. Ça me fait tout drôle, bizarre. À l'aube de la partager, je réalise à quel point elle est importante pour moi.
Je suis un peu éprouvée depuis quelques mois en termes de jalousie et de partage des gens que j'aime. Je développe une tendance à la possessivité. Peut-être parce que j'ai peur qu'on m'abandonne. Et qu'on me préfère les autres. Comme lorsque j'essaie d'être admise quelque part et que nous sommes plusieurs en lice. Je suis rarement celle qui est choisie. Est-ce que ce sera comme ça avec les gens que j'aime si je ne suis plus la seule à avoir un statut spécial dans leur vie ?

Lundi 5 mai

Tommy est venu me chercher ce matin… en scooter. Il a passé tout le week-end avec sa mère, qui est venue pour la première fois le voir ici. Et ils ont acheté ce pour quoi Tommy économise tout son argent depuis des mois : un scooter. Sa mère lui a offert la différence. Tout ce que j'ai trouvé à dire est que c'est la fête des Mères la semaine prochaine et que c'est lui qui aurait dû lui faire un cadeau. Ce à quoi il a répliqué qu'il n'est pas con, que c'est ce qu'il a fait, mais qu'elle a insisté ensuite pour lui faire plaisir parce qu'ils se voyaient si peu souvent.

Je ne sais pas trop pourquoi, moi, ça ne m'inspire aucune confiance, ce genre de véhicule. Il me semble que si on passe sur un nid-de-poule, une bosse ou quelque chose comme ça, on peut avoir un accident. Non, franchement, je ne vois pas l'intérêt de vouloir constamment se mettre en danger.

8 h 34

Je marche à côté de Tommy, qui est assis sur son scooter et qui avance à mon rythme en mettant un pied après l'autre sur le sol. Si quelqu'un nous voit, il doit penser qu'on se dispute.

Tommy : Allez, monte !

Moi : Non !

Tommy : Allez !
Moi : Non !
Tommy : OK, je t'attends à l'école ! À toute !
Il attache son casque, il démarre son engin et il part. Ça fait un petit bruit fatigant du genre « bizzzzzz ».

8 h 45
Tommy est entouré de nos amis, d'autres amis et de « sa » Charlène. Tout le monde semble se pâmer devant son scooter. Franchement, je trouve que les gens sont très superficiels d'être aussi emballés par un simple objet (pouvant coûter la vie à quelqu'un, je le rappelle, c'est déjà arrivé à des gens, je ne connais pas leur nom par cœur, mais bon, ça arrive, on en voit tous les jours dans le journal, bon, pas tous les jours, mais peut-être que oui, car *techniquement*, je ne lis pas le journal *tous les jours*, mais je suis sûre que ça arrive *souvent*).

8 h 47
Ai-je rêvé ou j'ai vu Nicolas demander à Tommy s'il pourrait lui emprunter son scooter un jour ? Non, je n'ai pas rêvé. Il tourne autour du scooter de Tommy comme s'il s'agissait d'un joyau et explique qu'il en veut un aussi. Imité par plein d'autres mecs. Et plein de filles.

8 h 49
Moi (à Kat) : Pffff ! Regarde les filles qui lui tournent autour juste parce qu'il a un scooter… Franchement ! Kat ? Kat ?

8 h 50
Kat sautille autour de Tommy et lui demande si elle peut faire un tour.
Je regarde le scooter. Il est vraiment classe, noir et argent.

Simple. Très mec. Tommy a vraiment choisi quelque chose qui lui ressemble.
Je regarde Tommy. Il est vraiment fier. On dirait qu'il a changé.
A-t-il changé ou c'est simplement moi qui le vois différemment ?
Est-ce que je serais moi-même atteinte d'un niveau de superficialité inégalé qui me porte à développer un intérêt pour les gens lorsqu'ils peuvent se déplacer sur la route de façon motorisée ? Impossible. Je n'ai aucun intérêt pour les scooters. Depuis toujours. Si j'étais ce genre de personne, j'aurais développé un intérêt particulier pour Jean-Benoît, non ? Bon, il est vrai qu'à mes yeux il n'est pas complètement dépourvu d'intérêt. C'est peut-être grâce à son scooter. Hum…

8 h 51

Quel est ce sentiment de plus en plus persistant qui fait que j'ai autant de mal à partager mon ami avec les autres ?… Même si c'est avec un truc en métal qui fait des petits bruits fatigants ?

Mardi 6 mai

Quand je fais mes devoirs dans la cuisine, je dois doubler mes soupirs de souffrance mentale pour être prise au sérieux par ma mère. Dans ces moments-là, elle me dit :

– Tu travailles dur, ma cocotte ?

Sinon, elle m'accuse de ne pas faire assez d'efforts. À la longue, on en vient à connaître les gens qui nous entourent et à développer des trucs comme ça. J'en ferai part à ma sœur lorsqu'elle sera ado.

Je fais exprès pour avoir l'air de travailler dur, pour prouver ma, disons, bonne foi scolaire, car aujourd'hui, et pour la première fois de ma vie, j'ai eu un zéro en français. C'était une composition écrite pour laquelle on avait une semaine de délai. J'ai eu zéro, car le prof a pensé que j'écrivais une histoire absurde. La raison ? J'ai écrit, au début de l'histoire (en fait, vers la troisième ligne du récit) : « Il a fallu deux ours pour y penser. » Faute de frappe, j'ai oublié le « j » à « jours », et M. Brière, avec tout son sens du discernement (tellement pas), a sincèrement pensé que j'écrivais une autre histoire avec de l'humour et que, cette fois-ci, j'avais décidé d'être absurde pour le provoquer.

Au début, quand il m'a remis ma copie en disant (devant tout le monde) : « Pour la demoiselle qui réfléchit avec des ours », je n'ai sincèrement pas compris. J'ai trouvé l'insulte un peu bizarre et j'ai cherché à comprendre 1) pourquoi il m'insultait de la sorte, et 2) pourquoi il jugeait approprié d'annoncer au reste de la planète que je réfléchissais avec des ours. J'ai tenté de chercher le double sens, la métaphore, mais je n'y suis pas arrivée. Puis, j'ai vu mon zéro. Là non plus, je n'ai pas compris. Et j'ai cru que « réfléchir avec des ours » voulait dire « être nulle, intellectuellement parlant » et que je ne connaissais tout simplement pas l'expression. J'ai ensuite pensé que ça pouvait être une référence cinématographi-

que, jusqu'à ce que je voie le mot « ours », entouré en rouge sur ma feuille avec trois grands points d'interrogation. Je ne comprenais pas trop. Je me suis penchée sur ma feuille. Et j'ai vu le « j » manquant au mot « jours ». J'ai relu mon texte. Si, habituellement, je suis toujours un peu distraite par les bruits ambiants, là, je n'entendais plus les voix des élèves autour de moi qui recevaient leur copie, avec ou sans déception. Je relisais mon texte en me demandant si ce que j'avais écrit, puisqu'il fallait démontrer notre compréhension de la structure narrative d'un récit, était cohérent. Et effectivement, ça ne l'était pas. Avec la lettre « j » du mot « jours » oubliée, on aurait dit qu'il y avait vraiment des ours dans mon texte.
Je ne peux décrire le sentiment de honte que j'ai ressenti. J'ai l'impression que je découvre de nouvelles facettes de ce sentiment. Que j'en invente, même. Que ce mot a été inventé pour moi. Pour décrire l'émotion que je ressens le plus souvent.
Bien que je sois allée voir M. Brière pour lui jurer que j'avais oublié le « j », il m'a répliqué :
– Tu ne t'es pas relue. L'histoire commence et on a l'impression que le personnage réfléchit avec des ours. Ça teinte le reste de la lecture. Lorsqu'on écrit, il faut se relire. Tu as été paresseuse. Ça mérite un zéro.

19 heures
Alors que ma mère était quelque peu fâchée de ce zéro, François lit le texte à voix haute en riant presque aux larmes. Tandis que moi, j'ai honte.
Si je pouvais remonter le temps, j'irais TELLEMENT mettre un « j » à « jours ». Peut-être que je passerais de 0 à 20/20 !

Mon rapport avec 20/20 : au CE1, j'ai eu 9,5/10 à une dictée. C'est la meilleure note que j'aie eue dans toute ma scolarité jusqu'à ce jour. Je me souviens que j'étais revenue à la maison et que j'avais montré fièrement ma dictée à mon père, et qu'il m'avait répondu : « Qu'est-ce qui s'est passé ? Pourquoi pas 10/10 ? » Si près de la perfection, mon père n'avait pas compris comment j'avais pu perdre un demi-point. Pour une faute ridicule en plus (du genre oublier un « s » à la fin de « souris », ce qui m'inspire d'ailleurs un grand questionnement sur la langue française : pourquoi une souris prend un « s », mais une fourmi n'en prend pas ? Est-ce ma faute si c'est totalement illogique ? Comment ils décident de l'orthographe, les bonzes de la langue française ? Ils y vont « au feeling » ? Selon l'esthétique ? En réunion, index sur la bouche en guise de réflexion : « Ah, oui, "fourmi" c'est plus beau sans "s". N'en mettons pas, ça compliquera les dictées. Mouha ha ha. » J'aimerais bien avoir une discussion avec eux, moi ! Bon, je m'égare.) Mon père m'avait juré que ce n'était pas grave, m'avait félicitée, mais tout de même conseillé d'être plus attentive et de bien me relire. Son conseil m'a servie, car depuis ce jour, en classe, j'essaie toujours de me concentrer, même si mes pensées ont tendance à vagabonder malgré ma bonne volonté. Mais je n'ai jamais eu 20/20, je m'en suis approchée, mais je ne l'ai jamais atteint. J'aurais aimé, peut-être, avant qu'il meure, qu'il me voie obtenir une note parfaite.

22 heures

Ce soir, j'ai fixé longtemps la photo de mon père. Sans émotion. J'étais seulement perdue dans cette image statique de lui, figée dans le temps. Un moment oublié de notre vie, qui n'a duré qu'une fraction de seconde, ou

plus, le temps de prendre la photo. C'est l'image qui me vient naturellement quand je pense à lui, puisque c'est celle que je vois le plus souvent, quotidiennement.
Je me suis demandé s'il serait fier de moi. Aurait-il ri, comme François, en me disant que ce n'était pas bien grave, ou aurait-il été déçu, ou m'aurait-il rappelé une fois de plus d'être plus attentive ? Parfois, me regarderait-il avec ce regard de père un peu découragé, comme celui que pose M. Demers sur Kat quand elle fait une bêtise ou qu'elle s'habille avec des vêtements qu'il n'approuve pas ? Me défendrait-il en toutes situations, ou serait-il du genre à se faire l'avocat du diable ? Et s'il n'avait pas été fier, qu'aurait-il fallu que je fasse pour qu'il le devienne ? Avait-il imaginé une voie idéale pour moi ? Aurait-il souhaité que je sois le genre de personne qu'il aurait voulu lui-même devenir ? Et voulu me protéger des choses qui lui avaient fait mal quand il était plus jeune ? Ou était-il du genre à ne pas penser à tout ça ?
Je ne le saurai jamais. C'est dommage.
Toute ma vie, je devrai me fier à quelques souvenirs flous ou aux suppositions de ma mère et de ma grand-mère sur ce qu'aurait été un futur avec lui. Toute ma vie, mon père, pour moi, sera quelqu'un d'un peu amélioré. Car il n'est plus là. Et personne ne me parlera de lui en termes négatifs. Car son image restera figée dans le temps. Dans ses meilleurs moments.
Contrairement à moi, qui reste marquée par des regrets. Et par la pensée que parfois, si tout était à refaire, je ferais certaines choses différemment.
Comme mettre un « s » à « souris ».
Ou un « j » à « jours ».
Et plein d'autres petites choses anodines n'ayant aucun rapport avec mes notes.

Mercredi 7 mai

Aide-mémoire pour sentir que je fais partie de l'espèce humaine (ce qui peut remonter le moral dans les moments où je me sens un peu à part) :

1) Je ne me suis jamais fait attaquer par un zombie.

2) Il m'arrive de tousser, d'éternuer ou de me passer la main dans les cheveux.

3) Parfois, je me cogne le petit orteil contre un pied de meuble et j'ai l'impression que c'est la pire douleur existante.

4) Parfois, j'acquiesce quand quelqu'un m'explique quelque chose, sans pourtant rien comprendre.

5) Il m'arrive de prendre un objet, de le transporter et de le poser ailleurs, et de ne plus me souvenir de ce geste quelques minutes plus tard.

6) Respirer est un acte tout naturel (et je ne prends jamais le temps de me dire : « Tiens, l'air que je respire est composé à 78 % d'azote. »).

7) J'ai déjà remarqué quelque chose de nouveau dans un endroit familier.

8) Un multiple de 10, c'est pour moi un « chiffre rond ».

9) J'ai des préjugés sur certains légumes.

10) En théorie, il existe un maximum de six degrés de séparation entre moi et Justin Bieber.

Ne pas trop me décourager si :
1) à l'épicerie, je fais tomber une pyramide de clémentines et que je dévale les marches devant les autres clients (fait vécu récent) ;
2) je m'invente une double personnalité pour plaire à un garçon et je ne sais plus trop comment m'en sortir ;
3) j'ai des pensées ultra pas rapport concernant mon meilleur ami ;
4) je suis totalement imparfaite.

Résumons simplement cette liste ainsi : Petits détails inutiles survenant dans la vie de certaines personnes et pouvant provoquer le désir momentané d'appartenir à une autre planète.

Jeudi 8 mai

Je m'étais juré que je ne vivrais jamais le cliché du secondaire, celui qu'on voit dans les films, où une fille est la rivale d'une autre, et que cette autre fille a envie de lui arracher un par un tous les cheveux qu'elle a sur la tête. Alors qu'en primaire on m'embêtait, je ne sais pas trop pourquoi, mes vêtements parfois, ou ma personnalité étrange souvent, j'avais naïvement pensé que le secondaire serait différent. Qu'on serait plus matures. Je n'avais pas tort.

Sauf qu'aujourd'hui j'ai fait une erreur. Celle de me resservir un deuxième morceau de gâteau. Ma grand-mère m'a toujours dit de ne pas abuser des desserts. Un morceau de gâteau devrait être suffisant pour quelqu'un de ma taille. Mais voilà, j'ai fait l'erreur de prendre le plat végétarien aux pois chiches comme plat principal, et j'ai trouvé ça tellement dégueu que je n'ai pas eu d'autre choix que de prendre un deuxième dessert. Ce qui gâche un peu la raison de mon choix de plat principal : puisqu'il ne reste que quelques semaines avant le bal, j'aimerais être mince et en pleine forme. Mais bon, puisque j'ai trouvé mon « choix santé » immangeable, il a fallu que je prenne deux desserts, ce qui annule tous mes efforts.
Toujours est-il que j'aurais dû m'en tenir à mon plan santé. Car dans la file de la cafétéria, Audrey, qui était plus loin que moi, a dépassé quelques personnes pour venir me parler, ce qu'elle fait très rarement (pas « dépasser », ça, je ne suis pas au courant de ses écarts de conduite, mais plutôt venir me parler).

Depuis le début de l'année, Audrey et moi, on a un rapport amour-haine. Tout a commencé, bien sûr, parce que je n'ai pas compris ce qui lui avait valu le meilleur casier de l'école, celui avec le chiffre 0777, juste à côté du recoin où Nicolas et moi on s'embrassait, et juste à côté du distributeur. Ensuite, elle n'arrêtait pas de venir nous déranger, Nicolas et moi, lorsqu'on s'embrassait, pour nous dire de ne pas faire ça près de son casier. Puis je l'avais surprise avec Truch, faisant la même chose. Évidemment, pour elle, « son » casier incluait tout l'espace autour. J'ai développé malgré moi de la jalousie envers elle. Meilleur casier, meilleures notes en français, meilleure vie. Mais bon, tout ça était un combat per-

sonnel que j'arrivais à gérer au fond de moi. Jusqu'à ce que je découvre qu'elle me déteste elle aussi. Mais qu'elle fait semblant que non.
Elle me fait toujours me sentir nulle et inférieure, et ça marche.
Du genre, après un exposé oral où il fallait parler d'un auteur qui nous plaît et au cours duquel j'ai parlé de J.K. Rowling, tandis qu'elle a parlé de Virginia Woolf, elle m'a dit, avec un sourire : « Pour mon exposé oral, je ne voulais pas aller dans le grand public, c'est un peu superficiel comme lecture. Essaie, toi aussi, la prochaine fois, M. Brière te donnera une meilleure note. »
Bien sûr, tout ça pourrait être perçu comme de l'altruisme. Comme si, sachant que je ne suis pas la préférée du prof, elle me donnait un conseil pour m'aider. Mais dans son conseil, il y a deux insultes : 1) je lis des trucs superficiels, et 2) je pourrais avoir une meilleure note.
Mettons quelque chose au clair : ma mère a le droit de me donner des conseils pour améliorer mes notes. C'est tout. À elle s'arrête la liste des gens qui ont ce droit. Bon, François a peut-être acquis un certain droit de regard. Kat aussi, peut-être. À la limite, Tommy. Dans un extrême du genre fin du monde, JF. Pas que je n'accepte pas la critique. Au contraire. Mais d'une inconnue qui, elle, a toujours de meilleures notes et qui se permet de me donner un conseil sans que je l'aie demandé ? Non.
Et lors de notre dernière heure de perm, qu'est-ce qu'elle a dit en pointant le livre que je lisais ?
– Ce livre m'a surprise, c'est moins gnangnan que je pensais.
(Berk.)

Et qu'est-ce que j'ai dit ? QU'EST-CE QUE J'AI DIT ???
– Merci.
J'AI DIT « MERCI » !!!!! ARGH !!!!!!!! (X 1 000)
Je voudrais tant pouvoir lui répondre quelque chose d'intelligent. Je voudrais tant qu'elle ne me glace pas. Pourquoi m'impressionne-t-elle tant ?

Donc, elle me déteste. Et elle fait semblant que non. Et je la déteste. Et je fais semblant que non.

12h49

Tout ça pour dire qu'elle dépasse deux personnes dans la file pour venir me voir. Me retourner et faire semblant que je n'ai rien entendu serait déplacé. Alors, je me prépare mentalement à recevoir une insulte-déguisée-en-conseil-altruiste sans pouvoir rien répliquer. Je l'entends crier mon nom en dépassant tout le monde. Puis, arrivée à moi, elle me touche l'épaule et dit :
– J'ai un truc vraiment *girly* à te demander. Je sais que t'es la spécialiste là-dedans.
Et voilà. Bang. Le coup. Que répondre ? Ce n'est pas tout à fait faux. Par exemple, dans un procès, il faudrait plusieurs témoins pour prouver que c'est une insulte. Mais moi, je le sais que, de sa part, c'en est une.
Audrey (qui continue) : Je voudrais te parler de Tommy.
Moi : OK…
Un garçon dans la file : Hey ! Avancez !
On ne s'en préoccupe pas et on avance tranquillement.
Audrey : Est-ce que tu sais s'il sort encore avec Charlène ?
Moi : Oui.
Audrey : Ah, ça craint… Parce que j'aurais aimé l'inviter à aller au bal.

Moi : Pas besoin de l'inviter, il y va déjà, il me semble.
Audrey : Avec moi… (Sous-entendu, avec regard à l'appui : débile !)
C'est à mon tour de commander mon plat. On me demande ce que je veux, je réponds :
– Deux morceaux de gâteau, s'il vous plaît.
Je sens que j'en aurai besoin.
Et que j'aurais dû suivre mon premier plan, c'est-à-dire manger des pois chiches et un seul dessert, pas deux (encore moins trois). Ça m'aurait évité de faire la queue. Ça m'aurait évité de me faire pourchasser par Audrey. Ça m'aurait évité d'être confrontée au fait qu'elle tripe sur mon meilleur ami. Ça m'aurait évité d'être confrontée au sentiment d'avoir de nouveau beaucoup trop de points en commun avec Gollum.

Questionnement existentiel : Comment s'assurer de ne jamais devenir un monstre qui pourrit dans une grotte ?

Souhait : S'il vous plaît, j'implore toutes les divinités. Si je deviens un monstre, laissez-moi mes cheveux.

vendredi 9 mai

Je l'avoue, il y a des jours où j'en ai marre d'être moi. Même si, depuis quelque temps, j'ai l'impression que je devrais subir une transformation extrême™ de personnalité, j'ai des preuves confirmant que certaines personnes de mon entourage m'aiment telle que je suis. Depuis quelques jours déjà, je lis et relis le mot que Tommy a écrit dans mon album de finissants. Chaque fois que j'ai des doutes, je le relis, et je pourrai le faire chaque fois que j'en aurai dans le futur.

Alors, il se peut que j'en sois venue à trouver qu'une jumelle inventée, c'est peut-être de trop, dans une vie où on a à peine le temps de prendre des nouvelles de ses grands-parents qu'on adore (même si ma grand-mère me répète sans cesse qu'elle n'a pas besoin d'autant d'attention de ma part).

Mais le problème avec un alter ego qu'on s'est soi-même inventé, c'est qu'il s'avère très difficile de s'en débarrasser sans passer pour quelqu'un d'étrange. Ce que je suis, j'en conviens, mais là n'est pas la question. Impossible que j'avoue à Jean-Benoît que je me suis inventé une jumelle. Par contre, impossible de continuer ma relation avec lui. Alors j'ai décidé de faire ce que toute personne supérieurement intelligente aurait fait pour casser avec le copain de sa fausse sœur.

14 h 10

Moi (à Jean-Benoît) : On ne pourra plus se voir, car… j'ai remporté un concours qui me permettra d'aller en mission humanitaire.

Jean-Benoît : Ah oui ? Où ?

Moi : Vraiment loin… (Vite, vite, changeons de sujet !) Oh ! Je vais tellement m'ennuyer de ma famille ! De ma sœur, Aurélie ! Oh !

Jean-Benoît : Qu'est-ce que tu vas faire ?

Moi : De ma sœur ? Ah, elle va rester ici, car vu qu'elle

n'a pas atteint le même niveau… spirituel que moi, elle n'a pas grand intérêt pour les missions humanitaires.
Jean-Benoît : Ça ne me surprend pas d'elle, elle est tellement…
Moi : Hey ! C'est ma sœur !
Jean-Benoît : Désolé, c'est juste qu'elle est tellement bizarre…
OK. Je ne rêve pas. Le mot « bizarre » était chargé de dégoût. Oui, de dégoût. Et là, j'ai littéralement pété un plomb.
Moi : Écoute, je ne crois pas que je peux sortir avec quelqu'un qui déteste ma sœur. Je vais profiter du fait que je pars en voyage pour te dire… adieu.

Aveu (top secret) : J'aurais aimé que Jean-Benoît tripe sur moi. Sur moi « moi ». Dès le début. Avant que je m'invente une jumelle. Il aurait été mon genre de mec. Bon, OK, pour être honnête, pas tout à fait. Nous n'avons pas grand-chose en commun. Pourtant, j'aimais l'embrasser et j'aimais être avec lui. Il me faisait rire. C'est vrai que mon radar, niveau mecs, est un peu déficient. Et quant à ma façon d'agir avec eux, je n'ai même pas assez de mots pour décrire toutes les dysfonctions.

14 h 13
Je rentre chez moi, découragée.
Ma mère me voit et me pose exactement (et j'exagère à peine) trois mille six cents questions.
Je finis par lui dire que je suis légèrement dérangée du cerveau. Et je lui avoue pourquoi. Je lui raconte que je me suis inventé une sœur jumelle. Et que je ne suis pas très fière de moi. Que j'avais envie d'être quelqu'un d'autre, juste pour changer de personnalité. Mais que cette personnalité a fini par m'étouffer. Et que, finale-

ment, je détestais quelqu'un qui n'existait même pas. Et j'ajoute que je viens de mettre un terme à cette situation qui durait depuis quelques semaines.
Ma mère éclate de rire. Je croyais qu'elle allait s'étouffer pendant que moi, j'étais là à la regarder, mais on dirait que plus je reste impassible, plus ça la fait rire.
Après avoir repris son souffle, elle réplique simplement :
– Simone-Sandrine ? Mais pourquoi ce prénom ?
Moi : Je cherchais un beau prénom. Simone m'est venu en premier, à cause de grand-maman Laflamme, je pense. Ensuite je me suis dit que je ne pouvais pas faire honte à son prénom en l'utilisant pour un mensonge, alors j'ai pensé à Sandrine… Mais je les ai répétés l'un après l'autre trop vite, sans réfléchir, et pour ne pas avoir l'air folle, j'ai fait croire que c'était un prénom composé.
Ma mère rit encore. Ce qui ajoute à ma vexation. Je lui en fais part. Elle s'excuse. Puis elle ajoute :
– Tu sais quoi ? J'aime bien, Simone et Sandrine. Et même si j'ai beaucoup d'affection pour ta grand-mère, j'ai un faible pour Sandrine. Tu serais d'accord pour ce prénom pour ta sœur ?
Moi : Hum-hum…
Ma mère : Sandrine Blais, ça sonne bien, non ?
Moi : C'est vrai que c'est beau et que ça sonne bien, mais… j'ai juste, disons, un petit malaise.
Ma mère : Lequel ?
Moi : Tu t'imagines, quand elle va demander d'où vient son prénom, ce qu'on sera obligées de lui raconter ?
Ma mère rit encore.
Moi : Ça n'a pas l'air de trop te déranger que je passe pour une folle.
Ma mère : Je trouve que ça fait une bonne anecdote !
Moi : Oui, mais… tu ne trouves pas que, par rapport à

ce garçon, c'est une humiliation sans borne ? Si jamais il le découvre…

Ma mère : C'est quelque chose qu'on fait quand on est jeune.

Moi : Rentrer après le couvre-feu pour tester la limite de nos parents, c'est quelque chose qu'on fait quand on est jeune. Feindre la schizophrénie… ce n'est pas, disons, un passage obligé.

Ma mère : Une fois, en voyage, j'ai déjà fait croire à quelqu'un que j'étais une actrice célèbre au Québec. C'est vraiment débile. Mais bon, ça arrive. Et j'avais vingt ans ! Un peu avant que je rencontre ton père. Pas très mature… Ce n'est pas la fin du monde ! Qu'est-ce que tu veux que je te dise ? C'est peut-être de famille.

Moi : Maman, je ne voudrais surtout pas t'insulter avec mon commentaire, mais… des fois, je trouve que tu t'énerves pour rien, genre ménage, et des fois, tu ne t'énerves pas assez pour des choses vraiment importantes, genre (je fais les guillemets avec mes doigts) « ta fille se fait passer pour sa propre jumelle ».

Ma mère : Eh oui, c'est la vie.

Définition de la vie, selon ma mère : Faire parfois des choses dont on n'est pas fier. (C'est honteux sur le coup, mais après, tout le monde apprécie l'anecdote.)

Samedi 10 mai

Tommy n'arrête pas de me parler de Charlène (lui qui est censé ne pas aimer me parler de ces choses-là). Et en plus, il tripe sur son scooter.

Alors, je le vois un peu moins. Car ces sujets de conversation m'ennuient profondément.

Je préfère être avec Kat, même si elle est amoureuse et que, dans ces moments-là, elle n'est pas tout à fait elle-même (au moins, elle se déplace d'un endroit à l'autre de façon sûre). Mais je dois admettre qu'avec Jérémie elle n'agit pas de la même façon qu'elle agissait avec ses autres copains. Elle est différente. C'est-à-dire que, selon mon opinion, elle reste assez elle-même. Et Jérémie est plutôt cool (sauf quand il raconte des anecdotes de moi au primaire, ce qui peut s'avérer assez gênant quand cela met en scène de la peinture fraîche sur un banc et l'arrière de mon pantalon), mais bon, c'est mieux que de rester chez moi avec ma mère et François.

Kat m'annonce qu'elle étudiera les sciences humaines dans la même fac que moi. Elle vient de recevoir sa lettre, elle est acceptée. Je suis tellement contente ! J'en saute de joie. (Mon émotion de joie se transforme cependant en un vif questionnement sur les choix amoureux de mon amie lorsque Jérémie, alors que je saute dans les bras de Kat, me lance de faire attention à la peinture. Vraiment… rapport ?!)

Dimanche 11 mai

Fête des Mères.

J'ai voulu, à plusieurs occasions, me montrer utile en cette journée spéciale pour les mamans, mais j'ai un peu raté mon coup.

Premièrement, j'ai voulu lui apporter le petit déjeuner au lit. Mais le plateau n'était pas assez haut pour son ventre et il ne tenait pas sur le lit. Croyant qu'elle allait le renverser en le mettant en équilibre sur son ventre, ma mère a préféré aller manger dans la cuisine.

Ensuite, j'ai tenté d'aider ma mère à décorer la chambre de ma sœur, mais apparemment, chanter à tue-tête des chansons de Green Day avec un anglais approximatif n'est pas utile.

J'ai donc été démise de mes fonctions, et j'en ai profité pour appeler ma tante Loulou, qui organise la *baby shower*, et lui énumérer ce qui nous manquait afin d'élaborer une liste de cadeaux. Elle n'arrêtait pas de me demander : « Avez-vous ça ? Ah, et ça ? Et ça ? » et j'allais vérifier subtilement dans la chambre, ce qui a inspiré à ma mère le conseil suivant :

– Je crois que tu ferais mieux de me laisser travailler, Aurélie, on est un peu à l'étroit ici et tu me sembles agitée.

Me sentant complètement inutile, j'ai décidé d'appeler ma grand-mère.

Midi

Sur Skype avec ma grand-mère Laflamme.

Moi : Bonne fête des Mères, grand-maman d'amour que j'aime !!!!

Ma grand-mère est devant l'ordi, assise sur sa chaise à bascule. Elle a les cheveux remontés, porte un châle beige et… fume. Mais elle cache sa cigarette.

Moi : Grand-maman, tu sais que je peux te voir, hein ? Je te VOIS fumer. Tu as recommencé ? Tu vas m'arrêter ça tout de suite !

Ma grand-mère : Oups, j'avais oublié que tu pouvais me voir. Je ne te vois pas, moi !

Moi : Clique sur l'icône qui ressemble à une caméra.

12 h 10

(Après avoir réglé maints problèmes techniques. Et fait un long discours à ma grand-mère sur l'importance d'une bonne santé.)

Ma grand-mère : D'accord, d'accord… je vais arrêter.

Moi : Je pourrais retourner passer l'été avec toi, peut-être, pour te tenir compagnie.

Ma grand-mère : Arrête de t'inquiéter pour moi, ma belle. Je suis une adulte, je me débrouille seule depuis très longtemps.

Moi : Oui, mais tu fumes pour combler un vide ! Et tu fais des crises cardiaques ! Et moi, je t'abandonne !

Ma grand-mère : Mais où as-tu été chercher cette personnalité de tragédienne ? Chez ta mère ou chez ton père ? Parce que « m'abandonner », c'est un peu fort.

Moi : On dirait que plus je vieillis, plus ça passe vite, et j'ai de moins en moins de temps à consacrer aux gens que j'aime. Je voudrais tout faire et je n'y arrive pas.

Ma grand-mère : Ma belle, tu as un grand cœur, c'est gentil de vouloir t'occuper de tout le monde, mais il va

falloir que tu arrêtes de te trouver des excuses pour ne pas vivre ta vie de femme.
Moi : De femme ?
Ma grand-mère : Oui, c'est ce que tu deviens, non ?

12h15
Merde, je viens de prendre un coup de vieux.

À ajouter dans ma liste de résolutions : Développer une opinion positive sur les mots « femme » et « adulte ».

12h30
Ma mère m'envoie un texto. Je suis contente qu'elle n'ait plus l'énergie de crier d'une pièce à l'autre et que ma proposition d'utiliser la technologie moderne pour se parler ait été assimilée.

Texto de ma mère :
Finalement, j'aurais besoin de toi pour déplacer un meuble.

12h32
J'arrive dans la chambre et ma mère fredonne, sans doute sans s'en rendre compte, la chanson de Green Day que je chantais tout à l'heure. Je souris et je commence à chanter moi aussi. Puis ma mère m'arrête :
– Aurélie… Ça m'énerve quand tu chantes. On fait ça silencieusement, OK, choupinette ? C'est la fête des Mères, j'ai droit à mes caprices.

Note à moi-même (à ajouter dans le dossier des résolutions mises à jour) : Tenter de ne pas développer une phobie par rapport à mon évolution personnelle vers la vie d'adulte en me basant sur certains comportements des modèles d'adultes qui m'entourent.

Note à moi-même n° 2 (à ajouter dans le dossier des résolutions mises à jour) : Carrément tenter de ne pas développer les comportements (incompréhensibles) des modèles d'adultes qui m'entourent.

Lundi 12 mai

Tommy est venu me chercher ce matin pour aller à l'école. À pied. Car, soi-disant, ça lui manquait d'aller à l'école avec moi et il aime mieux laisser son scooter à la maison si ça nous empêche de faire la route ensemble.
Il m'a demandé ce que j'avais contre son scooter. Ce n'est pas que j'en ai contre son scooter comme tel. C'est juste que je ne trouve pas ça très sûr.
Et bon, ce n'est pas parce que le mot « adulte » me fait peur que je n'ai pas envie d'arriver à en devenir une *un jour*. Une *vivante*, je veux dire. Et, avec ma chance légendaire, j'estime que mes chances de survie sur cet engin sont quasi nulles.
Je lui ai répondu que ce n'est pas parce qu'on est *amis* qu'on est obligés d'aimer les mêmes choses.

Pour éviter de ressentir ce que je ressens ces temps-ci à son égard, qui n'a totalement pas rapport avec une réalité

possible, juste avant qu'il arrive, je me suis imaginée dans un champ de papillons avec une mitraillette, comme dans le jeu vidéo *Metroid*. Je tirais sur tous les papillons qui croisaient ma route, comme s'il s'agissait de monstres dangereux. OK, j'avoue, violent. Mais c'est aussi assez violent d'avoir comme une boule qui appuie sur ton cœur chaque fois que tu vois ton meilleur ami. Ça contrevient à toutes les règles de l'amitié.
Tommy (en marchant) : Ça va ?
Est-ce que je suis amoureuse de Tommy ? Est-ce que ça va passer ? Je crois que, lorsque j'ai ouvert la porte ce matin et que je l'ai vu, c'est là que je l'ai senti, pour de vrai, pour la première fois, comme une confirmation. Mais je suis certaine que c'est une erreur de mon cerveau. Un genre de phénomène chimique inexplicable qui arrive à l'adolescence. Tout le monde le dit : nos hormones sont incontrôlables. Qu'est-ce que je peux faire contre des hormones, moi ? Est-ce que l'amour a peur du vide, et c'est pour ça que je remplirais ce vide par Tommy ? Parce que je n'ai personne d'autre ? Et parce que c'est bientôt le bal, que je n'ai personne pour m'accompagner et que mon cerveau va vers la facilité en s'arrêtant sur Tommy parce qu'il est le garçon que je côtoie le plus souvent ?
Image plus forte de la mitraillette. Je détruis mentalement tout le champ de papillons.
Moi : Euh… oui, pourquoi ?
Tommy : T'as l'air bizarre. Un peu à cran.
Moi : Ben non. Normale.
Tommy : OK. Tu peux me le dire si ça va pas. Je suis là, t'sais, même si j'ai une copine et tout.
Moi : Oui, je sais.
Tommy : Comment tu la trouves, Charlène ?
Bon. Encooooore une conversation sur Charlène ?! Argh.

Moi : Ah, je ne la cherche pas, hé hé, quand je la vois, elle est à côté de toi, hé hé !
Tommy : Débile ! Sérieux ?
Moi : Elle est super.
(Même si entre elle et une araignée, je préfère l'araignée.)
Tommy : C'est sûrement avec elle que je vais aller au bal.
Moi : Ah, cool.
Tommy : Toi ?
Moi : Ben t'sais, moi, tu me connais, hein ? Electron libre ! Je ne veux rien prévoir tout de suite, je me laisse aller au gré du vent…
Tommy : Vraiment pas !
Moi : Hey ! Arrête de douter ! Je n'ai besoin de personne dans la vie ! Personne !
Tommy : Mais si… t'as toujours besoin de moi.
Dans le champ, les papillons se sont rebellés. Ils ont élaboré contre moi un plan d'attaque très sophistiqué. Ils se sont regroupés et ont formé un attroupement autour de moi, et ils entrent un par un dans mon ventre.
Papillons : 1. Aurélie : *Game over*.

Mardi 13 mai

Est-ce qu'il y a un règlement, disons, social quand on rencontre un ex ? Une salutation d'usage ? La bise ? Un « Salut !!! » (plein de points d'exclamation dans

la voix) ? Un simple hochement de tête ? Est-ce que la manière dont on le salue lui permet de mesurer le degré de bons souvenirs qu'il nous reste de lui ? En dehors de l'école, bien sûr. Parce qu'à l'école, la règle d'usage que j'ai enregistrée est de sourire et/ou de hocher la tête, ce qui signifie « je-t'ai-vu-et-je-ne-t'en-veux-pas-assez-pour-te-snober ».
Je suis devant Iohann, dehors, et il s'est avancé si près de moi que je lui ai fait la bise.
La question que je me pose est la suivante : à partir du moment où on fait la bise à quelqu'un, on est un peu contraint de la faire toutes les fois suivantes, non ? Il faudra désormais toujours que je lui fasse la bise. Sinon, qu'est-ce qui justifie que je la fasse une fois et que je ne la fasse plus ? Bref, je regrette un peu mon geste.
Après mes deux bises, il me serre dans ses bras et m'invite à aller prendre un café. N'ayant rien à faire et voyant du coin de l'œil Tommy partir bras dessus, bras dessous avec Charlène, j'accepte l'invitation.

16h15
Ça fait longtemps que je ne lui ai pas parlé. On se voit à l'école, sans se voir vraiment (hormis ce fameux hochement de tête). Nous sommes dans deux mondes si différents. Lui, la bande de sportifs, assez populaires, qui parlent fort à la cafétéria, qui reçoivent tous les honneurs et qui attirent tous les regards. Moi, dans une bande d'amis qui ne suscitent pas d'attention. Nous ne sommes pas mieux l'un que l'autre, nous évoluons seulement dans des mondes parallèles, qui ne se croisent pas. Lorsque je suis sortie avec lui, j'avoue avoir été attirée par son monde. J'avais l'impression que lorsque tout le monde connaissait notre nom à l'école, on existait. Ça, c'était vraiment avant que je devienne mature. Parce que,

franchement, je ne me suis jamais sentie aussi invisible que dans cette bande. Pas parce que les gens étaient méchants avec moi, mais bien parce que nous ne partagions aucun intérêt, aucune valeur, aucun point commun. On me reconnaissait à l'école, mais je ne me reconnaissais plus, moi. Et même si Iohann était vraiment gentil, j'avais l'impression que, pour lui plaire, je devais entrer dans un moule qui ne me convenait pas. Nous ne nous sommes pas quittés en mauvais termes, mais comme nous avions peu de passions communes, nos routes ne se sont pas croisées souvent depuis. Malgré tout, le revoir me fait plaisir. Même si notre conversation s'arrêtera à nos nouvelles respectives.

Iohann : C'est fini avec Frédérique.

Moi : Et moi avec Nicolas.

Iohann : Ouais, j'ai appris.

Moi : Qu'est-ce qui s'est passé avec Frédérique ?

Iohann : On s'est quittés et remis ensemble souvent. Je ne sais pas… Chaque fois, c'est un peu la même chose. Mais cette fois, j'ai bien l'impression que c'est fini. Toi, avec Nicolas ?

Moi : Compliqué… il était mal à l'aise par rapport à ma relation avec Tommy. Et je n'ai pas su comment le gérer.

Iohann : Moi aussi, j'étais mal à l'aise avec ça.

Moi : Ah oui ?

Iohann : Vous êtes tellement, je ne sais pas… Il y a quelque chose entre vous.

Moi : Une grande amitié.

Iohann : Ou plus. Vous allez au bal ensemble ?

Moi : Non, il a une copine.

Nous changeons de sujet et continuons à discuter de choses et d'autres. Nous rions. Puis, en payant l'addition, juste avant de partir, il me dit :

– Hé, peut-être qu'on pourrait faire un genre de pacte

et aller au bal ensemble si on ne trouve personne d'autre ? Ça te tente ?
Moi : OK, bonne idée.
En se quittant, on s'est fait la bise.
Je ne crois pas que cette façon de saluer changera. Je le savais. Mais bof, il y a pire comme problème dans la vie ! Au moins, j'ai un cavalier possible pour le bal ! Ça m'enlèvera de la pression, et peut-être que mon cerveau arrêtera de me faire croire que je suis amoureuse de Tommy juste parce qu'il a peur que j'aille au bal sans cavalier.

Questionnement existentiel : Est-ce moi, ou c'est la pire invitation au bal de l'univers ???

Révélation : Je réalise que Iohann n'est pas vraiment le garçon avec qui j'aimerais passer la soirée. (Surtout qu'il a commencé à se mettre du parfum, et le parfum de mec, personnellement, ça ne me fait pas trop triper. Bon, ce n'est pas la *seule* raison, mais c'en est *une* parmi tant d'autres.)

Questionnement existentiel n° 2 : Est-il mieux d'aller au bal toute seule plutôt qu'avec quelqu'un dont on n'est pas vraiment proche ?

Révélation n° 2 : En tant que fille indépendante, je serais tentée de répondre sans hésitation « oui » au questionnement existentiel n° 2.

Note à moi-même : L'avantage de manquer d'enthousiasme face à une situation est que ton bonheur ne peut aller qu'en augmentant.

Mercredi 14 mai

Français.

M. Brière : Dans un mois et des poussières, vous aurez terminé le lycée. Pour bien vous défendre dans la vie, vous aurez besoin d'audace. Et voilà justement le sujet de votre prochain et dernier exposé oral de l'année. Travaillez bien. Je vous donne une semaine pour me prouver que, dans la vie, vous saurez vous démarquer, vous exprimer avec confiance pour faire valoir votre point de vue. Soyez audacieux !

Mathématiques.

Mme Tanguay : Vous n'êtes peut-être pas des « hyperboles » (clin d'œil, clin d'œil), alors pour réussir l'examen du ministère, je vous suggère de réviser tout votre manuel. Voici le calendrier de révision que je vous propose d'ici la fin de l'année…

Perm.

« Scratch, scratch, scratch », fait mon crayon, alors que je suis plongée dans tous les devoirs que j'ai à faire.

Histoire.

M. Létourneau : Cette année, nous avons fait un survol de l'histoire de toutes les civilisations. C'est dense, nous avons évidemment été obligés de passer rapidement sur certains aspects, mais j'espère que cette matière vous incitera à pousser votre réflexion sur l'actualité. C'est d'ailleurs à ça que j'aimerais que vous vous prépariez pour l'examen, de l'importance de l'histoire sur notre présent. N'apprenez pas des dates par cœur, car je vous laisserai utiliser vos manuels, je veux plutôt que vous révisiez vos notes en faisant des liens avec ce qui se passe dans le monde actuel. Comment nous avons appris du passé, et sur quel aspect nous devrions davantage apprendre du passé.

Éthique et culture religieuse.
M. Giguère : Je sais que vous en avez beaucoup sur les épaules avec les matières principales, donc ne vous inquiétez pas trop avec l'examen d'éthique et culture. En révisant vos notes et en utilisant votre bon sens sur ce que nous avons appris sur les diversités culturelles, vous devriez réussir votre examen. Comme travail final, je vous invite à m'écrire un texte sur la tolérance.

Note à moi-même : Je suis fière de mon cerveau. Peut-être qu'avoir un cavalier éventuel pour le bal est finalement bénéfique car 1) j'ai beaucoup de concentration, 2) je n'ai plus aucun souvenir de l'emploi du temps de Nicolas, et 3) je ne pense plus du tout à Tommy.

Jeudi 15 mai

Y a-t-il quelqu'un qui pourrait dire aux mères d'arrêter de nous humilier publiquement, s'il vous plaît ?
Comme je le sentais bien, après l'école, je suis allée faire plusieurs demandes d'emploi dans des restaurants et des boutiques.

Dans un des restaurants, le boss (un assez beau mec, la vingtaine) a décidé de me faire passer un entretien après que j'ai terminé de remplir le formulaire.

Il a lu mes réponses rapidement, puis il m'a avoué qu'ils étaient justement à la recherche d'une serveuse et que je tombais pile-poil. (Sincèrement, il n'a pas dit « pile-poil », c'est moi qui le dis à ma façon. S'il avait dit « pile-poil », je l'aurais trouvé franchement étrange.)

Nous nous sommes assis au fond du resto et il a commencé à me poser plein de questions. Je répondais très calmement. Mon avantage est que je n'ai pas trop envie de travailler dans un restaurant après mon expérience à la sandwicherie. Donc, je répondais aux questions de façon concise et détachée. Avec quand même beaucoup de politesse et un sourire (un peu forcé, mais j'étais quand même en entretien, je n'allais pas faire la tête et lui avouer que je déteste travailler dans un resto, simplement basé sur mon expérience de quelques semaines dans une sandwicherie, j'aurais l'air ridicule !).

Mais la conversation a bifurqué et je n'ai pas vu le temps

passer. Si bien que, à un moment donné, j'ai entendu derrière moi la voix de ma mère qui s'écriait :
– T'es là, toi ?!! Tu sais à quel point on s'inquiétait ?
Ma mère était dans l'embrasure de la porte du resto. Tout était calme, car à cette heure il n'y avait pas beaucoup de clients. Les quelques employés présents se sont tous retournés vers elle.
Ma mère a tendu la main à Martin Brassard, le mec qui me faisait passer l'entretien, en m'expliquant ensuite qu'elle avait parlé à Kat et qu'elle m'avait cherchée dans tous les endroits où je devais aller déposer mon CV, mais que là, puisque j'avais une heure de retard, elle s'inquiétait et craignait qu'il me soit arrivé quelque chose.
Pas besoin de dire que je voulais disparaître sous terre.
Peut-on m'expliquer pourquoi ma mère m'oblige à agir en personne responsable si elle me traite par la suite comme une petite fille de huit ans ?
Je regardais du coin de l'œil le visage de Martin, et je me suis dit que s'il m'engageait après avoir été témoin de ça, c'est qu'il était *vraiment* en manque de personnel.
Contrit, il a dit :
– Je m'excuse, madame, c'est moi qui ai retenu votre fille. Je crois qu'elle s'entendrait très bien avec notre équipe. Tu veux travailler pour nous, Aurélie ?
Ma mère : Biiiiiiiien ! Je te l'avais dit que quelqu'un te choisirait un jour !
Au. Secours.

Avoir une mère… c'est réellement un mal nécessaire.

Samedi 17 mai

Ma tante Loulou est dans un état d'agitation avancé. C'est normal, car elle organise la surprise pour ma mère et elle veut que tout soit parfait, que tout le monde arrive à l'heure. Elle semble partagée entre deux sentiments : l'excitation de faire une surprise à sa sœur, et l'incertitude de la réaction de ma mère face à sa surprise. Le problème, c'est que, dans la tradition des *baby showers*, une femme n'en a supposément droit qu'à une, au premier bébé. Ça, c'était moi. Mais ma tante a décidé de contourner cette règle en prétextant le fait que j'ai presque atteint ma majorité (bon, c'est dans un an et deux mois, mais j'ai été flattée qu'elle dise ça) et que, ma mère n'ayant plus rien, il faut qu'elle se rééquipe. Mais elle a peur que ma mère soit mal à l'aise ou quelque chose comme ça.

J'aide ma tante à préparer le buffet. Je regarde le gâteau. Une petite bonne femme avec un ventre rebondi est dessinée en glaçage, je trouve ça super mignon, et ça me rappelle le gâteau avec le visage d'Edward de *Twilight* que ma mère avait fait faire pour mon anniversaire.

Loulou : Elle sera contente, hein ?

Moi (en regardant toujours le gâteau) : Je ne sais pas, son sens de l'humour n'est pas à son meilleur ces temps-ci et elle se trouve grosse.

Loulou : Non, je parle de la *baby shower*…

Moi (en me collant contre ma tante) : Ben oui, tata ! T'en fais pas ! Elle n'est pas un monstre quand même, elle ne te sautera pas à la gorge ! Ha ha ha !
Loulou : Après la mort de ton père… Ça va si je te parle de ça ?
Moi : Oui… les gens s'en sont empêchés trop longtemps.
Loulou : Ma sœur… elle voulait vraiment un deuxième bébé. Ton père voulait attendre que leurs carrières soient plus stables. Après la mort de ton père, elle s'est dit que ce serait seulement elle et toi.
Je baisse les yeux.
Moi : Elle m'en a un peu parlé.
Loulou : Comment tu te sens, par rapport à ta nouvelle sœur ?
Voici la question qu'on m'a posée le plus souvent depuis que ma mère attend un bébé. J'ai préparé une réponse qui est celle-ci : « Je suis très excitée par cette belle aventure. » Et je souris.
J'ai appris, dans la vie, que quand quelqu'un pose une question, il ne s'attend pas nécessairement à la vérité. Si on demande : « Comment ça va ? », on s'attend à : « Bien, et toi ? », et non à : « J'avoue que la température m'affecte énormément ces temps-ci et je me sens un peu déprimée. J'essaie de retrouver mon humour grâce à beaucoup d'exercice et à une alimentation équilibrée. Et j'ai acheté des billets pour un spectacle comique. Je crois qu'avec ça je vais retrouver mon entrain. Et toi ? » Ou à la question : « Tu as bien dormi ? », on s'attend à : « Oui et toi ? », et non à : « J'avais beaucoup trop mangé la veille, ce qui fait que j'étais un peu ballonnée et que j'ai eu du mal à trouver le sommeil et une fois que j'y suis arrivée, mon sommeil était très agité et je me suis réveillée en sueur. Je me suis rendormie tant bien que mal, mais j'ai fait un cauchemar et je me suis réveillée

avec la certitude qu'un fantôme hantait mon armoire. Ensuite, je me suis rendormie et lorsque mon réveil a sonné, j'étais tellement fatiguée que j'ai snoozé, snoozé et snoozé en espérant qu'il y ait une catastrophe écologique pour pouvoir rester au lit toute la journée. »
C'est pour ça que, dans certains cas, les phrases toutes faites sont utiles. Je l'ai appris avec les années. Mais à ma tante, je décide de dire la vérité :
– Je t'avoue que j'ai des émotions partagées. Des fois je suis excitée, des fois, j'ai peur. J'ai peur que ma sœur ne m'aime pas. Ou, pire, que *je* ne l'aime pas.
Loulou : C'est normal. J'avais les mêmes sentiments quand j'étais enceinte. Ta mère doit vivre à peu près la même chose de son côté.
Moi : Ah oui ?
Loulou : Mais elle ne l'avoue pas. Parce qu'elle veut paraître forte.
Moi (avec un clin d'œil) : Je connais une autre fille comme ça.
Mon cousin William s'approche de nous et nous raconte deux blagues très connues. La première : « Pince-mi et Pince-moi sont dans un bateau, Pince-mi tombe à l'eau, qui est-ce qui reste ? » Et la deuxième : « C'est un mec qui veut rentrer dans la police. La police se pousse et le mec rentre dans le mur. » Je ne ris pas. Ma tante me donne un petit coup de coude dans les côtes et chuchote :
– Ris. Fais comme si c'était la première fois que tu entendais ces blagues hilarantes.
Décidément, j'ai beaucoup à apprendre sur l'art de socialiser avec les enfants. Il est vrai qu'en tant que baby-sitter, je fais parfois de petites erreurs. Par exemple, l'autre jour, j'ai dit spontanément à un enfant qui voulait devenir vétérinaire qu'il ne pourrait pas exercer ce métier

puisqu'il était allergique aux animaux. Sa mère m'en a voulu de « détruire son rêve ». Elle m'a signifié qu'elle ne m'engagerait plus comme baby-sitter. Je m'en veux un peu. C'est vrai qu'il s'en serait peut-être rendu compte par lui-même, par exemple vers vingt ans, lorsqu'il aurait eu besoin d'une injection de cortisone pour pouvoir terminer son stage clinique.

Il faut que je contrôle mes élans spontanés qui m'incitent à trop dire la vérité.

Je ris à la blague de William. Il est content. Et ma tante Loulou me lance un regard satisfait. Et je réalise que les mères veulent nous protéger d'un peu tout (et que parfois, comme quand la mienne est venue me chercher au restaurant, ça peut causer un certain embarras). Je me demande quel sera mon rôle en tant que grande sœur. Je pense que je voudrai protéger ma sœur, mais pas comme une mère. Je voudrai partager certaines vérités avec elle, aussi. Je crois que je lui révélerai, entre autres, que certaines blagues racontées depuis 1940 ne font plus rire personne, et je lui en apprendrai de plus récentes. Peut-être même qu'on en inventera ensemble ! Peut-être même qu'on pourra devenir un duo comique ! Bon, je m'égare.

Midi

Presque tout le monde est arrivé. Nous attendons ma mère. François l'a emmenée dans un spa pour se faire masser. Mes grands-parents Charbonneau sont arrivés avec un paquet fermé d'une grosse boucle rose. Ma grand-mère Laflamme est là aussi et elle a apporté une poubelle à couches. Elle nous a longuement remerciées, ma tante et moi, de lui permettre de faire partie de cette aventure. Les parents de François sont arrivés avec une chaise haute. Le frère et la sœur de François sont entrés en portant un tapis d'éveil. Des amis et collègues de ma mère et François ont apporté des vêtements, des tétines et plein d'autres cadeaux. Plein de peluches, de trucs roses et de choses tellement minuscules que j'avais juste envie de parler d'une voix aiguë en m'écriant « trop miiiiiiignon » à chaque nouveau paquet.

12h32

Ma mère est arrivée. Et elle regarde tout le monde, bouche bée. Ma tante me regarde, toute stressée. Elle semble se demander : « Contente, pas contente ? » Puis ma mère commence à pleurer. Ce qui augmente les doutes de ma tante.

Ma mère saute dans les bras de Loulou pour la remercier. Elle lui confie qu'elle est très émue, et ma tante lui fait part de ma (petite, selon moi) contribution.

14 heures

Je parle avec ma grand-mère Laflamme dans un coin du salon, et elle me raconte la *baby shower* de ma naissance. Me dit qu'à cette époque, la tradition des *baby showers*, c'était seulement entre femmes. Elle me raconte que Loulou l'avait oubliée et qu'elle l'a appelée à la dernière minute. Puis elle me raconte qu'entre elle et ma mère, à l'époque, ce n'était pas le grand amour. Ce que je savais déjà. (Les adultes, ça répète souvent les mêmes histoires.) Puis je lui dis que ce serait important pour moi que ma sœur la connaisse. Et qu'elle fasse partie de sa vie aussi. Et ma grand-mère se penche pour m'enlacer, mais Sybil interrompt son élan en lui sautant sur les genoux, un morceau de bolduc entortillé autour des pattes. Elle essaie de l'enlever comme une déchaînée, et nous éclatons de rire en la laissant se dépatouiller toute seule. Ensuite, mon grand-père et ma grand-mère Charbonneau arrivent, et je décide de les laisser parler entre eux et d'aller grignoter au buffet.

15 heures

Je regarde un peu tout le monde. Surtout ma mère. Et elle semble heureuse. Je m'approche d'elle et je passe un bras autour de sa taille. Puis, en caressant mon bras qui est autour d'elle, elle fait un discours aux invités pour les remercier. Au passage, elle dit à quel point je suis son soutien moral depuis longtemps, à quel point elle a confiance en la super grande sœur que je serai (je ne lui ai pas encore parlé de ma résolution à divulguer certaines vérités à ma sœur, mais la confiance qu'elle semble me porter me rassure sur ce nouveau rôle qui m'inquiète un peu…), et que chaque personne ici présente aura une grande importance dans la vie de sa fille.

23 h 45

Demain, si jamais on me demande si j'ai bien dormi, je ne répondrai pas que j'ai un peu trop mangé de choses différentes au buffet et que j'ai eu du mal à digérer. Que j'ai tourné longtemps avant de m'endormir. Que je n'ai pas trouvé le sommeil immédiatement en posant la tête sur mon oreiller parce que plusieurs pensées me traversaient l'esprit, concernant mon passé, mon présent et mon avenir. Sur le stress que ça me procurait. Je ne dirai pas que je transpirais et que je n'arrêtais pas d'aller aux toilettes toutes les deux secondes même si je n'avais pas envie. Je ne parlerai pas de ma difficulté à faire face aux changements ni de ma facilité à m'adapter après coup. Je dirai simplement que j'ai bien dormi. Même si c'est vrai seulement à trente pour cent, le pourcentage de sommeil réel que j'aurai sans doute, mais dont je ne peux parler parce que, quand on dort, on ne sait pas si on dort bien ou pas. On sait seulement qu'on dort, point final. Je ne le raconterai pas, parce que ça n'intéresse personne. Je répondrai simplement : « J'ai bien dormi. »

Dimanche 18 mai

Comme il fait beau, j'ai décidé d'aller faire mes devoirs au parc. J'aperçois Nicolas, au loin, qui fait du skate. Il est plus loin, avec des amis, et je ne crois pas qu'il m'a vue. Je regarde dans sa direction en pensant que j'ai si souvent souhaité que ça se soit passé autrement avec lui. Qu'il soit moins prompt à tirer des conclusions si hâtives. Ou à considérer que c'est terminé entre nous. Ou à jouer avec mon cœur. Si on n'avait pas cassé, aujourd'hui, on serait peut-être ensemble au parc et il me dirait… Bon, ça ne sert à rien de penser à ce qu'il me dirait, car toutes les citations qui me viennent en tête sont des trucs que j'ai lus dans des livres ou vus dans des films. Il ne me dirait rien de ce genre, car j'ai tendance à un peu trop m'imaginer des phrases romantiques comme celles qui proviennent de personnages fictifs, mais les garçons dans la vraie vie ne parlent pas vraiment comme ça, car ils trouvent ça ringard.

14 h 10

Je mange du raisin que ma mère a mis dans un sachet pour moi, tout en observant Nicolas. Je crois que si nous étions au parc ensemble, il me dirait probablement de ne pas avoir peur des araignées, car il trouvait ma peur démesurée.

Je sors subitement de mes pensées lorsque j'entends :

– Hé ! Simone-Sandrine ?

Ah, merde. Jean-Benoît…

Moi : Non. Aurélie… Ma sœur est partie pour son truc humanitaire… Elle t'en a parlé, il me semble.

Jean-Benoît : Je peux m'asseoir ?

Je fais signe que oui.

Il prend un grain de raisin sans m'en demander la permission. Et il souffle :

– Elle me manque.

Je détourne le regard et je lance :

– Pas moi.

Il se lève et déclare :

– T'as toujours été bizarre, toi !

Moi : Ouais.

Jean-Benoît : En tout cas, tu la salueras de ma part si tu la vois.

J'acquiesce et il s'en va.

14h12

Je regarde Nicolas faire du skate et je trouve ses mouvements très fluides. Je l'observe, et j'ai cette impression, soudain, qu'il fait désormais vraiment partie de mon passé.

14h15

En mangeant mon raisin compulsivement, je réfléchis.

Il fait beau. C'est le printemps. Tout se termine bientôt.

(Et je ne parle pas de ma grappe de raisin ni de la vie en général, mais bien de l'école et/ou de mon adolescence.)

Autant avant je comptais les jours, autant maintenant je n'ai plus hâte de terminer le lycée.
C'est étrange, je n'ai jamais aimé l'école. D'aussi loin que je me souvienne, me lever le matin pour aller écouter des profs radoter a toujours été pénible. Pour le nombre minime de choses intéressantes que j'apprenais, je devais me soumettre à un nombre infini de choses ennuyeuses. Pourtant, je dois faire un aveu. À moi-même. Et au reste de la planète. (Mais ça va être davantage pour moi-même, car j'imagine que le reste de la planète s'en fout un peu et, bien honnêtement, je n'ai pas vraiment de moyen de diffusion à grande échelle pour cette nouvelle totalement inintéressante.) Terminer le lycée me terrorise. J'ai peur de ce qui vient après. Peur de ne plus jamais voir mes amis. Ou peur que notre amitié se transforme. Que nos intérêts communs diminuent jusqu'à s'effriter complètement. Que le fait que nous allions dans des écoles différentes, dans des filières différentes nous sépare peu à peu. Que nos conversations deviennent complètement vides. Déjà, quand Kat me parle d'équitation, je tente de suivre du mieux que je peux, mais j'en perds des bouts. Quand JF me parle de politique, je m'y intéresse juste assez pour savoir à quel moment il serait pertinent de hocher la tête. Et quand Tommy me parle de l'expansion de l'industrie des jeux vidéo, j'entends sans réellement comprendre ce qu'il me dit, qui est souvent un peu trop technique pour ma capacité de concentration sur le sujet.
J'ai peur d'être un peu trop livrée à moi-même dans un monde où je n'ai pas ma place, car je ne sais pas du tout ce que je veux faire et alors, après mes études, même si c'est un domaine que j'ai choisi, de me retrouver devant rien. Devant un vide total. Pour le reste de ma vie.

Bon, je sais. J'exagère toujours. Mais est-ce que j'exagère vraiment ? Combien de personnes sont heureuses de leur sort, vraiment ? Alors qu'au lycée, on a une vie protégée, où seuls nos notes et l'examen final comptent. Et notre vie sociale un peu, aussi. Bon, OK, c'est déjà beaucoup. Même ma mère, le week-end, n'a pas tant de travail que moi, et elle se plaint qu'elle travaille trop. Ça m'énerve grave, honnêtement, de la voir en train de lire un livre qui l'intéresse, pas un livre imposé par quelqu'un, et de se plaindre qu'elle travaille trop, qu'elle voudrait avoir plus de temps pour elle, alors que je suis (exemple) en train de faire un devoir de maths, ce qui ne me tente pas du tout, car je déteste les maths. C'est pire lorsqu'elle me dit : « Profite de ta vie actuelle, car quand tu auras mon âge, tu ne pourras plus, tu auras trop de responsabilités. » Cette vie me fait peur. Si j'angoisse en ce moment à l'école parce que j'ai trop de devoirs et tout, qu'est-ce qui m'attend dans cette vie dont parle ma mère ?
Alors, oui, finir le lycée me terrorise. Car je ne sais pas ce qui m'attend. J'aimerais pouvoir avoir une échographie de ma future vie. Et en connaître les détails. Pour pouvoir prévoir et m'organiser en fonction de ce qui arrive.

Je rêve secrètement d'une vie parfaite, presque magique (comme pense Tommy), qui serait pleine de rebondissements conduisant à un happy end, comme dans les films ou dans les livres, qui ne serait qu'un état de grâce d'un bout à l'autre, de ma naissance à ma mort, et dans laquelle j'accomplirais à la perfection ce qu'on attend d'un être humain ou, plutôt, ce qu'on attend de moi précisément. Je rêve d'atteindre le parfait équilibre entre le plaisir et la réussite. Je rêve, mais je doute. Je doute de pouvoir arriver à cette perfection, car ma vie est déjà imparfaite. Et qu'elle compte déjà plusieurs chagrins et plusieurs échecs. Je doute parce que je suis souvent perdue, perplexe, sensible et révoltée, et surtout impuissante et indécise devant toutes les possibilités qui s'offrent à moi. Et qu'au lieu d'aller de l'avant, j'aimerais simplement arrêter, rester là, et savoir ce qui m'attend, seulement pour connaître la route à emprunter.

Mais il se peut que cette tendance à vouloir demeurer immobile ou à rester accrochée à des choses de mon passé soit simplement un signe qui démontre bien ma peur de faire un saut dans l'avenir.

Je me demande quelle adulte je deviendrai. Est-ce que j'aurai toujours envie de boire avec des pailles ? Est-ce que je tuerai d'énormes araignées ? Est-ce que je trouverai toujours mille et une excuses pour éviter de prendre mes responsabilités ?

Lorsque je regarderai derrière moi, est-ce que je serai fière ou est-ce que j'aurai des regrets ?

Je me sens tranquillement changer de peau, comme si j'étais propulsée, malgré moi, vers un avenir que je ne suis pas prête à affronter.

Lundi 19 mai

Constat : Un lundi, c'est très peu productif, côté « études » et « motivation ». (À noter que je mets la faute sur le « lundi » et non sur « moi ».)

Mardi 20 mai

Constat : Un lendemain de lundi, communément appelé mardi, c'est très peu productif, côté « études » et « motivation ». (À noter que je mets la faute sur « le lendemain du lundi » et non sur « moi ».)

Mercredi 21 mai

Il reste à peine un mois de cours. Il faut que je me motive. Je ne peux plus me défiler. Ni procrastiner. Des fois, quand je regarde en arrière, je me demande comment j'ai fait pour arriver en première en même temps que tout le monde. Pendant mes années d'études, j'ai été un genre de pendule oscillant constamment entre passer du temps à étudier et succomber à l'envie de me consacrer à énormément de glande.

À l'agenda : Être globalement plus concentrée pour atteindre un niveau de réussite inégalé et avoir ainsi plus de temps libre. Et non : avoir des temps libres qu'on tente de combler par de l'étude, mais pendant lesquels on finit par faire tout sauf ce qu'on a à faire (particulièrement être aspirée par le vortex dangereux de la zombification par le biais d'Internet).

Jeudi 22 mai

Tout à l'heure, François m'a dit :
– Aurélie, tu manges trop de Nutella. Tu devrais te calmer un peu.
Je regardais la télé, j'avais le pot de Nutella sur les genoux et j'en mangeais à la cuillère, chose que, selon moi, dans la situation dans laquelle je me trouve (que je ne peux même pas encore m'expliquer moi-même), c'est-à-dire penser-trop-souvent-à-son-meilleur-ami, toute personne normalement constituée ferait.

Je me suis dit que si c'était sa seule remarque à mon égard, c'est que je ne devais pas être si mal que ça. Car j'imagine que si j'étais du genre à faire les quatre cents coups, on ne me reprocherait pas d'être assise sur le canapé en train de regarder une émission en mangeant du Nutella. On s'en réjouirait. Alors, mon avis est qu'on critique toujours les gens à hauteur de ce qu'ils sont. Et puisque je ne suis pas si mal que ça, on me reproche ma surconsommation de Nutella.

Je me suis tournée vers lui et je lui ai dit en souriant :
– Merci. Moi aussi, je t'aime.

Il a semblé surpris, puis il a souri. Il est allé se chercher une cuillère et il s'est pris une bouchée. Alors je me suis interposée :

– Beeeeeeeerk ! C'est mon pot ! Mets pas ta salive dedans !

Il a ri et nous avons fait de l'escrime de cuillère pour nous battre pour le pot de Nutella.

(**Parenthèse :** Faire les quatre cents coups signifie vivre sans respect pour la morale établie. Je me demande si on peut dire la même chose de quelqu'un qui a fait dix-neuf coups ou cent quatre-vingt-dix-huit ? Je sais, c'est une référence historique et bla-bla, mais il y a plein d'expressions comme ça que je trouve un peu désuètes. Et je crois que je vais me mettre à jour au niveau des expressions et en utiliser d'autres plus modernes, histoire de ne pas devenir précocement ringarde, même si j'atteins un niveau de maturité inégalé depuis quelque temps.)

19h12

François referme le pot en prétextant que c'est assez si on ne veut pas faire partie des statistiques concernant l'augmentation du surpoids dans les familles nord-américaines.
Puis me vient en tête toute une série de flash-back le mettant en scène. De ma première rencontre avec lui jusqu'au jour où j'ai décidé de vivre avec la certitude qu'il était diabolique. C'était un peu trop lourd pour que je continue dans cette voie. À l'époque où je croyais qu'il était le diable réincarné, j'aurais traduit sa dernière pensée par : « Il parle de famille vivant des problèmes de surpoids, il pense que je suis sur le point d'y être, il est vraiment machiavélique ! » Heureusement, j'ai changé depuis. Quoiqu'en ce moment, si j'ai pensé à ça, c'est que j'ai eu le réflexe de me dire que s'il voulait m'enlever

le pot de Nutella, c'est que sa personnalité comprend forcément des aspects diaboliques.
J'avoue également que lorsque j'ai appris que ma mère était enceinte, j'ai pensé que le cadeau qu'il m'avait fait (mon téléphone portable) était pour me préparer à une vie d'esclavage. Comme s'il me faisait ce cadeau pour que je sois toujours à leur portée en cas de besoin.
Mais heureusement, à l'aube de mes dix-sept ans, ma maturité fait en sorte que ces pensées soient vite balayées de mon esprit.
Moi : J'ai déjà pensé que t'étais diabolique.
François : Ah oui ? Tu as pensé ça pour de vrai ?
Moi : Le diable incarné.
François : Rien que ça !
Moi : J'étais jeune à l'époque...
François : Oui, il y a deux ans, t'étais *vraiment* jeune ! J'allais le dire !
Je ris et je lui donne un autre coup de cuillère pour récupérer mon pot.
Moi : J'avais peur que tu fasses de la peine à ma mère. Et à moi.
François : Je comprends...
Moi : Je ne devais pas être évidente avec toi.
François : Il n'y a pas de mode d'emploi pour savoir comment faire, avec ce que ta mère et toi avez vécu. J'ai juste essayé d'être patient.
Moi : Est-ce que je peux te dire quelque chose, même si c'est vraiment débile ?
François : Vas-y.
Moi : Quand tu vas avoir ton vrai enfant, je ne sais pas trop comment dire ça, mais... j'ai peur... de ne plus trop avoir de place, genre.
François sourit et me rassure :
– Tu auras toujours la place que tu veux ici.

Moi : Je peux tout de suite te dire que ce n'est pas une place d'esclave !
François : J'espère bien ! Avec toutes les affaires que tu laisses traîner, je suis désolé de te dire ça, mais tu es une mauvaise esclave !
Moi : Hey ! Je le savais que t'étais diabolique, tu insultes mes talents d'esclave ! HA HA HA HA HA HA !!!!
François : Ma p'tite esclave, je vais te montrer comment le diable est plus habile que toi pour s'emparer du Nutella ! HA HA HA HA !
Il plante sa cuillère dans le pot, fait quelques mouvements pour me pousser et s'empare du contenant qui, comme s'il prenait vie, tourbillonne autour de sa cuillère et fait un vol plané jusqu'à l'autre bout du salon. En entendant ce bruit, Sybil se réveille et se précipite vers le pot échoué par terre pour commencer à manger ce qu'on lui refuse toujours. Elle semble se régaler. Et François et moi, toujours aussi morts de rire, décidons que nous avons atteint la satiété (et/ou que nous n'avons pas trop envie de partager avec Sybil). Et, bien que Sybil semble aussi passionnée que nous par cet aliment, nous le lui enlevons, nous souvenant du règlement de ma mère de ne pas trop donner de vraie nourriture à la chatte, car ce n'est pas bon pour elle. Et nous jetons ce qu'il reste dans la poubelle.

P-S : J'espère de tout cœur que l'inventeur du Nutella a gagné un prix pour son invention. Sinon, il s'agit d'une injustice impardonnable.

vendredi 23 mai

7h51

À : Janik Tremblay
De : Aurélie Laflamme
Objet : Lis ça, stp !

Salut ! C'est mon premier jour de travail au resto demain, mais on annonce du super beau temps, on pourrait faire un pique-nique avant ! Dis ouiiii ! Ce serait super fun !!! Pourrais-tu lire mon poème d'éthique et culture et me dire ce que t'en penses, s'il te plaît ? Même si ce n'est pas pour le cours de français, c'est le premier poème que j'écris depuis que Brière m'a enlevé toute espèce d'inspiration. Et je suis un peu stressée…

Poème sur l'intolérance
Par Aurélie Laflamme
Travail de fin d'année sur l'intolérance
présenté à Hugo Giguère
Éthique et culture religieuse

Qui est celui qui peut se croire supérieur ?
Sommes-nous si différents ?
Pour que ce monde soit meilleur
Il faudrait s'aimer malgré nos différends.
Ne sommes-nous pas égaux ?

À mes yeux, tous les êtres sont beaux
Pourquoi devenir rivaux ?
À notre façon, nous sommes tous des marginaux.

Un peu partout, on n'accepte pas
Les êtres qui ne plaisent pas,
On cherche à les détruire
Mais pourquoi les punir ?

Jamais il n'a rien fait
Celui qu'injustement on blesse,
Mais il sera lui aussi toujours prêt
À en rejeter d'autres, qu'il déteste.
C'est ainsi qu'une hiérarchie s'installe
Éternelle sera notre souffrance
Si nous n'arrivons pas, dans un monde idéal,
À réaliser que, devant la haine, nous sommes tous sans
[défense.

Merci ! À plus !
Laf
xxxxxxx

8h1

À : Janik Tremblay
De : Aurélie Laflamme
Objet : Oups

Bonjour Janik,
Je suis désolée d'avoir paru familière… Je me suis trompée de destinataire pour mon dernier courriel. Je me sens très, très mal à l'aise, je m'excuse vraiment… Je n'ose imaginer

la tête que tu as dû faire quand tu as lu ma proposition de pique-nique suivie du poème... Je voulais envoyer ce message à mon ami Tommy (qui m'appelle toujours « Laf », d'où ma signature) et je ne sais pas, peut-être que vu que ton nom de famille est Tremblay, ton nom s'est écrit automatiquement (Tremblay, Tommy...) et je n'ai pas vérifié. En tout cas, je ne te ferai pas perdre ta journée avec des théories informatiques, je m'explique mal (sauf pour la théorie du « T ») ce qui a pu arriver.
Bref, j'espère que tu me pardonneras.
Aussi, j'avais une question. Bon, c'est à titre informatif (évidemment, si je pose une question, c'est à titre informatif, c'est stupide de le préciser), mais je me demandais (juste comme ça) comment s'était déroulé le stage avec l'autre étudiant. Pas que je regrette d'être partie en voyage avec ma mère, au contraire, c'était magnifique, la plage et tout, mais bref, je me demandais si on pouvait se dire qu'on recommencerait l'année prochaine. Je vais étudier en communication, option lettres, alors bref, je serai peut-être encore plus qualifiée pour un stage.
Bon, bref, il se trouve que je propose ça. Il ne faudrait pas croire que j'ai fait exprès de t'envoyer un courriel par erreur pour te proposer mes services comme stagiaire pour l'année prochaine, car je me sens très mal pour le premier envoi, j'ai seulement profité du fait que je devais t'écrire des excuses pour proposer ça comme ça.
J'espère que tout va bien au magazine !
À bientôt,
Aurélie

P-S : Félicitations pour votre « Spécial bal », il m'a grandement éclairée sur plusieurs aspects.

PP-S : Je n'ai pas encore trouvé une robe aussi belle que celle du numéro spécial !

P.P.P.-S. : « Brière » est mon prof de français, j'ai juste oublié le « monsieur ». Je ne suis pas du genre à manquer de respect envers mes, disons, aînés.

À l'agenda : Supprimer Janik Tremblay de mes contacts. Au plus vite.

Note à moi-même : Ne pas oublier de mettre des comprimés de doliprane dans mon sac aujourd'hui pour soulager la migraine que me causera mon envie répétée de me cogner la tête contre chaque mur que je croiserai.

Samedi 24 mai

Aujourd'hui, c'était une journée assez mouvementée ! Tout d'abord, c'était mon premier jour de travail au resto. J'ai commencé par trois heures, durant lesquelles on m'a montré les rudiments du métier.

Lorsque j'ai versé de l'eau dans le verre de mon premier client, j'en ai renversé dans la corbeille à pain.

Alors Carla, la boss, m'a plutôt confié la caisse. J'ai fait payer une cliente. Elle a payé avec une carte, et aussitôt qu'elle a appuyé sur « OK » après avoir fait son code, je lui ai souhaité une bonne journée et elle est partie… avant que je réalise que la transaction n'était pas terminée

et qu'elle avait fait une erreur dans son code. Un montant de 11,47 dollars qui sera déduit de ma paye.
Carla m'a donc affectée au bar, au ménage du bar plus précisément, puisque je n'ai pas l'âge de « toucher » à l'alcool.
Je me suis donc retrouvée par terre, à nettoyer le sol collant du bar, à ramasser les bouts de verre cassé (sûrement là depuis des siècles), à entendre la voix de ma mère, dans ma tête, par rapport au ménage, qui me répète sans cesse : « Tu es douée pour le ménage », comme si je n'étais douée que pour la tâche que je déteste le plus au monde. Mais bon, j'ai nettoyé en pensant à ce que je pourrai m'acheter avec ma paye, en espérant ne pas faire trop d'erreurs dont le coût devra en être soustrait, évidemment.
À la fin de mes trois heures de travail, Carla m'a dit qu'elle me remettrait au service la prochaine fois, que j'étais probablement nerveuse et que je ferais sûrement des efforts après avoir nettoyé le dessous du bar, car ça ne me tentera pas d'y retourner.
Je mets en doute ses compétences en gestion d'employés, mais je m'abstiens de tout commentaire. Premièrement, par respect de l'autorité. Deuxièmement, parce que je ne suis pas pourvue d'un sens de la répartie qui me permettrait de répondre quelque chose qui me ferait passer pour plus intelligente, et que j'ai été suffisamment maladroite en une seule et même journée pour ne pas avoir envie d'en rajouter.

15 h 30

Bon… je suis frisée comme un mouton, maintenant (avec l'impression que les gens me lancent des regards étranges dans la rue, et que j'entends leurs pensées qui me soufflent télépathiquement : « Bêêêêê, bêêêêêê ! »).

Après mon travail, j'avais rendez-vous chez le coiffeur. Suggestion de ma mère (et de *Miss Magazine*) : essayer une coiffure avant le bal pour ne pas avoir de surprise le jour même.
Je suis partie en disant « oh merci, c'est beau », mais je pensais tout le contraire. Je n'ai pas osé l'avouer au coiffeur, car ayant moi-même eu une dure journée au travail, je me suis dit que c'était peut-être la même chose pour lui. Peut-être qu'il était en chagrin d'amour. Peut-être qu'il a toujours rêvé d'être coiffeur et que personne ne croyait en lui. Peut-être que tout le monde le rejetait à l'école parce qu'il voulait devenir coiffeur et que si j'avais fait un commentaire, tout ce passé d'écorché serait remonté à la surface et que ça l'aurait fait tomber en dépression. Je ne pouvais me permettre d'avoir une telle responsabilité.
Je suis donc sortie du salon frisée comme un mouton (« bêêêêê, bêêêêêê ! »).

15 h 32

Au lieu de rentrer directement chez moi, je me dirige chez Kat. Elle m'a envoyé un texto pour que j'aille les rejoindre. Elle est avec Jérémie et JF. Et elle a quelque chose à fêter : elle sera monitrice au camp d'équitation ! Elle se sent super excitée ! (Et je ne pouvais pas lui répondre que je n'irais pas chez elle pour cause de coiffure moche, ça n'aurait pas été très amical de ma part et ça aurait pu être perçu comme de l'égocentrisme, limite narcissisme.)

15 h 35

J'arrive chez Kat.
Quand ils me voient, ils éclatent de rire. Sauf JF. Celui-ci lance :

– Ça s'arrange facilement. Passe ta main dans tes cheveux, ils vont descendre et les boucles vont s'assouplir.
Je commence à passer ma main dans mes cheveux, puis ma main reste prise dans une boucle qui a formé un nœud.
Jérémie éclate de rire.
Puis il s'exclame :
– Oh mon Dieu ! Ne vous demandez pas pourquoi elle nous faisait autant rire au primaire ! Elle était toujours comme ça ! Ça a empiré après la mort de son père, mais là, on ne riait plus, car elle faisait trop pitié.
Ouch. Coup au cœur. Je viens de perdre tous mes moyens. Tout le monde (sauf Jérémie) arrête de rire. JF se lève. Kat lui fait signe de se taire. Et elle lâche :
– Jérémie, toi et moi, c'est fini. Je ne veux plus te voir. Au' est ma meilleure amie et tu viens de briser le code… d'honneur !
Jérémie tente de répliquer, mais Kat ne veut rien savoir. Honteux, il s'en va. Je lui fais « bye-bye » avec ma main toujours prise dans mes cheveux.

15h47

JF : Code… d'honneur ? Kat, c'est quoi cette histoire ?
Kat : Je ne sais pas ! J'étais tellement fâchée que j'ai sorti ça comme ça. Je voulais dire que ça ne se fait pas de dire ça à la meilleure amie de sa copine ! Franchement !
Elle éclate de rire nerveusement.
Je m'approche d'elle pour la serrer dans mes bras, mais je n'arrive pas à compléter mon étreinte, ma main étant toujours coincée dans mes cheveux. On rit.
Moi : C'est la première fois que je te vois faire quelque chose comme ça avec un garçon avec qui tu sors.
Kat : Ben… il était temps !

Dimanche 25 mai

Chez Kat.

Elle et moi faisons des devoirs en écoutant de la musique et en parlant.

Kat m'avoue qu'elle est tout de même triste par rapport à Jérémie. Pourtant, ça ne ressemble pas à un chagrin d'amour comme celui qu'elle a eu pour Truch ou même pour Emmerick.

Kat : Je ne sais pas trop, j'évolue. Ou j'ai confiance. T'sais, ce n'était pas comme avec Truch. C'était comme un amour qui se développait. Tranquillement. Je l'aimais, je pense. Dommage…

Au moment où j'allais lui parler de la chute considérable de mon talent en français parce que je n'ose puiser dans mes émotions à cause de mon prof qui bloque complètement toute ma créativité, on entend Julyanne crier et claquer la porte de sa chambre. Puis elle arrive dans la chambre de Kat et déclare :

– Vraiment, je ne sais pas ce que vous trouvez aux garçons. Je viens de quitter mon copain, il m'énervait trop ! Je n'en veux plus jamais ! BERK !!!!

Puis elle s'en va.

Kat et moi, on se regarde, un peu bouche bée. Et on éclate de rire.

Moi : Elle est peut-être plus forte que nous par rapport

aux garçons. Tant mieux pour elle. C'est peut-être générationnel ?
Kat : Elle n'est pas plus forte que nous, elle n'a simplement jamais été amoureuse. On en a quand même fait du chemin depuis nos premiers chagrins d'amour !

Elle a raison. Je suis fière de ce que nous sommes devenues. De notre émancipation. Julyanne devra parcourir le même chemin que nous. Et elle y arrivera. Comme nous, elle deviendra peut-être une jeune femme belle, indépendante, vibrante… J'ai fait part à Kat de cette réflexion, mais elle m'a simplement coupée en disant que je parlais comme une pub de shampoing.

Lundi 26 mai

En ce moment, tout ce qu'on entend à l'école, c'est : « Ha ha ha ! C'est drôle, ça, on va mettre ça dans le *Bye-Bye* de fin d'année ! »
Comme si tout le monde avait déjà du détachement par rapport au lycée, et que tout le monde était prêt à passer à autre chose.

Pour ma part, je suis totalement stressée à cause de mon exposé oral en français. Je me mets beaucoup de pression.

Je voudrais être audacieuse. Tellement que mon prof se dirait qu'il s'est trompé sur moi.
À l'heure du déjeuner, je décide d'aller travailler dehors. Mais il n'y a rien à faire, je n'arrive pas à me concentrer sur autre chose que ma colère envers mon prof qui a ridiculisé tous mes devoirs.
J'essaie de me concentrer sur mon exposé oral, mais je suis dérangée par toutes sortes de bruits ambiants : élèves déjà en mode « estival », guitares, travaux dans la rue devant l'école… Il y a même un couple qui écoute de la musique sans écouteurs ! Et ils dansent ! Bande de tribaux !
Oh mon Dieu ! Je viens vraiment de traiter (dans ma tête, mais quand même) des gens de « tribaux »… D'où ça vient, ça ???
Ça vient que ça m'énerve quand je ne peux pas me concentrer parce que personne ne respecte les règles du civisme !

À la fin du lycée, j'aurais envie de m'exiler au fin fond des bois. Mais pour ce projet, il faudrait que 1) j'apprenne à conduire, 2) je passe mon permis de conduire, 3) j'apprenne à vivre en paix avec la nature, 4) j'apprenne à Sybil à se défendre contre des prédateurs potentiels, 5) j'apprenne à me défendre contre des prédateurs potentiels, 6) j'apprenne à utiliser une boussole et 7) je ne me sente pas épuisée à la perspective de tout ce que j'ai à faire pour organiser mon exil.

Mardi 27 mai

Retour à la case départ. Nous sommes tous les quatre célibataires. Tommy nous a annoncé ce midi que lui et Charlène, c'est terminé, sans nous donner trop de détails. Mais Kat a entendu dire que Tommy aurait quitté Charlène, de façon un peu cavalière, par texto. Elle l'a confronté à ce sujet et il a simplement répondu :
– Les filles, ça raconte n'importe quoi ! Je l'ai quittée, et ensuite elle m'a envoyé un texto et je lui ai juste réaffirmé que c'était fini.
Je ne peux nier que ça me fait plaisir.
JF baisse la tête, sûrement parce que ça lui rappelle sa rupture avec Vince, et dit :
– C'est un peu nase que tu ne lui aies pas expliqué pourquoi.
Tommy : Il n'y a pas vraiment de raison.
Moi : C'étaient les problèmes de peau, hein ? Cachés sous le maquillage, comme je l'avais deviné ?
Tommy : Oh, t'arrêtes avec ça ?!
Kat : Ben, c'était quoi le problème ?
Tommy : C'était juste que… Oh non, vous allez trouver ça con.
Kat : Ben non, dis-le, qu'on comprenne ce qui se passe dans la tête des mecs !!
Tommy : Ben, je n'étais pas vraiment amoureux, et vu

que vous êtes tous célibataires, ça ne me tentait pas d'être le seul avec une copine au bal.
Kat : Quoi ??? T'as cassé pour ça ??? Les mecs, c'est vraiment des cons ! (Elle lui lance un morceau de pain.)
Moi : Bon, bon, bon, laisse-le tranquille ! Il ne l'aimait pas, on ne va pas l'obliger à sortir avec une fille qu'il n'aime pas juste parce qu'il est généreux de donner une chance à des gens qui n'ont pas été dotés de beauté sans la nécessité d'artifices…
Tommy : Laf ! T'arrêtes ça, s'il te plaît ? Merci. J'avais envie qu'on soit en bande. Je suis solidaire, c'est tout.
Moi : J'avais quand même mon plan B : y aller avec Iohann si on n'avait pas d'autres possibilités.
Tommy : C'est quoi le trip ?
Moi : Ben… c'est mieux que rien.
Kat : Je dois vous avouer que… j'ai le même plan avec Truch.
JF : Quoi ??? Je pensais que c'était moi, ton plan B ?
Kat : Truch est mon plan C !
Tommy : Vous préférez accompagner un mec que vous n'aimez pas plutôt que d'aller au bal avec vos amis ? Ben moi non plus, je ne comprends rien aux filles !
JF : On se calme, on se calme. Il n'y aura pas de plan B, C, D, E, F ! On va y aller en bande et puis c'est tout !
Moi : Ah… je vous aime.
Tommy me lance le morceau de pain que Kat lui avait jeté, et je le lui relance.

12h45

Je prends des livres dans mon casier. Kat me rejoint.
Kat : Dire son opinion à quelqu'un de peur de le perdre, c'est difficile. Je pense que j'ai réussi avec Jérémie. Je suis passée à une autre étape et, finalement, ce n'est pas si mal. Je suis fière de moi. Mais ne pas avouer ses

sentiments de peur que l'autre personne nous rejette, c'est la même chose.
Moi : Hein ? Rapport ? De quoi tu parles ?
Kat : Pense à ça.

mercredi 28 mai

– Tu possèdes mon cœur, et nous ne serons jamais séparés…
« Avec toi, je vais toujours tout partager…
« Parce que lorsque le soleil brille, nous brillons ensemble…
« Comme je te l'ai déjà dit…
« Je serai toujours ici…
« T'ai-je déjà dit que je serai toujours ton amie ?
« J'ai donné ma parole, et je la tiendrai jusqu'à la fin…

Je suis devant la classe, en français, débitant le début de mon exposé oral et je suis très nerveuse.
M. Brière me coupe :
– Tu t'es trompée de cours, Aurélie ? J'avais demandé un exposé sur l'audace.
Moi : Attendez, je n'ai pas fini.
Je continue :
– Tu peux venir sous mon parapluie-apluie-apluie-ay-ay-ay-a-apluie…

Tout le monde rit et certaines personnes commencent à chuchoter. D'autres, qui ont réalisé que j'ai traduit la chanson *Umbrella*, de Rihanna, commencent à la fredonner.
M. Brière : C'est une blague ?
Moi : Non. En fait, ça fait partie de mon exposé, monsieur Brière. J'ai décidé de réciter en français la chanson *Umbrella*.
M. Brière : Je ne comprends pas.
Moi (lisant mes notes) : C'est une chanson qui a été très populaire à cause de son... audace !
M. Brière : Bon, écoute, quand tu seras sérieuse, tu reviendras faire ton exposé. En attendant, laisse la place à quelqu'un de préparé.
Moi : Je suis préparée ! Ce qui est aussi, disons, audacieux dans la chanson, c'est de proposer à quelqu'un de venir sous son parapluie. C'est une image forte. Parce que, dans le contexte de la chanson, c'est un peu comme une déclaration d'amour. Comme de dire qu'on sera toujours là pour l'autre, pour... le protéger des intempéries. Et... faire une déclaration d'amour, waouh, ça, c'est vraiment audacieux. Ce n'est pas donné à tout le monde... et il faut (je regarde mon prof) être en contact avec ses sentiments...
Il me regarde.
Je continue :
– Parfois, les chansons pop ont l'air de rien, mais nous poussent comme ça à réfléchir et... (je regarde mon prof) être en phase avec nos sentiments.
M. Brière : Les chansons pop manquent de substance et de subtilité. Tout comme toi en ce moment, d'ailleurs. Je vous souhaite à tous, dans votre vie, d'aller plus loin que ce qu'on attend de vous, ce que tu n'as pas fait aujourd'hui. Aurélie, tu as zéro à ton exposé oral.

Rumeurs dans la classe.
Moi : Selon vous, les six cent mille personnes qui ont aimé cette chanson et moi sommes à côté de la plaque ? Moi, je dis au contraire que tout est une question de goût et de perception. Et que cette année, dans votre cours, votre opinion a toujours été influencée par la mauvaise perception que vous aviez de moi. Vous et moi ne sommes jamais d'accord sur rien ! Le mois dernier, j'ai tellement aimé l'exposé d'Audrey que j'en étais jalouse ! Et vous l'avez démoli ! Elle a fait quelque chose de parfait et vous l'avez ridiculisée devant tout le monde. On a chacun son opinion ! J'ai voulu parler d'audace en traduisant cette chanson, que vous n'aimez visiblement pas, ce qui est une deuxième preuve d'audace de ma part.
M. Brière : La popularité d'une chanson n'est pas un signe de bon goût.
Moi : Vous me faites réfléchir. Vous avez raison. Vous m'avez convaincue ! Mon Dieu, qu'elle est nulle, cette chanson ! Qu'est-ce qui m'a pris de l'aimer ? Maintenant, je n'aimerai que les chansons qui méritent d'être aimées. Merci beaucoup de me guider vers le droit chemin. Monsieur, vous m'avez sauvée ! Merci.
M. Brière : Tu n'as pas fait le travail demandé. Une recherche sur l'audace. Retourne t'asseoir.
Moi : J'ai fait exactement ce que vous avez demandé. Je fais un exposé sur l'audace. Et je vais plus loin que ce que vous me demandez. Car j'ai en plus été capable d'argumenter avec vous.
Je plie ma feuille en quatre et conclus :
– Voici ce qu'est pour moi l'audace.
Audrey Villeneuve commence à applaudir. Suivie par quelques autres personnes seulement, et ça s'estompe très rapidement. Tout le monde se sent un peu mal à l'aise. Mais ça m'est égal. Je déteste ce prof. Il a fait naître en

moi des émotions que je n'aime pas. Et il méritait que je lui tienne tête.
M. Brière : Tu as zéro. Et en passant, malgré ce que tu penses, j'aime bien la chanson *Umbrella*. C'est ton exposé que je n'aime pas.

16 heures
Aïe. Je suis en retenue. Et j'ai honte. Je ne sais pas s'il m'est déjà arrivé d'être aussi bouche bée dans ma vie.

Note à moi-même (tenter de m'en souvenir éternellement) : Le sens de la répartie et moi, ça fait deux. À l'avenir, éviter toute tentative de communication avec les gens qui se croient intellectuellement supérieurs. Leur lacune en matière d'autocritique et leur appréciation de leurs propres monologues les rendent inaptes à écouter les arguments des gens qui, comme moi, ont un cerveau ayant la capacité de se mettre en mode « écureuil ».

Note à moi-même n° 2 : Cet exposé était tellement meilleur dans ma tête !

Note à moi-même n° 3 : J'ai des neurones d'écureuil. Et la subtilité d'un tracteur.

Jeudi 29 mai

Gros, gros problème avec mon exposé oral d'hier sur l'audace. L'effet positif que je croyais tirer du fait d'avoir tenu tête à un prof ne s'est pas avéré. Et je le regrette. Si j'étais dans la comédie musicale *Glee*, revisiter une chanson populaire aurait été un triomphe. Si j'avais été dans un film américain, mon prof en aurait tiré une leçon et il m'aurait mis 20/20. Mais on est dans ma vie, et les choses ne se passent pas comme ça. Pas avec M. Brière, en tout cas. Il n'a pas aimé du tout, et il ne veut pas me donner une note plus élevée. Hier soir, ma mère l'a appelé. Même François a essayé. Il est catégorique. Il ne changera rien. Et aujourd'hui, quand j'ai voulu me battre pour avoir une meilleure note, il m'a répondu qu'il trouvait que je n'avais pas assez travaillé et que j'étais « intellectuellement paresseuse ». En gros, que je n'utilisais jamais mon plein potentiel et qu'il me souhaitait, dans ma vie, de pousser plus loin mes réflexions et de prendre des chemins inattendus. (À mon sens, c'est ce que j'ai fait toute l'année, mais il ne semble pas d'accord.) Le problème avec ma note, c'est que même si j'ai 20 à mon examen final, je ne validerai pas le français. Je lui ai souligné ce détail et il m'a rétorqué qu'il ne tenait qu'à moi de changer les choses. Je suis repartie un peu confuse.

Malgré toute cette humiliation, Audrey Villeneuve est venue me voir aujourd'hui et m'a dit que lorsque j'ai parlé d'elle hier, elle a été très touchée et m'a avoué qu'elle a toujours pensé que je la détestais. Qu'elle me craignait. (Elle, elle me craignait ?) Et qu'elle était émue que je prenne ainsi sa défense. Je lui ai alors avoué que j'enviais son assurance (j'ai seulement dit « assurance » car je ne voulais pas trop en dire, car sinon, j'aurais dit « look, cheveux, photos de voyage » et plein d'autres trucs, mais bon, je ne voulais pas exagérer non plus...), et nous nous sommes serrées dans nos bras. Lorsque Kat m'a vue parler avec elle, elle m'a rappelé (une fois seules) qu'elle était ma *meilleure* amie.

16 h 34

Après l'école, je marche avec Tommy, la tête baissée, le cœur gros. J'ai voulu essayer quelque chose, et j'ai raté. Le pire, c'est que j'ai voulu être originale, mais j'admets que j'ai peut-être un mini-petit-peu été paresseuse. J'ai réellement pensé que je faisais un exposé sur l'audace en faisant preuve d'audace. La ligne est mince entre l'originalité et la facilité...

16 h 46

Pendant qu'on marche, Tommy me caresse le dos, et chaque mouvement de sa main sur moi me fait frissonner. Il me demande :

– Qu'est-ce qui t'a pris, au juste ? Pourquoi tu n'as pas fait un exposé oral normal ?

Moi : Je ne sais pas... Honnêtement, ça rendait mieux dans ma tête qu'en vrai.

Tommy (en riant) : *Umbrella* ! T'es complètement folle ! Ha ha ha ha ha ha !!!!

Moi : Mais… j'ai raison… c'est dur… d'avouer à quelqu'un qu'on l'aime. J'ai voulu faire mon exposé là-dessus, mais je n'ai pas pu finir.
Tommy : T'as raison, je trouve.
Moi : C'est vrai ?
Tommy : Oui. Mais ce n'était peut-être juste pas le bon endroit pour parler de ça ! Ha ha ha ! Quand je te dis que tu crois encore aux licornes !

Soudain, une grande confusion s'empare de moi. Et je me dis que je me dois d'être honnête avec lui.
Moi : Tommy, j'ai quelque chose à te dire… T'sais, il y a quelques mois, je t'avais demandé de ne pas sortir avec Audrey, même si tu tripais sur elle.
Tommy : Je te jure que je n'ai pas…
Moi : Non, je sais… mais en fait, c'était vraiment égoïste de ma part de te demander ça.
Tommy : Mais non, tu ne l'aimes pas, on est amis, ça va.
Étrangement, le mot « amis » me fait mal pour la première fois depuis que je le connais. Parce que je suis amoureuse de lui. Et que je voudrais qu'il m'aime aussi. Mais comme ce n'est pas le cas…
Moi : L'autre jour, Audrey est venue me voir et je crois qu'elle tripe sur toi.
Tommy : Qu'est-ce qui te fait croire ça ?
Moi : Elle me l'a confié. Elle voudrait aller au bal avec toi…
Tommy : Ah…
A-t-il dit « Ah… », « Ah ? » ou « Ah ! » ? Je ne sais pas… C'est subtil, les interjections.
Moi : Je voulais te dire d'y aller. Tu tripais sur elle, et je n'ai pas à t'empêcher de vivre ton grand amour. Et

comme tu n'es plus avec Charlène, c'est peut-être ta chance. Et… c'est une fille vraiment bien, au fond.
Tommy s'arrête et me regarde. Je le regarde. Il se tait. Je me tais aussi. Puis il demande :
– Tu voudrais que j'aille au bal avec elle ?
Moi : Ce que je veux dire, c'est… fais ce que tu veux.
Tommy : OK…

20 h 30

Dans ma chambre. Plongée dans mes devoirs.
Ma mère vient me voir. Elle me demande ce que j'ai et je lui reparle de mon exposé oral semi-rebelle raté et de la conversation que j'ai tenté d'avoir avec mon prof.
Elle me dit que, parfois, il faut faire un pas en arrière pour faire un pas en avant.
Ce que je considère comme une phrase moralisatrice d'adulte qui ne signifie rien, et qui entre par une oreille pour sortir par l'autre.
Je confie à ma mère que, souvent, je me sens nulle dans mon cerveau. Que j'ai l'impression d'être un hamster qui court dans sa roue sans être capable de suivre le rythme.
Ma mère : Tu es tellement intelligente ! Ne t'en fais pas avec ça ! Je ne suis pas inquiète pour toi.
Moi : J'ai une certaine forme d'intelligence, mais ma forme d'intelligence ne fonctionne pas avec le système général.
Ma mère : Tu sais, des fois, je range quelque chose et j'oublie où je l'ai rangé.
Moi : Moi aussi ! Mais c'est quoi le rapport ?
Ma mère : C'est pour dire qu'on a tous un côté « nouille ». Ça doit être dans tes gènes.
Elle rit.
Moi : Donc, c'est ta faute ? HA !

Ma mère : Si on veut. Ou on peut dire que tout le monde est comme ça. On fait tous des erreurs. Mais tu as la qualité de le reconnaître. Ne t'en fais pas avec ça. Tu iras voir ton prof et, on ne sait jamais, il sera peut-être ouvert à faire quelque chose si tu lui répètes ce que tu viens de me dire.
Moi : Que je ne suis pas intelligente ou que je regrette mon exposé ?
Ma mère : Que tu n'es pas intelligente, voyons !
Je ris.
Ma mère : Que tu regrettes, peut-être. Lui as-tu dit ça quand tu as essayé de lui parler aujourd'hui ?
Moi : Non… j'ai juste parlé de mes notes.
Ma mère : Parle-lui du fait que tu juges que tu as fait une erreur. Tu as sincèrement cru que c'était une bonne idée sur le coup, et tu voulais peut-être le provoquer. Mais tu as peut-être pris un trop gros risque.
Moi : La honte…
Je touche le ventre de ma mère. Je réfléchis tout haut :
– Il y a des choses que je ne voudrais jamais que ma sœur vive.
Ma mère : Comme quoi ?
Moi : La tristesse, l'humiliation, la défaite, la perte de quelqu'un…
Ma mère : Tu sais ce que ma grand-mère me disait ?
Moi : Non.
Ma mère : Que les épreuves, c'est le bonheur qui prend de l'élan.
Moi : Ça, c'est vraiment une phrase de grand-mère !
Ma mère : On ne peut pas protéger les autres de tout. Sinon, on les étouffe. On peut seulement les guider un peu, de notre mieux. Ce que je tente de faire avec toi, avec succès, mais aussi avec échec.

Je trouve que ma mère fait des efforts surhumains pour avoir l'air compréhensive devant certains de mes comportements. Seul un subtil mouvement de sourcil trahit son désarroi. Mais il n'y a que moi qui puisse le percevoir, grâce à mon sens inouï de l'observation du mouvement des sourcils (je crois qu'elle aussi s'est exercée). J'apprécie cette délicatesse de sa part, car percevoir une once de découragement dans ses mouvements de sourcils ajouterait énormément à ma honte déjà persistante.

vendredi 30 mai

Le prof d'éthique et culture m'a demandé de venir le voir dans son bureau. Je m'y suis rendue à reculons, telle l'espèce de boulet que je sens que je suis depuis mon exposé oral.

J'entre dans le bureau, un peu stressée, me demandant ce que j'ai pu faire pour déranger le cours ou pensant que j'ai également raté mon travail final sur l'intolérance.

Je frappe discrètement.

Il me demande d'entrer et de m'asseoir.

M. Giguère : Je t'ai fait venir dans mon bureau pour te proposer quelque chose. Et aussi pour te parler du travail que tu as fait. J'ai beaucoup aimé ton poème. Mais bon, je dois t'avouer que je m'attendais à un texte un peu plus étoffé sur ce qu'on avait appris dans le cours. Je

m'attendais à un essai d'au moins cinq pages, avec des références culturelles.
Moi : Oh, désolée, je n'ai pas entendu cette partie-là des consignes du devoir… Je devais être dans la lune… Je rate toujours ce qu'on me demande… Je pense que je fais bien et, finalement, pouf, je me trompe. Je fais ça depuis le collège. Je suis désolée…
M. Giguère : En fait, j'aimerais savoir ce qui t'a fait choisir d'écrire un poème. Avant de te donner ta note, j'aimerais connaître ta démarche.
Moi : Je n'ai pas réfléchi. Ça fait des mois que je n'ai pas écrit un poème. Quand vous avez parlé d'intolérance, je pensais à plein de choses que j'avais vécues depuis que je vais à l'école, mais aussi à des choses à plus grande échelle, dans le monde. Et j'ai écrit ça… instinctivement, genre. Je peux recommencer…
M. Giguère : Je pensais te mettre 20/20.
Moi : 20 ? Je n'ai jamais eu 20 ! Mais… comment ?
M. Giguère : Parce que je pense que tu as compris l'essentiel du cours. Aussi, comme je te disais, j'ai quelque chose à te proposer. J'ai besoin de quelqu'un pour représenter le cours d'éthique et culture religieuse et pour faire un discours d'encouragement aux finissants. J'ai pensé à toi. Si ça te tente.
Moi : Moi ?
M. Giguère : Oui. Ça te tente ?
Moi : Je ne sais pas si j'en suis capable…
Il m'a demandé ce que j'avais. Il a affirmé que j'avais l'air préoccupée. Je lui ai parlé de mon exposé oral en français, le dernier du lycée. De ma façon de me comparer aux autres, surtout à Audrey… et de mon prof, M. Brière, qui m'a fait de la peine, cet automne, lorsqu'il m'a dit que ce que j'écrivais n'était pas incarné ou quelque chose

comme ça. Et que je ne pourrais jamais participer à des concours d'écriture à cause de ça.

M. Giguère : Et… ?

Moi : Et quoi ?

M. Giguère : C'est l'opinion d'une seule personne. Il ne possède pas la vérité. On n'est pas vraiment responsable de la manière dont on est perçu. L'intelligence n'est pas l'apanage des intellectuels. Tout le monde n'est pas comme ton prof de français. La preuve, j'ai beaucoup aimé ton poème sur l'intolérance. Bon, c'est tout simple, mais moi, j'aime bien.

Moi : Peut-être que, et je dis ça sans vouloir vous insulter, mais peut-être que vous n'avez pas l'œil pour lire la poésie et que vous aimez des choses… médiocres ?

Je n'ose lui parler de la chemise ultralaide qu'il porte en ce moment, et je détourne le regard de peur qu'il lise dans mes pensées.

M. Giguère : Il y a plusieurs façons de faire, et différentes personnes pour l'apprécier. Il n'aime pas ton style, tant pis. Tu ne vas pas t'empêcher d'écrire pour ça.

Je le regarde sans dire un mot. Il continue :

– Pour le discours, je te choisis, car j'aime ta façon de penser. Tu me sembles toujours positive. Ça représente bien le cours. Bon, tu n'es peut-être pas positive en ce moment, mais…

Moi : J'ai… je vous ai déjà remis un travail que j'avais fait pour mon cours de français. Je suis un peu paresseuse parfois, je prends des raccourcis. Je ne mérite pas d'être votre représentante.

C'est vrai. Au début de l'année, j'avais eu une mauvaise note en français et, comme ce travail pouvait convenir à ce que M. Giguère avait exigé comme devoir, j'avais simplement changé l'en-tête et je le lui avais remis.

M. Giguère : Tu as fait ça ?

Moi (honteuse) : Oui.
M. Giguère : Tu as eu une bonne note ?
Moi : En français, non. Mais avec vous, oui.
M. Giguère : Bon, écoute. C'est vrai que ce n'est pas tout à fait « éthique », ce que tu as fait. Et je ne te conseille pas de le refaire jusqu'à la fin de tes études. Mais je ne t'en tiens pas rigueur. D'accord ? Parce que ça prouve ce que j'essaie de t'expliquer.
Moi : Vous voulez vraiment que ce soit moi qui fasse un discours au *Bye-Bye* de fin d'année ?
M. Giguère : Oui.
Moi : Et vous me faites confiance ?
M. Giguère : Entièrement.
Moi : Et qu'est-ce que vous voulez ? Un discours ? Un poème ?
M. Giguère : Tu as carte blanche.

16h1

Après les cours, je marche avec Tommy. Il fait beau et il m'avoue qu'il aimerait bien que j'essaie juste une fois de faire un tour sur son scooter, qu'il ferait attention, etc. Je fais le fameux « hum-hum » compensatoire aux conversations qui ne m'inspirent aucune bonne réponse. Et il me lance, comme ça, que je résiste à trop de choses de peur de me faire mal.
Je ne tiens pas compte de ce jugement facile et lui fais part de mon excitation pour le discours que j'aurai à présenter au *Bye-Bye*. Mélange d'excitation et de stress, en fait. Tommy est vraiment content pour moi, et nous pensons ensemble à des idées de présentation.
Puis nous partons chacun dans ses pensées, et je brise le silence pour poser une question qui me brûle les lèvres. Avec un air faussement détaché, je demande :
– Et toi ?

Tommy : Et moi quoi ?
Moi : Ben, Audrey ? Tu l'as invitée au bal ?
Tommy : Ben… non.
Moi : Pourquoi ?
Tommy : Mais t'es fatigante avec ça ! On pourrait y aller en bande au lieu de devoir se trouver à tout prix quelqu'un qu'on ne connaît quasiment pas.
Moi : Ben, ce n'est pas « à tout prix ».
Je suis mal à l'aise maintenant quand je suis en présence de Tommy. Pas trop naturelle. Et même si j'essaie d'appliquer les techniques de respiration apprises pendant les cours de yoga, l'anxiété me gagne. (Le désir de plus en plus persistant de le toucher aussi.)
Sur la route jusque chez moi, je lui parle de plein de choses. Je ne saurais relater ce que je raconte. Des mots sortent de ma bouche sans que j'aie nécessairement quelque chose à dire. Rien de marquant dont je voudrais me rappeler dans cette conversation. J'utilise juste la fonction « parole » pour combler un vide, je pense.
Il m'écoute. Mais je vois dans ses yeux qu'il ne saisit pas trop ce que je dis. Je ne sais pas s'il comprend que tous les mots que j'utilise ne servent qu'à camoufler ceux que je suis effrayée de dire.

16h17

Nous arrivons chez moi. Je pose mon sac par terre. Tommy fait pareil. Je me dirige vers la cuisine pour trouver quelque chose à manger. En arrivant, je vois une araignée. La même qui était cachée depuis des semaines ? Je ne sais pas. Toujours est-il que, fidèle à mon habitude, je lance un MÉGACRI DE LA MORT !!!
Tommy accourt, croyant peut-être qu'un criminel se cachait dans un placard. Puis je le vois apparaître, armé d'une chaussure, et il regarde partout en l'air, les yeux

plissés, comme s'il cherchait… une araignée. Et une trop grande bouffée s'empare de moi et je ne peux plus me retenir. Je lance :
– Tommy, je t'aime.
Lui (en cherchant toujours l'araignée) : Relaxe, c'est juste une araignée, je ne te décroche pas non plus la lune. Elle est où ?
Moi : Tu ne comprends pas. Je t'aime. Je t'aime parce que tu accours en sachant que j'ai crié pour une araignée. Je t'aime parce que je ne peux pas m'empêcher de te parler tous les jours. J'aime quand tu parles. J'aime ta voix. J'aime quand tu joues de la musique. J'aime être collée contre toi. Tes cheveux m'énervent, mais bon, c'est juste des cheveux, hein…
Tommy : Mes cheveux t'énervent ?
Moi : Oui, ils sont souvent devant tes yeux. Et j'aime tes yeux. J'aime que tu sois toujours là pour moi.
Tommy : Tu es toujours là pour moi aussi, Laf. On est de bons amis.
Moi : Tommy… je crois que je t'aime plus que comme un ami. Je crois que je t'aime. Genre, pour de vrai.
Tommy reste silencieux. J'ai soudainement honte. J'en ai trop dit. Et je vais perdre mon ami pour toujours. Ça brisera notre amitié. Il y aura un malaise.
Moi : Scuse-moi… laisse tomber… ça doit être l'impulsion du moment. T'sais, les araignées, ça me chamboule vraiment… Ha ha ! Ce n'est pas grave. Oublie ça. Comme pour mes exposés, tout sonne toujours mieux dans ma tête. On revient comme avant. Ha ha ha !

Tommy est devant moi, la chaussure dans sa main. Il ne cherche plus l'araignée au plafond. Il me regarde, bouche bée.

Juin

Décrocher la lune

Lundi 2 juin

Je déteste attendre !

Quand c'est pour des toasts, c'est pire !

Je suis devant le grille-pain, et ce moment me semble interminable.

J'entends ma mère et François discuter et je plonge dans mes pensées pour éviter d'entendre ce qu'ils disent. Je n'aime pas trop lorsqu'ils ont l'air de se disputer. Chaque fois, j'ai l'impression que François partira. Et que je devrai vivre la tristesse infinie de le perdre. Et même s'il me dérange parfois, je ne peux imaginer qu'il ne fasse plus partie de ma vie. Bien sûr, il me l'a dit, dans un moment d'inquiétude où je lui en avais parlé, que même s'il arrivait quelque chose au couple qu'il forme avec ma mère, je pourrais toujours être dans sa vie si je le voulais. Il m'a aussi confié que la seule raison qui le retenait de proposer de m'adopter, c'est qu'il respectait la mémoire de mon père et ce qu'il représente pour moi (ce qui m'a tout de même touchée).

Je pense à toutes sortes de choses. Je pense à la vie qui change constamment, sans qu'on le réalise. Hier soir, j'ai surpris Julyanne sur un forum sur Internet, où elle discutait d'un truc très privé avec ses amies, et tout le monde pouvait voir les messages qu'elles échangeaient.

Une amie de Julyanne, Carol-Ann, venait de casser avec son copain. Le nouveau copain de Carol-Ann est entré dans la discussion en disant : « C'est moi, le veinard ! », et les amis qui avaient été témoins de leur première rencontre racontaient ce qu'ils avaient vu. Ensuite, l'ex qui, d'après ce que j'ai compris, sortait avec la fille au moment de sa rencontre formidable avec l'autre garçon, a exprimé sa déception. Ensuite, les amies de Carol-Ann (dont Julyanne) insultaient son ex pour qu'il quitte la discussion sur-le-champ, lui disant qu'il n'y était pas le bienvenu (alors que le forum est public).
Je suivais tout ça avec grand intérêt, comme si j'étais voyeuse et comme s'ils étaient exhibitionnistes. Puis je me suis dit que je ne comprenais rien aux élèves de sixième ! Il y a quelques mois, Julyanne a eu peur de perdre tous ses amis parce qu'une fille a voulu lancer une fausse rumeur à son sujet. Et là, ils sont toute une bande à discuter en public de la vie privée de l'une d'entre eux. Dans ma bande à moi, si l'un de nous avait partagé ce genre de secret, nous l'aurions trucidé. Si j'avais osé révéler quelque chose de secret sur Kat en public, elle m'aurait pardonné, bien sûr, mais ça lui aurait pris au moins… une semaine ! (Comme c'est déjà arrivé, hé hé !) Là, ça avait l'air normal de tout divulguer comme ça, sur la place publique.
Je n'arrête pas de penser au fameux baiser de Tommy devant MusiquePlus. Si ça s'était passé dans cette bande, quelles proportions tout ça aurait pris ? Et quelle honte j'aurais éprouvée à voir tout ça étalé partout, commenté par tout le monde !

Je me sens vieille.
À quelques jours des examens finaux, de mon bal, de la fin, je me sens comme si j'étais déjà passée à autre chose,

comme si je ne faisais plus partie du monde du lycée. Comme si je n'y comprenais déjà plus rien. Comme si les gens qui y sont entrés après moi avaient inventé de nouveaux codes qui ne me concernaient plus. Comme s'ils s'évertuaient à inventer un nouveau monde auquel je n'ai déjà plus accès, car on ne parle pas le même langage.
Il m'arrive parfois même d'avoir l'impression que tout est différent de ce par quoi je suis passée. Et pourtant, c'est la même chose. Les mêmes émotions, avec différentes technologies pour les exprimer.
J'aimerais rester à jour. Rester connectée à ce monde, celui du secondaire qui m'a paru si long, à cause de l'école, du travail qui était si difficile et qui n'en finissait pas. Mais en même temps, cette période était si courte et si belle, avec toutes ces rencontres déterminantes qui resteront gravées en moi pour le reste de ma vie.
Puisque j'ai du mal à comprendre ce que vit Julyanne, qui est plus jeune que moi de cinq ans, je me demande quel genre de relation j'aurai avec ma sœur, qui sera plus jeune que moi de dix-sept ans. Quelle sera sa perception de moi ? Me fera-t-elle confiance ? Me trouvera-t-elle trop vieille pour partager ses secrets avec moi ? Me trouvera-t-elle agaçante, comme il m'arrive parfois de trouver ma mère agaçante ? Me trouvera-t-elle démodée, rétrograde, dépassée, ennuyeuse, ringarde ?
J'ai hâte d'avoir fini le lycée. De commencer une nouvelle aventure, à la fac, avec les cours que j'ai choisis. Mais en même temps, j'ai un peu (beaucoup) le vertige devant plusieurs aspects inconnus qui m'attendent. De devoir me faire une nouvelle place, dans un endroit où je n'en ai aucune, alors que j'avais réussi à m'en faire une qui me plaisait bien ici. De me retrouver un peu dans le vide, alors que j'avais réussi à m'accrocher.

7 h 20

J'attends encore mon toast. C'est hyper long !
Je réitère le fait que je n'aime pas attendre le grille-pain. 1) C'est long et 2) ça laisse trop de place aux réflexions existentielles.

En soupirant, je regarde en l'air et mes pensées vagabondent vers Tommy et mon plafond maintenant libéré d'araignée.

Retour au vendredi 30 mai, 16 h 7

Tommy, devant moi, bouche bée à cause de ma déclaration.
Il s'est approché de moi et on s'est embrassés. C'était maladroit, un peu comme à la Saint-Valentin. J'avais tendance à vouloir regarder en haut, de peur que l'araignée descende sur moi. Il a aperçu l'araignée, a grimpé sur le comptoir et a écrasé la source de ma grande terreur. Puis il s'est assis sur le comptoir, a remis sa chaussure, est descendu en sautillant, m'a prise par la main et m'a dit qu'il voulait me montrer quelque chose.

Toujours vendredi 30 mai, 16 h 27

Le soleil était bas, entre le jaune et l'orange (peut-être pas, non plus, mais j'ai le droit de vouloir m'en souvenir comme ça). Ma main était dans celle de Tommy (ça, je m'en souviens très bien) et je n'avais pas hâte que nous arrivions où il voulait m'emmener parce que j'étais bien comme ça. Parce qu'il ne me prend jamais la main. C'était la première fois. Et je voulais rester là. Alors, on aurait pu marcher, marcher, marcher, que ça ne m'aurait pas dérangée (à part peut-être parce que j'avais beaucoup de devoirs, mais bon, détail, ça ne m'a pas trop effleuré l'esprit).

16h37

Nous sommes arrivés dans une ruelle, à quelques rues séparant ma maison de la sienne. Plein de questions me sont soudain venues en tête. Je me suis demandé pourquoi il m'avait emmenée ici. Nous n'étions jamais venus dans cette ruelle. Et il y avait plein de poubelles. Ça ne sentait pas très bon. (Et je ne serais pas surprise que ce soit un repaire d'araignées.)

Tommy a lâché ma main. Puis il s'est approché du mur. Et, parmi plusieurs dessins, graffitis, saletés, il m'a pointé quelque chose. J'ai vu « Aurélie, je t'aime ». Écrit en petit, sur plein d'autres tags. Je l'ai regardé. J'ai regardé ce qui était écrit. J'ai eu un vertige. Plusieurs idées se sont entremêlées dans ma tête. Le décor autour de moi m'a paru flou (ou c'est mon souvenir qui l'est). J'avais sûrement la bouche ouverte (c'est clair !). Je me suis efforcée de regarder Tommy, mais les seuls mots qui sont sortis de ma bouche (je m'en veux un peu après coup) :

– Mon message cosmique…

Il a ri.

Puis il a haussé les épaules et a déclaré :

– Depuis que j'ai emménagé ici, je suis amoureux de toi. C'est pour ça que j'ai voulu rester. Et c'est pour ça que j'ai voulu partir. Je savais que ce n'était pas la même chose pour toi, et c'est pour ça que je suis ton ami. Je t'attendais. J'attendais que tu sois prête. Ce que tu viens de me dire, ça me rend vraiment heureux. Même si j'ai du mal à croire que…

Il a baissé la tête. Je savais que la fin de sa phrase était « que tu n'aimes plus Nicolas », mais il ne l'a pas prononcée.

Je ne sais pas si, dans ma vie, Tommy m'a déjà dit autant de mots d'un coup. Habituellement, il est plus concis. Alors, cet aspect des choses, mêlé à la joie que j'avais du

mal à contenir, m'a donné envie de rire. Et j'ai éclaté de rire malgré moi.
Tommy : Hey ! Te moque pas ! Pas cool…
Mon rire s'est transformé en émotion. Et, presque les larmes aux yeux, je lui ai lancé :
– Tommy… je t'aime. Je m'en suis rendu compte récemment, je ne sais pas, mais…
Il m'a regardée, perplexe. Comme s'il attendait une suite à ce « mais ». Je ne sais pas quand c'est arrivé exactement. Le déclic. Il n'y en a peut-être pas eu. C'est arrivé tranquillement, mais j'ai compris. Je l'aime. Mais il est vrai que j'avais un doute (j'en ai peut-être encore un). Parce que ce qui me fait le plus peur là-dedans, c'est de le perdre. Mon meilleur ami. Car si jamais ça ne fonctionne pas, nous deux, est-ce que notre amitié pourra survivre ?
Tommy : … mais ?
Moi : Mais j'ai peur de te perdre… T'es mon meilleur ami. Depuis quelque temps, j'aimerais que tu sois plus. Mais je sais que ça peut détruire notre amitié.
Il n'a rien répondu et s'est approché tranquillement de moi, m'a regardée, comme s'il attendait ma permission. J'ai soutenu son regard. Et il a lancé :
– On ne s'empêchera pas de vivre pour ça.
C'est la simplicité même, mais il a raison. On ne peut s'empêcher de vivre quelque chose de peur que ça ne marche pas.
Sans le savoir, Tommy m'a toujours dit des choses qui m'ont marquée, qui ont fait que dès que je l'ai rencontré, je n'ai plus eu envie qu'il reparte de ma vie. (Bon, cela n'inclut pas toutes les débilités qu'il me dit tout le temps… Finalement, à bien y penser, il m'a dit très peu de choses marquantes. Juste deux ou trois. Bon, je n'ai pas tenu de réel décompte. Bref, pas important.)
Puis il s'est penché vers moi et m'a embrassée.

Et c'était différent de la première fois, quand, devant les fenêtres de MusiquePlus, je l'avais repoussé. Différent de la deuxième fois, cet hiver, quand tout était incertain. Différent de lorsque l'araignée cassait carrément l'ambiance.

C'était meilleur.

Meilleur que le chocolat, le Nutella, les M&M's, les Dragibus, les Lucky Charms. Meilleur que les mots passionnels clichés comme « dévorant », « affamé », « sauvage », « volcanique », « fusionnel ». Meilleur que *Twilight*, Robert Pattinson, l'intégrale de *Harry Potter*. Meilleur que toutes les chansons que je déteste sur le coup et que j'écoute ensuite en boucle pendant deux semaines. Meilleur que la phrase : « Et l'oscar est attribué à… » Meilleur que La Ronde et Disney World. Meilleur qu'une journée où tu reçois la meilleure des nouvelles. Meilleur que le chewing-gum au melon et une odeur d'assouplissant introuvable. Meilleur qu'avec Nicolas. Meilleur que je pensais…

Un cuisinier a surgi dans la ruelle par la porte arrière d'un restaurant pour sortir un sac-poubelle.

Tommy a arrêté de m'embrasser. Je suis restée dans ses bras. J'ai respiré son odeur. Je ne sentais plus les poubelles qui nous entouraient. Juste lui. Un mélange de sucré et d'épicé. J'ai mis mon nez dans son cou. Ça l'a chatouillé.

Moi : Je me sens nouille… J'aurais dû le savoir que c'était toi, le graffiti.

Tommy (avec un sourire) : Je te l'ai dit que tu croyais aux licornes. Espèce de nouille !

Meilleur que le mot « meilleur ».

Retour à aujourd'hui, 7 h 21

Je sursaute en entendant le bruit de mon toast qui est projeté hors du grille-pain.

Je sursaute une deuxième fois lorsque Sybil vient se frotter contre mon mollet.
Je sursaute ensuite lorsque ma mère s'exclame :
– Bah, qu'est-ce que tu fais là à regarder ton toast avec ce sourire béat ? Vite, mange ! Tu vas être en retard à l'école.

Conclusion : On ne gagne jamais contre un grille-pain.

Mardi 3 juin

J'arbore un sourire béat depuis quatre jours (et cette fois, je fais preuve d'un sens de la précision exemplaire).
Je suis assise au parc, avec Tommy. Nous ne parlons pas. Ma main est dans la sienne.
Je sens le vent doux et chaud sur ma peau. Une mèche de mes cheveux se balance au vent et chatouille ma joue. J'ai l'impression que tous mes sens sont en éveil.
Nous avions décidé d'annoncer la nouvelle à Kat et Jean-Félix ensemble. Ce week-end, nous sommes allés chez Kat et nous sommes arrivés main dans la main. Kat nous a observés avec des yeux exorbités et a crié : « Enfiiiiiiiiiiiin ! »

16 h 35

Tommy brise le silence (et me sort également de mes pensées et de mon expérience sensorielle) pour me demander :
– Tu veux aller au bal avec moi, Laf ?
Moi (taquine) : Moi ?! Tu m'invites, moi ? Tu n'aimerais pas mieux y aller avec quelqu'un de profond et intellectuellement supérieur ? T'sais, quelqu'un qui ne pense pas juste à sa robe de bal ?
Tommy : J'avais pensé inviter Einstein, mais il paraît qu'il n'est plus disponible. Il y avait une actrice de Hollywood qui me courait après aussi, mais j'ai été obligé de lui dire : « Laisse-moi tranquille, Natalie Portman ! Je sors avec Aurélie Laflamme, maintenant, alors nous deux, c'est impossible ! »
Moi (en riant) : Bien sûr que je veux aller au bal avec toi !
On se regarde et on sourit béatement. On s'embrasse. Il fait beau, il fait chaud. Je perds la notion du temps avant de la retrouver brusquement lorsque Tommy lance :
– Je ne sais pas si je devrais me faire couper les cheveux pour le bal. Ou mettre un bandeau. T'sais, vu que mes cheveux t'énervent...
Moi : Un bandeau ? Beeeeeeeeerk !
Tommy : Quoi ? C'est beau !
Moi : Zéro viril !
Tommy : Ça fait original, un bandeau sur un mec.
Moi : C'est vrai. Je pense que si tu te mets à fréquenter des hippies qui vivent en harmonie avec la terre, qui ne sont pas esclaves du temps et qui se foutent des diktats de la mode, tu seras un roi.
Tommy : Je me fous pas mal de la mode... Mais je suis complètement esclave du temps et vraiment pas hippie.

Et je veux avoir l'air viril. Ça penche définitivement du côté de la coupe de cheveux.
Moi : Ils sont bien, tes cheveux.

Note à moi-même : Je dois faire un aveu. Tommy m'a dit qu'il ne fallait pas qu'on s'empêche de vivre de peur de se perdre, mais j'ai du mal à me laisser aller complètement. Ou quand j'y arrive, comme en ce moment, on dirait que je me retiens de peur que ça s'arrête brusquement. Je sais que je suis amoureuse de lui, mais je suis, disons, sur mes gardes.

Note à moi-même n° 2 : Je sais, c'est débile. Peut-être que j'ai seulement du mal à faire la transition entre Tommy « mon ami » et Tommy « mon copain ». Ce serait logique, à cause de mes neurones lents et tout.

Note à moi-même n° 3 : « Pidou pidoum pidou pidou pidoum pidou pidou pidoum... » est l'onomatopée qui me vient en tête lorsque je regarde Tommy et que je laisse aller mes élans de bonheur. C'est différent de « Titilititiiii », mais la différence, c'est bien.

Note à moi-même n° 4 : Ouf ! Il va vraiment falloir que je travaille dur si je veux réussir mon année. Si la seule chose qui me vient en tête est « pidou pidoum », ça n'annonce rien de bon pour mes examens...

Mercredi 4 juin

Y a des matins comme ça, il pleut dehors (je précise « dehors », car « il pleut » pourrait être totalement métaphorique et vouloir exprimer mes sentiments intérieurs, mais dans ce cas-ci, ce n'est pas ça, il pleut vraiment dehors, alors que moi, je pète le feu), mais un message d'une grande sincérité vient mettre du soleil dans votre journée. (Ici, on comprend qu'il s'agit tout à fait d'une métaphore : il pleut dehors, je pète le feu, mais ce courriel ajoute à ma bonne humeur et la dirige vers un, disons, paroxysme, du genre explosion de sentiments positifs, car il est techniquement impossible de mettre du soleil comme tel dans une journée s'il n'y en a pas *vraiment* dans le ciel.)
Tout ça pour dire que lorsque j'ai lu mes courriels, j'en ai découvert un qui m'a remplie de joie.

De : Jérémie Verreault
À : Aurélie Laflamme
Objet : Maladroit

Salut Aurélie,
Je suis vraiment mal par rapport à cette situation où je t'ai visiblement fait beaucoup de peine avec mes propos. Je suis extrêmement gêné. Je tiens à m'excuser. C'était hypermaladroit de ma part. Le tout vient d'un grand

malaise… J'avais l'impression qu'on était assez proches pour que je puisse me permettre ces commentaires. Mais ça n'a pas rendu comme je voulais. Mais je comprends que j'aie pu réveiller de mauvais souvenirs. Je n'ai jamais voulu te blesser avec ces paroles. Tu n'es vraiment pas quelqu'un qui attire la pitié, au contraire. Et tu me fais rire, mais dans le bon sens. Et si, dans le passé, j'ai ri de toi de façon méchante, je m'en excuse. Je ne réalisais pas à l'époque ce que je faisais. Et ce que j'ai voulu dire maladroitement, c'est que nous l'avons tous probablement réalisé, malheureusement, à cause de ce que tu as vécu. C'était une grande maladresse de garçon gêné qui ne sait tout simplement pas comment parler aux filles qui ont vécu un grand drame.

Je suis mal, gêné, fâché, et j'ai honte de mon comportement.

J'espère pouvoir te recroiser un jour et repartir à zéro.

Jérémie

7h44

À : Jérémie Verreault
De : Aurélie Laflamme
Objet : Re : Maladroit

Oh, Jérémie !

Merci, merci !

Ton courriel me fait plaisir et suffit à me faire oublier cette anecdote !

Je ne t'en tiens aucunement rigueur, ne t'en fais pas, étant moi-même très timide, j'ai aussi un bon lot de maladresses à mon actif.)

Aurélie

xx

7h47

À : Aurélie Laflamme
De : Jérémie Verreault
Objet : Re : Re : Maladroit

Oh oh oh ! Ça me rassure. Je suis mal mal mal. Merci beaucoup !
xxx

7h52

À : Jérémie Verreault
De : Aurélie Laflamme
Objet : Re : Re : Re : Maladroit

On oublie ! Vraiment !
Merci pour ton mot !
C'est oublié et je te trouve sympathique.
Et pour la prochaine fois qu'on se parlera, voici des suggestions de sujets de conversation (ça peut aider des gens gênés de savoir de quoi discuter) :
– la série de films *Harry Potter* (culture) ;
– les catastrophes météorologiques (actualité/météo/couche d'ozone/apocalypse) ;
– l'utilisation moins fréquente de la tomate séchée et du basilic, deux ingrédients qui avaient pourtant la cote il y a quelques années (cuisine/tendances) ;
– les sandales romaines : pour ou contre ? (mode).

8h1

À : Aurélie Laflamme
De : Jérémie Verreault
Objet : Re : Re : Re : Re : Maladroit

J'ajouterais la hausse de popularité des zombies et des vampires chez les filles !

8h3

À : Jérémie Verreault
De : Aurélie Laflamme
Objet : Re : Re : Re : Re : Re : Maladroit

Ah ! bonne idée, ça ! J'adore parler de zombies ! (Mais les vampires, ça commence à être out ! Les loups-garous ont pris le dessus.)
Tu vois, déjà plein de choses à se dire ! Malaise totalement évaporé !
À bientôt !
Aurélie
xx

8h45
Au lycée, je fais part de cette conversation virtuelle à Kat, en lui demandant si elle a aussi reçu un message de Jérémie. Elle répond, semi-surprise, semi-excitée :
– Je ne sais pas ?!

9h1
Nous sommes à la bibliothèque, devant un ordinateur hyperlent, mais qui nous a tout de même permis de voir le courriel que Jérémie a envoyé à Kat.

Elle est complètement pâmée. Un peu comme à moi, il lui a écrit qu'il était désolé, qu'il avait été maladroit, et que bien qu'ils ne se connaissent pas encore beaucoup, elle est déjà importante pour lui et qu'il comprendrait qu'elle ne veuille plus le voir, mais qu'il aimerait savoir ce qu'il peut faire pour se faire pardonner et pour avoir une autre chance (je paraphrase, car c'était beaucoup plus long).

Kat : Qu'est-ce que je réponds ?

Moi : Je répondrais : « C'est déjà fait. »

Et c'est ce qu'elle fait.

Et elle dit, les yeux tout brillants :

– Est-ce que ça se pourrait que j'aie rencontré un mec bien ?

Moi : Oui.

Kat : Pas comme les autres !

Moi : Je pense qu'Emmerick était un mec bien aussi. Ça n'a juste pas marché. Et Truch, il est spécial, mais il est quand même…

Kat : Argh ! Depuis que t'es amoureuse, toi, t'es trop romantique !

Elle fait une grimace pour exprimer un faux dégoût et on éclate de rire.

Heureusement, elle est obligée de répondre à son courriel, et je suis ravie que cette règle de politesse m'évite les taquineries auxquelles je suis soumise depuis que je lui ai confié sortir avec Tommy. Mais je suis surtout contente que ces échanges de courriels réunissent mon amie avec son copain, car je dois avouer que cette rupture me faisait sentir un peu coupable. (Même si Kat me jurait que je ne devais pas m'en faire, qu'elle en avait assez de ne pas être tout à fait elle-même lorsqu'elle avait un copain.)

9h4

Pendant qu'elle répond à Jérémie, je prends possession d'un ordinateur à côté d'elle, car j'ai l'idée de lire mes courriels aussi. Je tape mon mot de passe et je vois que j'ai un message.

À : Aurélie Laflamme
De : Janik Tremblay
Objet : Re : Oups

Bonjour Aurélie !
Ne t'en fais pas avec le courriel envoyé par erreur, il m'a bien divertie. Très bon poème. Ton « Brière » ne sait probablement pas reconnaître le talent ! On a tous eu un prof comme ça qui nous reste malheureusement en mémoire trop longtemps… J'espère que tu auras une bonne note ! ;)
Pour répondre à ta question, notre stagiaire a bien travaillé, mais il était moins divertissant que toi ! Il me fera plaisir de reconsidérer ta candidature pour un stage l'an prochain.
Tu fais bien de ne pas regretter d'être partie en voyage avec ta mère, je suis certaine que nous pourrons nous revoir éventuellement. À ton âge, tu as toute la vie devant toi, non ?
Bonne chance pour trouver ta robe de bal, tu m'enverras des photos si tu veux !
Janik

Puis on part en courant pour aller à nos cours. Moi, anglais, Kat, chimie.

9h17

J'arrive en retard et essoufflée à mon cours d'anglais et je suis obligée d'expliquer mon retard dans cette langue.

– *It is a* long histoire, euh… *story. My best friend had a boyfriend and he was* euh… pas gentil, *you know, very bad. With me. Not very bad like he never killed anyone or anything.* Juste pas sympa, t'sais. *Not nice. So he wrote me an email* pour s'excuser. *To…* euh… *excuse him. And it was important that she answered before the… The bowl ? The… you know the night where we have a big dress and hair and makeup ?*

Mon prof : *The prom ?*

Moi : *Yes. So…*

Mon prof : Aurélie, *is there an end to this story ?*

Moi : *Yes… the end is good. Because the…* bref, la rédactrice en chef du *Miss Magazine…*

Mon prof : *In English, please.*

Moi (les mains sur le cœur) : *… wrote me an email !!! And it's shining in my heart !*

Mon prof : *Singing ?*

Moi : Non, *shining !* Briller ! Comme le soleil ! *The sun !*

Mon prof : *It is raining today.*

Moi : *Not outside ! In my heart !!! Because of the email ! Of the* Miss Magazine *! The best magazine in the whole word… world ?*

Mon prof (avec un air découragé) : *Okay,* Aurélie, *sit down, and study your vocabulary to get ready for the upcoming exam.*

Je me sens gonflée par une nouvelle énergie qui vient de s'emparer de moi. Je sens qu'aujourd'hui est le premier jour de ma nouvelle vie.

Jeudi 5 juin

– Aurélie, je t'ai toujours vue comme une fille très intelligente, mais un peu paresseuse, qui n'exploite pas le maximum de ses capacités intellectuelles.
Ça, c'est ce que mon prof de français me répond après mes excuses.
L'effet Kiss Cool. Ça m'apprendra à m'excuser auprès de ce prof qui ne m'a jamais aimée. Tsss !
Je ne sais pas ce qui m'a pris. Honnêtement, c'est peut-être (sûrement) le printemps et/ou l'été qui arrive qui me rend de bonne humeur, mais, inspirée par le courriel de Jérémie et les conseils de ma mère, je me suis dit que s'excuser, dans la vie, ce n'est pas la fin du monde, surtout quand on regrette sincèrement quelque chose. Alors, j'ai décidé d'aller voir mon prof de français, dans la salle des profs, car je n'avais pas cours avec lui aujourd'hui, pour lui présenter mes excuses.
Je lui ai avoué que je n'avais pas travaillé beaucoup pour préparer mon exposé oral sur l'audace. Que j'avais eu un flash qui m'avait semblé bon sur le coup. Que si c'était à refaire, je disserterais sur l'audace, tout simplement. Je lui parlerais de l'audace de s'affirmer haut et fort à certains moments opportuns, versus la sagesse de garder certaines choses privées. Et qu'avec les avancées technologiques et les médias sociaux, on doit trouver notre façon de faire cohabiter les deux. Que je compa-

rerais ensuite l'audace à travers les époques. J'ai ajouté (mais je me suis peut-être laissé emporter) que la note qu'il m'a donnée était méritée, et que je respecte sa décision. Et que je sens qu'à l'avenir, dans ma vie, même si je veux briser des conventions établies, j'essaierai de le faire sans me brimer moi-même, ce que je sens que j'ai fait pour cet exposé.

Et puis, c'est là qu'il m'a parlé de ma paresse intellectuelle.

Je suis donc devant lui, un peu bouche bée.

Puis il ajoute :

– Briser les conventions sans te brimer, voici une bonne définition de l'audace. J'espère que tu l'appliqueras vraiment.

Moi : Euh… oui. Je vais essayer.

M. Brière : S'affirmer avec discernement, j'aime aussi.

Je ne dis rien.

M. Brière : Une autre preuve d'audace est de reconnaître ses torts.

Moi : C'était important pour moi.

M. Brière : Je te parle des miens.

Je me demande si je viens d'entrer dans une dimension parallèle, du genre science-fiction.

M. Brière : Je ne crois pas que tu sois paresseuse intellectuellement. Je l'ai pensé, à tort. Je m'en excuse à mon tour. Tu es une fille brillante, qui a un bon sens de la répartie. Tu es timide, mais ça fait partie de toi. Tu as une façon un peu différente de penser. Exploite-la. Mais exploite-la au maximum.

Moi : Sans me brimer !

Il sourit et ajoute :

– Voilà. Mon but n'est pas d'enfoncer mes élèves, mais de les aider à atteindre leur plein potentiel et, surtout,

de les préparer pour l'avenir. En dehors de l'école, il faudra vous battre. Travailler dur.
Moi : Je comprends.
M. Brière : Je ne suis pas inquiet pour toi.
Moi : Merci.
M. Brière : Je te mets 15/20 pour ce travail. Au moins, tu valideras ma matière.
Et là, prise d'un élan de joie, je me mets à sauter en l'air. Je me sens comme dans une comédie romantique américaine, comme dans une comédie musicale. Je pourrais me mettre à chanter ! Et, en sautant, mon sac renverse la tasse de café de mon professeur, qui tombe par terre et se fracasse en mille morceaux.
Je deviens vraiment mal à l'aise et je commence à tout essuyer avec un morceau de tissu que je trouve sur le bureau… pour finalement découvrir qu'il s'agit du pull de M. Brière. Il me dit que ce n'est pas grave. Je n'arrête pas de m'excuser et il me répète de ne pas m'en faire. On réussit à nettoyer (sans son pull) et, en sortant, je lance :
– Moi aussi, je me suis trompée sur vous.

Note à moi-même : Penser que je changerai un jour et que ma vie pourrait ressembler à une comédie musicale est sans doute une utopie. Bannir immédiatement toute pensée allant dans ce sens.

vendredi 6 juin

Je ne sais peut-être pas encore ce que je veux faire dans la vie exactement, mais je sais que je ne ferai pas carrière dans la restauration, en tout cas. Et les gens qui travaillent dans ce domaine méritent tout mon respect. Les clients répètent TOUJOURS les mêmes blagues et commentaires en pensant qu'ils sont les premiers à les faire. Et, comme nous sommes un peu à la merci du pourboire, on est OBLIGÉS de faire semblant de trouver ça ULTRADRÔLE !

Exemple n° 1 :
Moi : C'est pour manger ici ?
Client : Non, à la table là-bas !

Exemple n° 2 :
Client : Je vais vous payer comptant, mais je ne suis pas content de vous payer…

Exemple n° 3 :
Client : Salle fumeurs, s'il vous plaît !

Exemple n° 4 :
Client (après avoir laissé trois centimes de pourboire) : Vous pourrez vous faire plaisir !

Exemple n° 5 :
Client : Je vais faire la vaisselle pour payer mon repas…

Exemple : n° 6 :
Moi : Je vous apporte l'addition ?
Client : Non, je vais prendre la soustraction !

Exemple n° 7 :
Client : C'est bon, ce plat ?
Moi (dans ma tête) : NON, C'EST DÉGUEULASSE !!!

Exemple n° 8 :
Client : Lequel des deux frères est le plus sympathique, Alain ou Alex ?
Moi : Pardon ?
Client : Ben oui, les frères Térieur ! ALAIN TÉRIEUR ET ALEX TÉRIEUR ! HA HA HA HA HA HA HA !

Exemple n° 9 :
Client (après qu'on lui a apporté l'addition) : Non, désolé, je n'ai pas commandé l'addition !

Exemple n° 10 :
Moi : Vous prendrez votre pizza avec quoi ?
Client : Avec une fourchette !

Exemple n° 11 :
Client : Qu'est-ce que vous êtes désagréable ! Si vous n'aimez pas votre travail, changez-en !

ARGH !!!!!! X 1 000 !!!!!!!!!!!

Qui aurait cru que travailler serait plus fatigant qu'aller à l'école ? Pas moi. Je croyais que c'était un mythe inventé par les adultes (ma mère) pour me faire faire mes devoirs sans rechigner.

Constat : Je n'aime pas travailler dans un restaurant.

Note à moi-même : La restauration peut conduire à la misanthropie. Me montrer vigilante si je veux continuer d'aimer mon prochain (et ma planète).

21 h 54

Découragée par ma journée de travail, je vais rejoindre mes amis qui sont dans un (autre) restaurant en train de manger une tartiflette et je m'affale près de Tommy après l'avoir embrassé. JF tente d'enlever le téléphone des mains de Kat qui envoie des textos à Jérémie pour le convaincre de venir nous rejoindre.
Ils se sont remis ensemble. Elle finit d'écrire son texto et, rayonnante, lance :
– Je ne sais pas si j'ai déjà été amoureuse comme ça !
Tommy me regarde et me sourit. Puis il dit :
– T'as été amoureuse comme ça au moins mille fois !
Moi : Arrête, elle est différente ! Plus assumée. La vraie Kat qu'on aime.
Kat : Merci, Au'.
Elle fait une grimace à Tommy.
JF : Bon, ben on dirait que je vais aller au bal tout seul !
Moi (avec une voix aiguë exprimant l'empathie) : Oh noooooon ! JF ! Mais nooooon, on sera lààààà !
Kat (avec une voix aiguë exprimant l'empathie et en se collant à lui) : Mais noooooon, JF ! On ne te laissera pas tout seuuuuuul !
Moi : On s'excuuuuuuse…
Kat : Je me collerai à toiiiiiii comme ça pendant le bal, mon petit minou d'amouuuuuur !

Tommy : Hey, vous n'allez pas recommencer à pleurer, là ! On va y aller tous ensemble et puis c'est tout ! En plus, je suis sûr qu'il va y avoir des beaux mecs là-bas. Genre le cousin d'une fille qui l'accompagne parce qu'elle ne voulait pas aller à son bal toute seule ou quelque chose comme ça.
On rit. Et on commence à faire semblant de pleurer, juste pour taquiner Tommy qui ne sait pas trop où se mettre en ce moment.
Une serveuse arrive près de nous et se prépare à prendre ma commande en disant :
– Vous voulez manger ?
Je lance spontanément :
– Non, je suis venue pour faire du parachute.

Note à moi-même n° 2 : Les blagues nulles sont moins nulles quand on les fait nous-mêmes. M'en souvenir lors de prochains élans de misanthropie qui seraient, selon analyse approfondie, causés par le travail que je n'aime pas plutôt que par les humains qui lancent lesdites blagues.

Samedi 7 juin

Ça va mal. Ça va mal, mal, mal.
Impossible de trouver une robe !
Je me suis dit que je pourrais profiter du week-end pour

trouver LA robe et, peut-être qu'avec un peu de chance et grâce à mon génie du shopping-en-moins-de-trente-minutes, je trouverais ma robe de bal et ce serait réglé ! Mais non.

Je suis allée dans la boutique qui vendait la robe de bal que le *Miss Magazine* avait choisie pour la session de photos avec la robe de mes rêves à mille cinq cents dollars, en espérant qu'elle serait soldée. Mais non. Elle était là, belle, plein tarif.

J'ai appelé ma mère pour lui demander quelle était sa position sur une robe de bal à mille cinq cents dollars et elle m'a répondu : « La crise cardiaque. »

Assez clair.

Et il ne reste presque plus de choix dans les magasins !

Options :

- Utiliser la robe que ma grand-mère m'a achetée pour un mariage auquel j'avais assisté. (Option rejetée. Bal = nouvelle robe.)
- Prendre une robe de la garde-robe de ma mère. (Option rejetée. Il est hors de question, lorsqu'on me demandera où j'ai trouvé ma robe, que je réponde qu'elle appartient à ma mère.)
- Composer avec deux ou trois vêtements de ma garde-robe. (Option rejetée. Pour des raisons évidentes.)
- Contacter Janik Tremblay, du *Miss Magazine*, pour lui demander si elle a des réductions sur ladite robe de mes rêves. (Option rejetée. Je préfère aller au bal en jean plutôt que d'être une gratteuse. D-i-g-n-i-t-é.)
- M'enlever la robe de mes rêves de la tête et commencer à regarder autre chose. (Option retenue. Beurk. Être aussi raisonnable, c'est vraiment épuisant.)

14h11

Texto de Kat :

Qu'est-ce que tu fais ?

Texto à Kat :

Les boutiques.

Texto de Kat :

T'es où ? J'arrive !

14h37

– OH MON DIEU ! OH MON DIEU ! OH MON DIEU !

Kat, devant une paire de chaussures.

Kat : ELLES HUUUUURLENT MON NOM !

On faisait les boutiques (pour ma robe) et, en passant devant une vitrine, elle a aperçu une paire de chaussures qui, semble-t-il, hurlait son nom. Elle s'est arrêtée, les a essayées, et ça a été le coup de foudre.

Moi : Mais tu as déjà tout !

Kat : Oui, mais ces chaussures-là sont vraiiiiiment plus belles ! Les autres sont nases. C'était seulement pour avoir des chaussures chics, mais celles-ci sont merveilleuses ! Je peux me le permettre vu que je vais travailler tout l'été dans un endroit où je vais porter de vieux vêtements !

Je les regarde. Talons très hauts, lacets sur le devant. C'est vrai qu'elles sont très belles.

Moi : Les talons sont vraiment hauts…

Kat : Je le sais ! Wouuuuh !!!!!!!

14h49

Bon. Kat a une robe, deux paires de chaussures, des accessoires. Moi, j'ai zéro. Grrrrr.

17 h 1

On nous a poliment annoncé que le magasin fermait.

Conclusion de ma journée : Découragement total à la suite de l'échec de mon entreprise de recherche d'un look décent pour mon bal.

Dimanche 8 juin

Je travaille encore. De 11 heures à 14 heures. Ensuite, il faut absolument que je trouve ma robe de bal.

10 h 58

Je marche dans la rue en shootant dans tous les cailloux que je croise. Puis, en arrivant près du resto, je vois une pièce briller par terre, au milieu du trottoir. Je regarde autour, je ne vois aucune crotte de chien à l'horizon ni aucun vélo qui arrive à toute vitesse. Aucun danger, donc. Je la ramasse. Puis, en relevant la tête, je vois un beau sac dans la vitrine du magasin en face de moi. Je lève encore les yeux et je la vois. MA robe. LA robe. Encore plus belle que la robe de mes rêves de *Miss Magazine*. Simple. Mauve. Satinée. Le magasin est fermé. Il ouvre à midi. Une espèce de folie inexplicable s'empare de moi.

JE. VEUX. CETTE. ROBE !!!!
Mais je dois travailler. Je suis un peu en retard. Que faire ?

Plan : Aller au travail. Leur expliquer la situation. Ils vont comprendre. Me laisseront partir quelques minutes à l'ouverture de la boutique. J'achèterai ma robe. Je finirai mon travail. J'irai ensuite essayer ma robe. Tout est parfait.

11h2
Sauf que ma boss refuse de me laisser partir à l'ouverture de la boutique. Grrr !

11h11
Ça fait longtemps que je ne vous ai pas parlé. Je vous en prie, monsieur 11 h 11, s'il vous plaît ! Je VEUX cette robe ! En ce moment, c'est mon souhait le plus cher. Pour le reste, on verra, il me reste plusieurs 11 h 11 à vivre dans ma vie, mais aujourd'hui, si vous pouviez réaliser ce souhait, je serais tellement, tellement contente. S'il vous plaît, s'il vous plaît !

P-S : Je promets, à l'avenir, de ne plus abuser de vos services.

PP-S : Sauf si ça concerne ma grand-mère et sa santé ou des trucs importants du genre qui justifient que j'abuse de vos services.

PPP-S : Mais pour aujourd'hui et les jours à venir, tout le monde est en bonne santé, et la priorité, c'est la robe.

Midi

La boutique ouvre. La robe est en vitrine. Statistiquement, plein de filles peuvent passer devant et avoir le même coup de foudre que moi.
Il n'y a personne au resto. Ça n'aurait rien changé, pour ma boss, de me laisser partir un quart d'heure. La boutique est juste en face !!!

13 heures

Je compte les minutes. Je déteste ma boss. Je déteste travailler dans un restaurant. Je déteste même ma mère, en ce moment, pour m'avoir forcée à travailler ici. Quoique… Bon, pour sa défense, si je n'avais pas travaillé ici, je ne serais sans doute jamais passée devant la vitrine de la robe de mes rêves…

13 h 14

Noooooooooooon !!!!!!!!!!!!!!!
Je regarde par la fenêtre du restaurant et j'aperçois la vendeuse qui déshabille le mannequin qui porte ma robe. Les deux clients devant lesquels j'ai posé la pizza qu'ils avaient commandée, qui sont assis devant la fenêtre où je constate la perte de ma robe, regardent leur pizza d'un air perplexe et me demandent :
– Il y a un problème avec notre commande ?
Moi : Désolée… Je viens de… me rappeler que… Bref, laissez tomber.
Je retourne vers la cuisine pour aller chercher mon autre commande.
Ma boss : Aurélie ! Tu fais peur aux clients ! Qu'est-ce qui te prend ?
Réponse imaginée : Laisse-moi aller chercher ma robe !
Réponse dans la réalité : Beh-beh… je… Deh-deh… désolée…

13 h 57
J'ai fini !!!
J'enlève mon tablier.

13 h 58 et 12 secondes
Ma boss : Tu n'as pas encore fini. Tu t'en vas ?
Moi : Oui ! Il est 14 heures !
Ma boss : À la minute près.
Moi : Et alors ?
Ma boss : Ah, les jeunes ! Tu sais quoi, Aurélie ? Ça ne fait pas longtemps que tu travailles ici et tu ne sembles pas heureuse ni donner ton maximum. Je voudrais prolonger ta période d'essai d'un mois, pour être sûre que tu remplis les attentes qu'on a envers nos employés.
Moi (impatiente) : OK, pas de problème.
Je veux juste aller voir s'il y a d'autres robes que celle en vitrine !
Ma boss : J'ai l'air de te déranger.
Ce n'est pas comme si je ne le lui avais pas dit, pour la robe.
Ma boss : Une question… Si tu n'es pas heureuse ici, pourquoi tu travailles ici ?
Moi : Bonne question ! Vous savez quoi ? Des jobs nases comme celui-ci, je peux m'en trouver cent mille. Je crois que je préfère, tant qu'à faire, travailler avec des gens un peu plus généreux que vous. Je serais partie juste une demi-heure maximum pour ma robe !
Ma boss : Si tu n'es pas contente, tu n'as qu'à démissionner.
Moi : Bonne idée.
Je mets mon sac sur mon épaule et un grand sentiment de liberté m'envahit.

À revoir : Ma technique pour m'exprimer sans me brimer, promesse faite à mon prof de français. Bon, puisque c'est nouveau dans ma vie, je ne peux pas atteindre la perfection de ce genre oratoire en si peu de temps ! Le « cosmos » me pardonnera.

14h2

J'arrive en courant dans la boutique. Haletante, je demande à la vendeuse s'il y a d'autres robes comme celle qui était sur le mannequin dans la vitrine.
La vendeuse : C'est la dernière…
Moi : Oh… je comprends.
Un sentiment de déception intense m'envahit. Je réalise tout le ridicule de la situation. Je viens de démissionner de mon boulot d'été pour cette robe ? Suis-je à ce point superficielle ? Non. Je n'ai pas démissionné pour une robe, quand même ! Je l'ai fait parce que je n'y étais pas heureuse. Je trouverai sûrement mieux. Bon, peut-être pas comme Kat à son camp d'équitation, mais… Je me dirige vers la sortie, le cœur gros.
La vendeuse : Vous voulez l'essayer ?
Moi : Quoi ?
La vendeuse : Mais la robe !
Moi : Ah, euh, OK, j'avais compris que c'était la dernière.
La vendeuse : Oui, c'est la dernière, on a déshabillé notre mannequin pour la repasser. Tu m'as demandé s'il y en avait d'autres… On s'est mal comprises !
Elle rit.
Moi : J'ai cru que…
Des larmes me montent aux yeux. Je ne sais quoi dire.
La vendeuse : Tu es trop mignonne ! Viens, tu vas l'essayer. C'est pour ton bal ?
Moi : Oui…

La vendeuse : Elle est à 70 % de réduction en plus. C'est notre fin de collection d'hiver. C'était une robe de Noël. Elle me conduit vers la cabine d'essayage et me tend la robe. Ma robe. Je ne l'ai pas encore essayée, mais je sais que c'est elle.

14h12

La vendeuse : Oooooooooh ! Elle te va comme un gant !
Moi : Je le savais ! C'est ma robe !
Je tourne pour me regarder sous toutes les coutures dans le miroir.

14h14

Je me prends en photo avec mon téléphone et je l'envoie à Tommy en textant :
Qu'est-ce que t'en penses ?
Il répond :
Waouh ! Tu l'as trouvée où ?
Je réponds :
Grâce à une pièce par terre !
Il répond :
Tu as encore tous tes membres ?
J'écris :
Ha. Ha. Drôle.
Il répond :
Super belle ! Prends-la !
Je réponds :
Depuis que je me suis vue dans une belle robe, j'ai vraiment changé. À partir de maintenant, je ne m'habillerai qu'à la dernière mode, je voyagerai dans ma propre limousine, je m'achèterai un chihuahua et je porterai des lunettes de soleil en toutes circonstances, en m'exprimant avec des mots très

sophistiqués pour discuter de sujets très profonds. En tout cas, je te préviens, avec ce look de bal, je me prends vraiment pour une star.

Texto de Tommy :

S'il vous plaît, noooon !

P-S : Qu'est-ce qu'on s'est déjà dit à propos des textos « romans-fleuves » ? ;p

PP-S : Je pense à toi... Je conduisais mon scooter tout à l'heure et tu ponctuais mes pensées : « Il faudrait que j'aille m'acheter ma robe de bal [image de toi sous la pluie]. Mmmmm, comme c'est bon le soleil [nous enlacés]... J'ai [ton odeur] un peu [tes lèvres] faim [ta peau] [ton rire] [tes blagues]. » Comme c'est étrange que tu occupes tant de place dans mon esprit alors qu'on se voit tous les jours depuis presque deux ans... étrange dans le bon sens. Reviens vite de ton shopping !

Moi à Tommy :

Je t'aime. :)

P-S : C'est toi qui écris des textos romans-fleuves, maintenant !

PP-S : En scooter, reste concentré sur la route !

14 h 25

Ma mère et François arrivent une éternité après que je les ai appelés.

Lorsque ma mère me voit, elle a les larmes aux yeux et elle s'écrie :

– Ooooooooh ! Aurélie... Ma petite fille. Ma choupinette. Mon p'tit bébé ! Tu es teeeeeellement beeeelle !

(Bon... Un peu gênant devant la vendeuse !)

Ma mère : On la prend ! On la prend ! Elle coûte combien ? Ce n'est pas la robe à mille cinq cents dollars, hein ? Tu ne me ferais pas ça ?

Moi : Elle est beaucoup moins cher, et à 70 % de réduction… Je l'ai trouvée grâce à une pièce par terre !
Ma mère : C'est bien toi, ça !

Note à moi-même : Mauvais timing pour ajouter que la robe me coûte en réalité mon job d'été, donc un peu plus de mille cinq cents dollars…
Mon projet : Trouver un plan B pour le job d'été et, ensuite, en parler à ma mère. Rien ne presse…

Lundi 9 juin

Ma vie de femme n'est pas encore à cent pour cent au point (ou au poil, devrais-je dire, mais ce serait un très mauvais jeu de mots, étant donné les circonstances).
J'ai cherché (« fouillé » serait plus approprié, mais ne nous attardons pas sur les détails) dans les affaires de ma mère pour trouver de quoi m'épiler les jambes à la cire. Mon plan était très simple et élaboré selon la perspective suivante : je suis très occupée, et m'épiler les jambes aujourd'hui me permettrait d'avoir les jambes douces pour 1) le *Bye-Bye secondaire* ! de demain et 2) le bal samedi. Ça me semblait un plan totalement gagnant.
Le problème est que je n'avais pas prévu 1) à quel point

ce serait douloureux et 2) que Sybil déciderait de venir se frotter sur mes mollets pendant cette expérience.
Je me suis donc retrouvée avec une languette de papier à moitié enlevée pour cause de trop de douleur, et ma chatte collée au surplus de cire qui restait. Sybil criait « MIAOWWWWW ». Ma mère est arrivée en courant, Sybil a réussi à tirer assez fort pour se libérer et je me suis retrouvée avec une jambe encore plus poilue qu'avant, car en plus de n'avoir pas réussi à enlever mes poils, j'avais une grosse boule de ceux de Sybil !

20 h 7

Ma mère rit aux larmes en m'enlevant le restant de cire avec de l'alcool à 90°. Sybil est dans un coin en train de se lécher, mais sa langue reste parfois collée sur son poil. François tente de l'aider, mais elle semble très peu friande de son offre. Il essaie de l'amadouer.
Puis ma mère me lance :
– Tu le sais que je suis fière de toi, ma fille ?

Soit je dois dénoncer ma mère pour cause de folie, soit elle a des critères vraiment peu élevés pour accorder sa fierté.

20 h 10

Ma mère a arrêté de rire et elle m'a proposé de m'épiler elle-même. Et, alors qu'elle venait de m'infliger une douleur extrême en tirant sur une languette et que j'en pleurais presque de douleur, j'ai eu un élan d'amour envers elle et je l'ai serrée dans mes bras.

Soit on devrait me dénoncer pour cause de folie, soit j'ai des critères vraiment peu élevés pour distribuer mes élans d'amour.

Mardi 10 juin

Soirée *Bye-Bye secondaire* !
Ma mère et François sont assis avec moi.
Le spectacle est rempli de *private jokes* sur les profs, sur les élèves, sur la cafétéria, sur les toilettes de l'école.
Je suis assise à côté de Tommy qui est venu avec son père, sa belle-mère, son demi-frère et sa demi-sœur. Je jette parfois un regard vers ma mère et elle semble rire à certaines blagues. Je lui demande si elle comprend les références et elle me chuchote :
– Ça me rappelle des souvenirs.
Je suis un peu stressée pour ma présentation. Je l'ai montrée à ma mère et à François qui riaient à gorge déployée, mais en ce moment, en voyant qu'ils rient à tout, je doute de leur objectivité.

Le spectacle est constitué de :
Imitations des profs.
Prix d'excellence.
Spectacle des *pom pom girls.*
Chorégraphie de l'équipe de sport (dont fait partie Iohann).
Défilé de mode des cinq dernières années (ce qui nous a bien fait rire, Kat et moi).
Théâtre d'ombres (honnêtement et objectivement très bon, je comprends le choix de Diane).

Lecture d'un poème sur la fin du lycée, par Geneviève Allaire (une élève que je ne connais pas. Son poème est sans doute bien, mais m'a endormie… OK, j'avoue, je suis peut-être un peu jalouse).

Finalement, quelqu'un vient me chercher pour que j'aille en coulisses, car ce sera bientôt à mon tour.

20 h 2
Je croise Iohann et je le félicite pour son numéro qui était assez drôle.
Iohann (modeste) : J'étais un peu gêné…
Moi : Toi, gêné ?
Iohann : Sur un terrain de foot, ça va, mais sur une scène, ce n'est pas trop ma place. Hé, au fait, t'as trouvé quelqu'un pour t'accompagner au bal ?
Moi : Oui… Je sors avec quelqu'un.
Iohann (en souriant) : Cool pour toi.
Un élève qui s'occupe du spectacle me dit nerveusement que c'est à mon tour. Je fais signe à Iohann qu'on se parlera plus tard, et je suis propulsée sur la scène.

20 h 17
L'éclairage m'aveugle.

20 h 17 et 10 secondes
J'avance tranquillement. Je sens mes jambes trembler.

20 h 17 et 30 secondes
J'arrive au lutrin. Je me penche vers le micro et, avec le plus d'aplomb possible, je lance :
– Bonsoir, tout le monde ! Ça me fait plaisir de présenter le mot de fin d'année. J'ai décidé de le faire avec la complicité de mon amie, Kat. Bon visionnage !

Depuis que mon prof m'a demandé de présenter le mot de fin d'année, je me suis beaucoup questionnée sur la façon dont je le ferais, et j'ai décidé de le faire en style « vidéo qu'on retrouve sur le Net », un flash que j'ai eu comme ça (et je dois avouer que j'ai aussi pensé que ça m'intimiderait moins que de faire un discours sur scène). Kat et Julyanne m'ont beaucoup aidée, et j'ai décidé de les intégrer à mon discours.

J'ai ensuite monté la vidéo moi-même. Au départ, j'avais envie de laisser seulement un message filmé de trente secondes, mais nous avons tellement ri que j'ai décidé de conserver certaines parties, qui n'avaient pas rapport avec un mot de fin d'année. Et finalement, j'ai beaucoup aimé faire ça. Quand je l'ai remis à M. Giguère, il était très content. Il m'a dit que c'était exactement l'esprit qu'il recherchait. Mais à quelques nanosecondes de voir le fruit de mon travail sur scène, je me sens très nerveuse.

20 h 18

Ma vidéo (description de ce que les gens voient) :

Moi et Kat assises sur mon lit, filmées avec la caméra de François.

Aurélie : Hello, moi, c'est Aurélie.

L'image coupe.

Moi : Salut, je m'appelle Aurélie.

L'image coupe.

Moi : Salo, Heslut, Helut (j'éclate de rire).

L'image coupe.

Moi : Salut, j'm'appelle Aurélie Laflamme, elle, c'est mon amie Kat.

Kat : Ben, dis Katryne Demers.

Moi : Mais… pourquoi ?

Kat : Ben… Aurélie Laflamme et… Kat. Ça fait comme si toi t'étais Batman, et moi Robin.

Moi : C'est quoi le rapport ?
Kat : Ben moi, je suis juste Robin, j'ai même pas un nom complet.
Moi : Ben, Batman s'appelle juste Batman. Il ne s'appelle pas Batman Laflamme.
Kat : Oui, mais c'est Batman.
L'image coupe.
Moi : Salut, j'm'appelle Aurélie Laflamme, et elle, c'est mon amie, (j'appuie) Katryne Demers.
Kat : Euhm... finalement, j'aime mieux juste Kat. Ça fait plus sympathique.
Moi : Juste Kat ?
Kat : Ouais, juste Kat.
L'image coupe.
Moi (un peu exaspérée, mais toujours souriante) : Salut, j'm'appelle Aurélie Laflamme, et elle, c'est mon amie Kat.
Kat : Euh...
Moi : Quoi ?!? Qu'est-ce qu'il y a encore ?
L'image bouge, la caméra est posée et nous ne sommes plus bien cadrées. Julyanne, qui filmait, apparaît dans le cadre.
Julyanne : Hey, dépêchez-vous, là, je n'ai pas que ça à faire, de filmer vos trucs débiles !
Kat (en se penchant vers ma bouche) : C'est parce qu'on dirait que t'as quelque chose entre les dents.
On se regarde les dents.
Moi : C'est bon ?
Kat : C'est bon. C'était juste une ombre.
L'image coupe.
Moi : Salut, j'm'appelle Aurélie Laflamme, et elle, c'est... (Je me tourne vers Kat :) On avait dit Kat ou Katryne Demers ?
La caméra tombe.

On entend Julyanne s'en aller, fâchée, et Kat et moi éclatons de rire.
On me voit revenir après avoir ajusté la caméra sur un pied. Je dis :
– Bonsoir, tout le monde ! Je m'appelle Aurélie Laflamme, et elle, c'est Katryne Demers. C'est la fin du secondaire !
Kat : Grande nouvelle ! Ils le savent ça, franchement !
Moi : Au collège et au lycée, j'ai vécu toutes sortes de choses. Des belles, des moins belles. Je suis passée de l'extase à l'angoisse…
Kat : L'extase ?
Moi : Ouais… un peu exagéré. Mais ça rime, genre. Les gens comprendront. Bref, de l'extase à l'angoisse plusieurs fois par jour. J'ai souvent eu le syndrome de l'imposteur x 1 000, comme si je n'avais pas ma place ici. Sauf que j'ai appris à vivre avec ces sentiments-là qui m'ont amenée à la conclusion que, finalement, je ne suis pas parfaite, mais que je ne peux pas être autre chose que moi. Et en rencontrant d'autres personnes, je me suis rendu compte que nous avions tous des insécurités. On commence le collège en s'imaginant que ça se passera d'une certaine façon et on termine le lycée en réalisant que rien ne s'est déroulé comme prévu. Et tant mieux. On a évolué. Alors, pour le secondaire qui se termine…
Kat (entre ses dents) : Arrête de répéter l'information !
Moi (qui continue) : Je vous souhaite de trouver votre place…
Kat : Et de rester vous-mêmes.
Moi : C'est toi qui répètes l'information ! Je l'ai dit, « restez vous-mêmes ».
Seconde de silence où on regarde la caméra, émues.
Kat : J'ai pas l'impression. Mais c'est un peu ringard,

hein, comme message, « restez vous-mêmes » ? Trop cliché.
Moi : J'sais pas trop quoi dire d'autre.
Kat : Tu pourrais dire : « Foncez ! »
Moi : Foncez ?
Kat : On recommence ? De toute façon, c'est nul, on dirait que tu vas te mettre à chanter pendant ton discours !
Moi : Oui, mais c'est « moi-même » !
On rit, l'image coupe et un écriteau apparaît :
« On vous souhaite une belle fin d'année, et une belle vie ! »

21 heures

Le spectacle est fini. Tout le monde est dans le hall d'entrée de l'école. Il y a un cocktail avec des petits-fours. Ma mère et François discutent avec les parents de Kat. Je me tiens devant les œuvres du cours d'arts plastiques qui sont exposées derrière le buffet, et pendant que j'en regarde une en me demandant si je serais capable de dessiner aussi bien, on me tape sur l'épaule.
Nicolas : Hé, salut ! Ça fait longtemps qu'on ne s'est pas parlé. Je me demandais si tu étais fâchée contre moi.
Moi : Hé, salut ! Mais non, pas du tout. J'ai été... occupée.
Nicolas : Super vidéo !
Moi : Merci...
Nicolas : Alors... Quoi de neuf ?
Moi (gênée) : Pas grand-chose... Étude, examens et tout...
Nicolas : Tu sors toujours avec Jean-Benoît ?
Bon. Ça fait partie de la vie, j'imagine... Quelqu'un voit une fille avec un garçon, et il pense à la première combinaison possible et pas aux trois cent mille autres pos-

sibilités (mon calcul de possibilités est peut-être exagéré), comme le fait que la fille en question se fait probablement passer pour quelqu'un d'autre.
Moi : Hein ? Euh… non, en fait, c'était… En tout cas, compliqué. Mais toi, quoi de neuf ?
Nicolas : Même chose que toi : examens qui arrivent et tout. OK, bon, on se voit à l'école ou… au bal. Et si ça te tente, tu peux m'appeler, me texter, m'écrire des courriels… Il y a aussi les signaux de fumée, mais je ne te le conseille pas, ce n'est pas écologique.
Moi : Ha ha ha ha ! OK !
OK. Je sais. Je sais. Je ne lui ai pas dit que je sortais avec Tommy. Sur le coup, ça ne m'est pas venu en tête. Et peut-être aussi que si on analyse ça psychologiquement, c'est que ça ne me disait rien qu'il y ait un malaise, étant donné, disons, l'historique de tout ça. Bref, ça s'explique hyperlogiquement.

21h7

Iohann s'approche de moi et me fait la bise (je savais que ce serait pour la vie, cette pratique).
Iohann : Félicitations ! Ça m'a fait rire, ta vidéo !
Moi : Merci…
Audrey arrive près de moi et s'exclame :
– Hé, félicitations, super cool, la vidéo ! Très cool !
J'attrape Audrey par le bras pour l'amener plus près de Iohann et je dis :
– Audrey, je te présente Iohann. Audrey est en cours de français avec moi, c'est quelqu'un qui a vraiment du talent en composition écrite. Et Iohann est un sportif de très haut niveau.
Iohann et elle s'échangent quelques mots, et je m'éclipse.

21h10

Je rejoins Tommy, qui parle à ses parents. Je lui prends discrètement la main. Et il me chuchote à l'oreille :
– T'es la meilleure.

Je regarde autour de moi. Je cherche à voir si Nicolas est encore là, mais je ne le vois plus.
Je continue d'observer la pièce. L'école, comme ça, avec un cocktail et nos parents, me semble tellement différente. Moins austère. Je n'en reviens pas que ça finisse dans dix jours. J'ai un pincement au cœur. Mais ce n'est sûrement pas à cause de la fin de l'année scolaire, impossible, j'ai tellement attendu ce moment. Ça doit être un mini épi de maïs du buffet qui passe mal. (D'ailleurs, je ne sais pas pourquoi j'en mange. C'est complètement dégueulasse ! En fait, je ne sais même pas pourquoi ça *existe* et pourquoi on s'acharne à les mettre dans les buffets. Bon, je pourrais peut-être simplement arrêter d'en manger, mais chaque fois, je les trouve si mignons que je ne peux m'en empêcher.)

Note à moi-même : En ce qui concerne la bise (et les mini épis de maïs), je crois que pour survivre en société, il faudra que je laisse tomber quelques obsessions sur des choses qui ne sont que des détails. Cette résolution devrait faire partie intégrante de ma quête de maturité.

Mercredi 11 juin

Préparation pour le bal/études/recherche d'emploi.
Statut : non disponible.

Anecdote : Lorsque j'ai dit à ma mère que j'avais démissionné du restaurant, elle n'était pas, disons, très enthousiaste d'apprendre cette nouvelle. Et c'est alors qu'elle m'a dit que je devrais écrire (???) à (???) Janik (????) de *Miss Magazine* (???????) pour lui proposer de travailler pour eux (????????) cet été (?????? x 1 000).
J'ai répondu à ma mère que si elle me lançait une autre débilité de ce genre, je ne lui adresserais plus jamais la parole. Ça fonctionne pour un stage, mais pas pour un travail d'été, tssss ! Franchement ! Ma mère est totalement dépassée ! Elle ne comprend pas, comme moi, le monde des magazines ! Tsss, tsss, tsss !

Jeudi 12 juin

Préparation pour le bal/études/recherche d'emploi. **Statut :** non disponible.

Anecdote : J'ai calculé et, dans mon album de finissants, j'ai vingt et un mots d'élèves qui me disent : « On ne se connaît pas beaucoup, mais tu m'as l'air d'une fille super cool, ne change pas ! » J'ai calculé à peu près un même nombre de mots similaires que j'ai moi-même écrits dans l'album des autres. Je déclare donc cette formulation comme la plus populaire des albums de finissants !

Anecdote (secrète) n° 2 : Dans les albums de finissants, j'ai modifié ma signature du premier album au vingtième album. J'ai réalisé que ma première signature était beaucoup trop longue à accomplir et que ça faisait s'impatienter le ou la propriétaire dudit album.

Conclusion (au sujet de ces deux anecdotes) : Lorsqu'on vous demande de signer un album de finissants, signez rapidement, car la personne a d'autres chats à fouetter que d'attendre que vous lui trouviez un mot personnalisé (style poétique) et que vous lui fassiez une signature digne d'une œuvre d'art (style qui pourrait se vendre sur eBay si vous deveniez un jour archiconnu, pas que j'ai pensé à ça, mais ça m'a traversé l'esprit que si un jour j'étais une personnalité célèbre, je n'aimerais pas trouver sur Internet un pauvre gribouillage qui représenterait ma griffe et qui pourrait détruire toute ma réputation en un seul clic).

vendredi 13 juin

Préparation pour le bal/études/recherche d'emploi.
Statut : non disponible.

Anecdote : Il existe une multitude de raisons que vous pouvez donner à votre copain pour ne pas monter sur son scooter. Malheureusement, je n'en ai trouvé que deux et elles sont assez insignifiantes : « Je ne veux pas défaire ma coiffure avec le casque » et « Je ne veux pas me blesser avant le bal ».

À l'agenda : Tenter de développer un imaginaire plus élaboré en matière de prétextes antivéhicules motorisés.

Samedi 14 juin

Bal !!!!!!!!!!!!!!!!!!

Planification du bal n° 2 (revue et corrigée).

Jour du bal :

• Me lever très tôt malgré une nuit d'insomnie.

• Aller chez le coiffeur. Lui montrer une photo d'une actrice de *Gossip Girl*.

• Trouver que la coiffure est nettement mieux réussie que la première fois. (Et se dire que c'est important d'apporter un modèle au coiffeur plutôt que de lui donner une description floue.)

• Accepter l'offre du salon de coiffure pour le maquillage.

• Se démaquiller.

• Faire faire des retouches maquillage par ma mère parce que, selon elle, la maquilleuse y est allée un peu fort.

• Enfiler ma robe.

• Faire une crise de nerfs parce que la coiffure n'est plus aussi réussie après que la fermeture Éclair de la robe s'est prise dans mes cheveux.

• Manger un peu, ordre de ma mère.

• Faire moi-même des retouches coiffure qui empirent le tout et qui me donnent envie d'éclater en sanglots.

• Faire faire des retouches coiffure par ma mère, beaucoup plus réussies.

• Faire une deuxième retouche maquillage.

• Rechercher intensivement mes nouvelles chaussures, perdues dans le bordel du placard.
• Ranger le placard.
• Envisager la possibilité d'être en retard au bal.
• Avoir des émotions en montagnes russes au sujet de plusieurs détails anodins, du genre : « Oh non, pas la pluie, ça va détruire ma coiffure » et « Ah ouf, du soleil ! ».
• Trouver des chaussures dans le placard de ma mère.
• Localiser mes vraies chaussures.
• Sortir les chaussures de leur boîte et trouver une seconde plus tard Sybil, trop mignonne, couchée dans ladite boîte, beaucoup plus petite que son corps.
• Défaire les petits nœuds de ma chaîne sertie d'une météorite.
• Écouter vaguement le discours de ma mère sur la façon de ranger les colliers qui coûtent cher.
• Demander à ma mère (après son discours) d'attacher ledit collier.
• Éprouver de l'angoisse en me demandant si je prends les nouvelles chaussures ou celles de ma mère, vu que celles de ma mère sont plus confortables.
• Skyper avec tous mes grands-parents pour leur montrer mon look de bal (et leur montrer les deux choix de chaussures).
• Téléphoner toutes les cinq minutes à ma meilleure amie pour mettre à jour toutes sortes de détails, comme l'heure à laquelle on passe la prendre.
Et la chronologie finale :
• Arrivée de mon amoureux.
• Jalousie envers mon amoureux dont l'apparence est spectaculaire après une préparation d'à peine vingt minutes.
• Oubli de minifrustration exprimée précédemment lorsque mon amoureux n'est pas capable de refermer sa bouche en me regardant.

• Choix de dernière minute concernant les chaussures : les nouvelles ont la cote.
• Départ pour le bal.
• Retour vers la maison pour serrer dans mes bras ma mère qui pleure.
• Vrai départ pour le bal, avec François.

18 h 12

On va chercher Kat et Jérémie, chez Kat. Kat est magnifique avec sa robe et ses chaussures qui lui donnent l'air d'être une géante. Je la vois embrasser ses parents, et je sais qu'elle leur répète à quel point elle est contente de sa robe et qu'elle s'excuse de leur avoir laissé croire le contraire. Je le sais, car je le déduis par les gestes qu'elle fait et l'émotion dans leur regard. Sa sœur la serre aussi dans ses bras et, au moment où Kat les quitte, Lady la suit en aboyant et en courant derrière elle.

18 h 13

Kat court difficilement vers la voiture. Quand on se voit, on s'attrape les mains en faisant : « Hiiiiiiiiiiiiiiiiiii, t'es beeeeelle !!! » Jérémie monte dans la voiture, salue Tommy et ils jugent notre surexcitation.

18 h 15

On arrive chez JF, qui est ultrachic dans son costume avec un petit mouchoir dans la poche poitrine. Fidèle à lui-même et à son style semi-négligé, semi-étudié.

18 h 23

Nous arrivons à l'hôtel où a lieu le bal. François nous laisse à l'entrée. Je lui fais un bisou sur la joue avant de sortir de la voiture. Il me souhaite une bonne soirée et me conseille de ne pas faire trop de folies. Je n'écoute que d'une oreille ses conseils de vieux, et je sors de la voiture.

18 h 24

L'endroit est très beau. La décoration du hall est majestueuse. Il y a des limousines comme si c'était une avant-première hollywoodienne, et il y a même des valets avec des gants (détail peut-être inutile, mais je trouve que ça doit être un signe d'endroit chic que les valets portent des gants en plein été, ça doit leur demander tout un entraînement pour ne pas transpirer des mains !). Et en face de l'entrée, il y a une grande fontaine.
Kat et Jérémie s'arrêtent pour se prendre en photo partout. Tommy et moi les imitons. Puis Jean-Félix se joint à nous. Nous nous prenons tous en photo, sous tous les angles. Des adultes, tout sourire, comprenant sans doute que c'est notre bal, nous proposent de nous photographier tous ensemble, devant la fontaine. Puis, après qu'ils ont pris cette photo et qu'on les a remerciés, Jean-Félix lance :
– Hé, les jeunes ! On a le choix entre se prendre en photo ici toute la soirée ou aller à notre bal.
Tommy me tend le bras et me sourit. Je prends l'appareil photo, je tourne le dos à la fontaine et je leur dis de se mettre devant l'entrée pour que je voie tout le paysage (incluant limousines et valets gantés). Mes amis se placent. Un élève qu'on ne connaît pas tend ses deux doigts derrière la tête de Tommy et j'attends qu'il se pousse. Comme je ne vois pas toute l'entrée, je recule un peu. Recule encore. Puis Tommy accourt vers moi et m'attrape. Je suis toute surprise de son élan et je lui demande ce qui se passe.
– T'allais tomber dans la fontaine, Laf. T'aurais eu l'air bien, toute mouillée à ton bal avec une belle robe qui ne servirait plus à rien !

Je le remercie, un peu honteuse, et l'embrasse. Puis il me renverse et il me donne un baiser hollywoodien. On rit. Je me détourne pour dire à Kat de nous prendre en photo comme ça et on garde la pose (ce qui me fait un peu mal au dos).
Kat : C'est fait ! Bon, vous venez ?
Tommy : Tu veux jeter une pièce dans la fontaine ? Il paraît que ça porte chance.
Moi : Franchement, je ne sais pas comment tu peux croire que je veuille faire ça, pfff, tu me connais mal. Pas besoin.
Je feins d'avoir oublié quelque chose près de la fontaine et je jette discrètement une pièce dans l'eau. Ben quoi ? On n'a jamais *trop* de chance.

18 h 30
Nous entrons dans l'hôtel et suivons les indications pour le « Bal des finissants, école Louis-de-Bellefeuille ». En voyant ça, je prends l'affiche en photo. Je ressens une excitation indescriptible. Qui est momentanément arrêtée par une pensée : ai-je débranché mon fer à friser ?

18 h 31
Oh nooooon ! J'ai oublié de débrancher mon fer !

18 h 32
Ma mère va s'en rendre compte et le débrancher. C'est elle qui a fait les retouches coiffure, après tout.

18 h 33
Et si elle ne s'en rend pas compte et que toute la maison brûle ?!

18 h 34

J'envoie un texto à ma mère :

Je crois que je n'ai pas débranché le fer.

18 h 37

Pas de réponse.

18 h 38

Nous nous installons à la table qu'on nous a attribuée. Il y a quelques discours de professeurs que nous n'écoutons que d'une oreille (en tout cas, moi, je n'écoute que d'une oreille parce que je suis déconcentrée à cause du fer possiblement toujours branché et de la possible disparition de toute ma famille dans les flammes).

19 h 2

Nous dînons. Tout le monde prend plein de photos et, pendant le dîner, nous voyons à tout moment des flashs apparaître devant nos yeux.

19 h 30

Je regarde les autres tables. (Honnêtement, je veux voir qui accompagne Nicolas.) Je vois Iohann et Audrey assis l'un à côté de l'autre, qui se dévorent des yeux. Ils semblent rire. Ils vont bien ensemble. Je cherche tout de suite du regard l'ex de Iohann, Frédérique. Elle est accompagnée d'un garçon que je ne connais pas. Elle a l'air heureuse. Ses amies, Nadège Potvin-Martineau et Roxanne Gélinas, que Kat appelle « les perruches » et que j'ai fréquentées quand je sortais avec Iohann, sont assises près d'elle, accompagnées de garçons de l'équipe de foot. Nadège me voit et me sourit, je lui fais signe de la main. Étrange comme cette époque, même si elle

n'est pas si loin, me semble floue. Des gens qui ont traversé ma vie, sans vraiment me marquer.
Je vois Truch, accompagné d'une fille qu'on ne connaît pas. Je donne un coup de coude à Kat, discrètement pour que Jérémie ne nous voie pas (c'est une affaire de filles). Elle me glisse à voix basse :
– Oui, c'est sa nouvelle copine, Mélissa ou Mélissandre quelque chose. Il m'en a parlé l'autre jour.
Il nous voit et nous fait signe de la main. On lui sourit et, vraiment gênées d'avoir été prises sur le fait, on se retourne pour rire (pas du tout subtil).

19 h 35
Je ne vois toujours pas Nicolas.

19 h 36
Je renvoie un texto à ma mère :
Tu as regardé pour le fer ?

19 h 39
Pas de réponse.
J'imagine le pire : tout le monde a péri dans les flammes.

20 h 30
D'autres discours de professeurs. Avec Tommy, on s'avoue qu'on commence à trouver ça un peu chiant. Un dîner chic. Des discours. Ce n'est pas comme ça qu'on s'imaginait le bal. C'est un peu long.

20 h 45
Le directeur annonce que la piste de danse est maintenant ouverte. Tout le monde fait comme si de rien n'était. Personne ne veut y aller *en premier*. Argh.

21h1
Kat et JF décident d'aller danser. Ils font un peu n'importe quoi et éclatent de rire. Et tout le monde les rejoint sur la piste de danse.

21h23
Totalement malaaaaaaaaaaade ! On danse. Toute la bande ensemble. À travers l'éclairage bleu, rose et blanc. Nous sommes en cercle sur la piste de danse. À côté d'une autre bande que je ne remarque pas. Je me laisse complètement aller sans me soucier de savoir si on me regarde ou non. Je m'amuse en pensant, juste une fois de temps en temps, que cette soirée marque la fin d'une grosse étape de ma vie. De laquelle je n'aurai, bientôt, que quelques souvenirs vagues.

21h42
J'ai mal aux pieds. C'est super pas confortable, les talons ! Je demande à Kat si elle aussi a mal aux pieds et elle me dit que non. Puis j'oublie mon mal de pieds grâce à une chanson que j'aime qui commence à passer.

22h1
On danse ! On danse ! On danse ! C'est vraiment l'éclate ! On voit même des professeurs danser et on les pointe du doigt en riant. Ça fait drôle de les voir dans un contexte détendu.
Je ne sais pas si c'est le verre de vin que j'ai bu au dîner, mais je n'arrête pas de me faire des jeux de mots douteux dans ma tête : Aurélie Laflamme brûle sa maison, hé hé. Hoquet.

22h45
J'arrête de danser (pour cause de mal de pieds) et je parle à différentes personnes. Des gens à qui je n'ai jamais osé

parler. On se demande ce qu'on fera cet été, en quoi on va étudier, etc. Plusieurs barrières tombent, on parle de tout et de rien.
Note : Je ne vois toujours pas Nicolas.
Questionnement : Je me demande s'il est venu.

23h3

Je marche difficilement vers les toilettes. Tommy me rejoint et demande :
– Ça va ? Tu marches comme un canard.
Moi : J'ai tellement mal aux pieds ! C'est l'horreur, ces chaussures !
Tommy : Oui, mais t'es sexy !
Moi : Même quand je marche comme ça ?
J'imite le Bossu de Notre-Dame en faisant la grimace.
Tommy : Non, là, j'avoue. Tu veux que j'aille chez toi te chercher tes baskets ?
Moi : Ben non ! Je ne veux pas que tu manques le bal !
Tommy : Mais ça ne me dérange pas ! Ce n'est pas si loin, je prends un taxi pour y aller et je reviens en scooter. Ça ne sera pas long.
Moi : Tu es OK… alcooliquement parlant ? T'sais, je n'ai jamais osé trop te le dire pour ne pas détruire tes rêves, mais un scooter, c'est dangereux, tu pourrais te blesser, avoir un accident…
Tommy : Ce qui me fait rire chez toi, c'est que tu te penses subtile. Ben oui, je suis OK pour conduire. J'ai juste bu un verre il y a deux heures ! Je me réserve pour l'après-bal, et je ne prendrai pas mon scooter.
Je l'embrasse. Je lui donne ma clé. Et je lui demande de m'envoyer un texto quand il arrivera pour me dire si ma maison a été démolie à la suite d'un incendie.
Tommy : Si ta maison est démolie, je ne pourrai pas te

rapporter tes chaussures. Dans ce cas-là, qu'est-ce que je fais ?
Moi : Ha. Ha. Je resterai nu-pieds.

23h7

Je m'assois sur un grand pot en ciment où est planté un petit arbre (ou une plante avec un tronc assez épais. Je ne m'y connais pas trop en arbre/plante). Pour observer un peu les gens. Comme j'aime le faire dans les soirées. Et je vois Jean-Félix embrasser un garçon sur la piste de danse. Waouh ! Puis je vois Kat au loin me faire de gros yeux, elle n'aime pas quand je joue à l'observatrice. Je lui pointe mes pieds douloureux. Et je lui pointe ensuite Jean-Félix qui embrasse un garçon. Elle me fait un grand sourire et lève un pouce en l'air.
Alors que je me penche pour enlever mes chaussures dans le but de masser un peu mes pieds douloureux, je sens que le pot bascule sous mes fesses. J'essaie de m'ancrer au sol, mais comme j'ai détaché mes chaussures, elles se balancent et je suis incapable de les stabiliser, si bien que je tombe par terre, et le pot de ciment (qui, finalement, avait l'air en ciment mais ne l'était pas du tout ; je ne m'y connais pas en matériaux de construction non plus, semble-t-il) me tombe dessus, mais surtout, de la terre qui était dans le pot atterrit sur moi.
J'essaie de pousser le pot et de sortir de là, lorsque je sens une présence près de moi. Honteuse, je ne regarde pas en me disant que peut-être la personne passera sans remarquer une fille (moi) prise sous un pot d'arbre/plante et que je ne serai pas obligée de perdre la face ou d'inventer une blague de circonstance.
– Ça va ?
C'est Nicolas. Il prend le tronc de la plante/arbre, le soulève et me tend la main.

Je réponds :
– Ah euh… oui, ça va, je…
Nicolas : Tu fais du jardinage ?
Moi (en me levant) : Oui, je… j'aime bien explorer la faune et la flore en toutes circonstances.
Il sourit. J'essaie de balayer le plus de terre possible qu'il y a sur moi.
Nicolas : Tu t'amuses bien ?
Moi : Oui. Je voulais juste… me reposer un peu. J'ai mal aux pieds. Des talons, c'est l'enfer !
Nicolas : Tu sais qu'il y a des chaises aussi, ça faisait partie du budget du bal.
Je ris. Un peu trop. Un mélange de nervosité et de honte peut-être.
Nicolas : Tu es super belle, en tout cas.
Moi : Merci… la terre ajoute beaucoup à mon look. T'es venu avec qui ?
Nicolas : Méganne Gauthier. Toi ?
Moi : Tommy… on… sort ensemble. Depuis…
Nicolas : Ah… content… pour vous deux.
Mon cœur se serre. J'ai du mal à respirer. Après tout ce temps à tenter de convaincre Nicolas qu'il n'y avait rien entre Tommy et moi… C'était vrai, pourtant. Ça changé.
Il ajoute :
– Bon, je suis content de t'avoir vue. Vous faites quoi pour l'après-bal ?
Moi : On va à celui organisé par l'école. Toi ?
Nicolas : Les parents de Raph nous ont proposé de faire ça chez eux. Ils nous ont laissé la maison. On a invité plein de monde. Passez, si ça vous tente. Mon frère m'a dit que c'était relou, l'après-bal de l'école. Le trajet pour y aller est long, et tu ne peux pas revenir à l'heure que tu veux, faut que t'attendes la navette.

Moi : Merci.
Nicolas : Bonne chance avec tes pieds. Et assieds-toi sur une chaise la prochaine fois.
Moi : Ha ha ha ! Bonne chance... avec Méganne.
Franchement, c'est HYPER NIAIS ce que je viens de dire !
Je ne peux m'empêcher de ressentir une pointe de nostalgie. Mon bal... je l'avais toujours imaginé avec Nicolas. (Bon, pas « toujours », mais disons depuis que je le connais, parce que quand j'avais, par exemple, dix ans, je ne le connaissais pas, alors j'imaginais mon bal avec Daniel Radcliffe, mais ça, c'est une autre histoire !)
Je remets mes chaussures, je le suis et lui demande :
– Tu veux danser ?
Il acquiesce, l'air content, et on se dirige vers la piste de danse. On danse sur une chanson pop très rythmée, mais dont je ne pourrais absolument pas donner le titre. On saute. Nicolas fait toutes sortes de pas de danse rigolos et on rit.
Je vois Kat qui me fait encore de gros yeux et qui semble se demander où est Tommy. (À moins que ce soit parce qu'elle ne comprend pas pourquoi je suis toute sale.)

23 h 21

J'envoie un texto à Tommy :
Alors, ma maison est en feu ?

Aucune réponse. Il a brûlé, lui aussi ?

23 h 27

Tommy arrive sur la piste de danse avec mes baskets et me rend ma clé. Je lui dis « merci, merci » en lui sautant au cou. Il me dit que ma maison n'est pas en feu, mais que François et ma mère n'étaient pas là.

Ils en ont sûrement profité pour faire une sortie en amoureux. Trop mignon.
Je suis vraiment soulagée par l'absence d'incendie.
Tommy voit Nicolas près de moi et le salue.
Et, avec l'éclairage, il doit apercevoir que je suis pleine de terre, car il enlève une petite feuille qui devait être restée coincée dans mes cheveux en me demandant :
– Mais qu'est-ce qui t'est arrivé ?!
Moi : Longue histoire avec un pot de plante/arbre qui avait l'air en ciment.
Il fait un air mi-intrigué, mi-découragé et il m'annonce qu'il va voir Jean-Félix. Je n'ai pas le temps de lui suggérer de ne pas aller le déranger qu'il est déjà parti.
Je me sens un peu mal. Je voudrais lui expliquer que je dansais avec Nicolas, mais que ça ne voulait rien dire.
Est-ce que ça ne voulait *vraiment* rien dire ? Hum…

23h31
Je mets mes baskets et je me dirige vers le vestiaire pour aller y ranger mes autres chaussures. Quel soulagement d'être dans des chaussures normales ! Bon, d'accord, ce n'est pas ce qu'il y a de plus chic, mais au moins c'est confortable !
Je donne mes chaussures à talons à la fille du vestiaire en lui faisant une blague sur les talons, et elle rit de façon complice. Mais elle était peut-être aussi juste polie, parce qu'elle doit entendre ce genre de blague dans toutes les soirées. Je devrais m'inspirer de son attitude la prochaine fois que je trouverai un emploi.

23h32
Je me redirige vers la salle de bal dans le but d'aller parler à Tommy et de m'assurer qu'il n'est pas troublé de

m'avoir vue danser avec mon ex lorsque je reçois un texto de François :

Nous sommes à l'hôpital. Tout va bien. Ne t'en fais pas. Continue de t'amuser. Je crois que nous en avons pour longtemps. Ta sœur va arriver ! ;o)

23 h 33

Je laisse tomber mon téléphone. Mon cœur bondit dans ma poitrine. Des larmes apparaissent dans mes yeux. C'est là. Là. Ma sœur. Ma sœur ? C'est trop bizarre. Oui, bien sûr, je voyais ma mère avec un ventre aussi gros que la Lune, mais on aurait dit que ce n'était pas tout à fait concret. Jusqu'à maintenant.

La fille du vestiaire : Ça va ?

Moi (en ramassant mon téléphone) : Il faut que je parte.

23 h 34

Texto à Kat et Tommy :

Partie à l'hôpital.

23 h 35

Je cours dehors. Aussi vite que je peux. Je ne ressens rien à cause de l'adrénaline, je ne fais que courir.

23 h 39

Je me fais klaxonner. Pourtant, je suis sur le trottoir. Je me retourne. C'est Tommy, sur son scooter. Il ralentit lorsqu'il arrive près de moi.

– Je t'ai dit que je ne monterais jamais là-dessus ! Mes… cheveux !!!

Tommy : T'es nouille, Laf ! Je suis prudent ! Je vais faire attention !

Moi : Y a plein de nids-de-poule ! On ne voit rien ! On va avoir un accident et se retrouver à l'hôpital !

Tommy : C'est là qu'on va de toute façon !
Je continue de courir sans m'occuper de lui.

23 h 41
Tommy s'énerve. Il semble presque fâché contre moi. Je n'arrive pas à déterminer s'il est fâché parce que je ne veux pas monter sur son scooter ou parce qu'il m'a vue avec Nicolas. Je continue de courir.
Il crie :
– Laf ! Tu t'empêches toujours de faire des nouvelles choses parce que t'as peur ! T'avais peur de changer d'école et de déménager. T'avais peur d'aller chez ta grand-mère ou en camping ! Finalement, ça n'a pas été si terrible ? T'as peur de conduire, de changer de copain, de me perdre comme ami et t'as peur d'avoir une sœur ! Tout va bien se passer ! Et si on se plante, qu'on se trompe ou qu'on se blesse, c'est pas grave ! On est forts. TU es forte ! Arrête !!!

J'arrête de courir. Il arrête son scooter près de moi. Et il me tend la main.

23 h 42
Tommy : Fais-moi confiance, s'il te plaît… Monte.

23 h 43
Sur le scooter de Tommy. C'est vrai : j'ai peur. Je m'accroche si fort à lui qu'il finit par m'ordonner de me relaxer un peu parce que je l'étouffe.

23 h 45
Description du sentiment sur le scooter : terreur absolue.

23 h 46
Description du sentiment sur le scooter : peur.

23 h 47
Description du sentiment sur le scooter : finalement pas si terrible.

23 h 50
Description du sentiment sur le scooter : finalement, c'est TOTALEMENT cool !
(Je pourrais peut-être considérer de reprendre des cours de conduite. Bon, une chose à la fois.)

23 h 55
On arrive à l'hôpital. On descend du scooter. En se dirigeant vers l'entrée, Tommy n'arrête pas de répéter : « Alooors, je te l'avais dit ! » Je feins de ne pas l'entendre. Je ne veux quand même pas lui donner raison si facilement. J'ai mon orgueil (et franchement autre chose à penser en ce moment, du genre mère qui accouche) !
On entre dans l'hôpital. Je demande où est ma mère. Je cours partout pour la trouver. Tommy me suit.

23 h 58
J'arrive dans la chambre de ma mère. Tout est calme. Il y a plein de monde autour d'elle. François est là et s'exclame, un peu euphorique :
– Mais qu'est-ce que vous faites ici ?
Moi : J'ai eu ton texto…
François : Retournez à votre bal, voyons ! On en a sûrement pour des heures ici.
Ma mère, en sueur, dit calmement :
– Je pense que ta sœur voulait voir ta robe de bal.
Elle sourit, puis elle attrape la main de François et crispe

le visage en prenant une grande inspiration. Une larme ou de la sueur coule sur sa joue.
Moi (en regardant Tommy) : J'aimerais rester…
Tommy : De toute façon, on vient de manquer les navettes pour l'après-bal.

Dimanche 15 juin

Je suis dans la salle d'attente, avec Tommy. On feuillette des magazines. Les gens nous regardent soit avec un air bizarre, soit avec un sourire.

Constat : Être habillé chic provoque énormément de regards émus chez les autres (surtout les adultes).

1 heure
Texto de Jean-Félix :
Nous sommes aux urgences. Kat a eu un problème.
Tommy me pointe une affiche et dit :
– Hé ! Coupe ton portable !
Moi : Kat est ici, à l'hôpital, elle a eu un problème !!! Oh noooon !
Tommy et moi, on se lève et on court vers l'ascenseur. On se fait réprimander par une infirmière :
– On ne court pas !
Et je crie :

– Si mon beau-père nous cherche, on revient !
On appuie plusieurs fois sur le bouton de l'ascenseur et on attend, vraiment inquiets.
Moi : Tu crois qu'elle a trop bu ? Elle fait peut-être un coma éthylique ?
Tommy : Ce serait surprenant, avec le seul verre de vin auquel on avait droit au dîner. C'est à l'après-bal, habituellement, que les gens font ça.
Les portes de l'ascenseur s'ouvrent.

1h7

Nous arrivons aux urgences.
Kat est sur une civière et elle pleure.
Jérémie est à côté d'elle et il lui caresse les cheveux.
Je cours vers elle et m'écrie :
– Mais qu'est-ce qui s'est passé ???
Kat se tourne sur le côté et fait signe à Jérémie de raconter.
Jérémie commence :
– Elle a reçu ton texto comme quoi tu partais à l'hôpital. Alors, elle a décidé de quitter le bal…
Kat : Tu racontes mal ! Bon ! J'ai reçu ton texto, alors je me suis dit : « Ma meilleure amie est à l'hôpital, pas question que je reste une minute de plus ici ! » Et je suis partie en courant…
Jérémie : Comme une folle !
Jean-Félix arrive derrière nous avec des cafés et ajoute :
– On l'a suivie.
Il est accompagné d'un garçon qu'on ne connaît pas.
– Je vous présente Barnaby.
C'est un beau mec, bien habillé, petites lunettes stylées. Je crois que c'est un garçon du club de sciences qui avait fait une exposition assez originale l'an dernier, mais je ne me souviens plus de quel sujet il traitait.

Kat : Je courais, je courais sans m'arrêter.
Jérémie : Et là, en arrivant à l'hôpital, elle a commencé à regarder partout, mais une infirmière l'a vue et l'a tout de suite placée dans un fauteuil roulant.
Moi : Pourquoi ?
Kat se retourne pour pleurer.
Jean-Félix : Ses pieds étaient en sang.
Jérémie : À courir comme ça, avec des chaussures pareilles...
Kat (à travers ses sanglots) : Au'... Ils ont été... obligés... de les couper...
J'inspire en mettant ma main sur ma bouche. Je regarde la couverture qui recouvre ses jambes ; elle est tachée de sang.
Moi : Oh mon Dieu !!! Tu... as perdu... tes pieds ?
Jean-Félix : Ben non, enfin !!! Ses chaussures !!!
Jérémie : Ses pieds saignaient, et ils étaient tellement enflés qu'il était impossible d'enlever les chaussures pour les désinfecter. Les infirmières les ont coupées.
Jean-Félix : Je n'ai jamais entendu Kat crier comme ça.
Barnaby : Elle n'arrêtait pas de crier : « Je vais bien, je vais bien ! Sauvez mes chaussures ! Laissez-moi partir !!! »
Elle sort ses pieds de sous la couverture, nous montre ses plaies et dit :
– Ils vont venir me mettre des pansements et ensuite ça va aller... Contente de te voir. Comment va ta mère ?
Moi : Elle va bien... mais... je m'excuse... pour tes chaussures... je me sens mal.
Kat : Mais non, enfin ! Tu pensais vraiment que j'allais te laisser partir sans moi le soir du bal ???
Je regarde tout le monde un à un.
Moi : Je vous ai fait rater l'après-bal !
Jean-Félix : Pas grave, on s'en fera un de notre côté. On

aura une super anecdote à se raconter quand on se retrouvera !
Moi : J'espère qu'on n'aura pas besoin de « se retrouver ». On ne se perdra pas de vue, hein ?
Jean-Félix : On va essayer…
On se sourit. J'ai les larmes aux yeux.
Tommy prend ma main.
Moi : Bon… Je retourne voir ma mère.
Jean-Félix : On te rejoint quand Kat pourra marcher.

1h42

Tommy et moi marchons tranquillement vers l'ascenseur. Une fois dedans, on éclate de rire, à moitié de nervosité, à moitié de fatigue. Tommy se moque un peu de moi d'avoir pensé que Kat avait perdu ses pieds. Les portes s'ouvrent et nous commençons à marcher vers la salle d'attente, lorsque je m'arrête net, le cœur serré. Nicolas est là. De dos. Je le reconnaîtrais n'importe où. Qu'est-ce qu'il fait là ? Nous nous approchons de lui. Tommy lâche ma main. Nicolas se retourne. Se lève. Il dit :
– Salut.
On répond la même chose. Moi, un peu nerveusement.
Nicolas : Quand je t'ai vue partir en courant, je me suis inquiété… Et quand j'ai vu Kat partir à toute vitesse, je l'ai arrêtée pour lui demander pourquoi elle partait si vite, et quand elle m'a dit que c'était pour te rejoindre à l'hôpital, j'ai décidé de venir aussi. Je ne savais pas que c'était pour ta mère. Je pensais que t'étais blessée… à cause du pot de fleurs. J'aurais dû y penser… C'est débile. L'infirmière m'a dit que t'étais seulement partie à la cafétéria.
Moi : On ne lui avait pas dit ça, mais…

Nicolas : Aurélie… est-ce que je pourrais te parler… deux minutes ?
Tommy me regarde. Il regarde Nicolas. Puis il dit :
– Prends tout le temps qu'il faut.
Puis il met une main sur l'épaule de Nicolas en ajoutant :
– Ça a toujours été toi …
Et il s'en va. Je le regarde partir, un peu confuse.

1h51

Nicolas est en face de moi. Il semble avoir la gorge sèche. Il m'emmène vers un coin plus tranquille, à l'abri des regards qui sont tous braqués sur nous comme si nous étions des acteurs de théâtre ambulant en pleine représentation.
Nicolas : Aurélie… je me sens comme le mec le plus nul de la terre. Je t'ai toujours aimée. Et j'ai toujours tout gâché. Je ne me sentais genre pas en sécurité, je ne sais pas trop. J'avais peur de te perdre. Ou de ce que les gens pensaient. Ça m'a fait faire plein de conneries. Je voudrais juste… une autre chance.

1h53

Parfois, il y a des moments où on vit un bonheur tellement intense qu'on se dit qu'il ne faut pas trop s'y attacher, car il s'arrêtera aussitôt qu'on y aura goûté. J'ai vécu ces moments de bonheur où je me demandais ce que j'avais bien pu faire de bien dans ce monde pour mériter tout ça. J'ai aussi vécu complètement le contraire. Des moments de pure tristesse où je me demandais ce que j'avais fait pour en arriver à souffrir autant.
Avec Nicolas, j'ai vécu ce bonheur. Le premier baiser, le premier amour, plein de premières expériences de quelque chose auquel on n'a jamais goûté et dont on voudrait que ça dure toujours. J'ai vécu aussi mon premier

chagrin d'amour. Ma première grande douleur après la mort de mon père. Ce genre de peine qu'on ne voudrait jamais plus vivre. Mais de laquelle on se sort. Toujours. Souvent grandi. Et j'ai appris qu'on reprend goût au bonheur. Un bonheur qu'on se construit, au final, tout seul. Même s'il est enrichi par les gens qui nous entourent.

1h55

Je suis devant Nicolas. Que je regarde. Et dont je respire l'odeur, celle qui me fait chavirer depuis trois ans. Un peu troublée. Confuse. Je finis par dire :
– Nicolas… tu as été mon premier amour. Je ne t'oublierai jamais. Tu es dans mon cœur, pour toute la vie. Mais…
Je reste là, devant lui, sans être capable d'expliquer davantage ce « mais » qui signifie qu'au fond il est trop tard, et que je suis maintenant amoureuse de quelqu'un d'autre.
Nicolas me regarde et dit, simplement et humblement :
– Je comprends… Moi non plus, je ne t'oublierai jamais, Aurélie.
On se serre dans nos bras, très fort. Nous avons les larmes aux yeux. On desserre notre étreinte et il ajoute :
– T'es vraiment belle, ce soir.
Moi : Merci, toi aussi. Enfin, pas belle, beau, bref, tu comprends, je ne voulais pas…
Nicolas (en riant) : Oui, oui, j'ai compris.
Moi : T'sais, pour nous deux, je n'ai pas été parfaite non plus. On fait de notre mieux. On apprend.
Il ne dit rien.
Je me dirige vers l'ascenseur pour partir à la recherche de Tommy. Et Nicolas me lance :
– Aurélie ?
Je me retourne vers lui.

Moi : Oui ?
Lui : Je peux sortir avec des Emmanuelle maintenant ?
Moi (en souriant) : Oui… même avec des Sandrine, si tu veux. Il n'y aura pas d'explosion nucléaire.
On se regarde encore un instant en souriant, et il se retourne pour s'en aller, vers un autre ascenseur (ce que j'aurais fait aussi, car ça aurait été un gros malaise de prendre le même).

2h4

Je vais aux urgences voir si Tommy est avec le reste de la bande, et ils me disent qu'il n'est pas avec eux.
Je cours hors de l'hôpital, jusqu'au parking, là où il a laissé son scooter. Je le vois prendre son casque sur le banc et je crie :
– Hé ! Tommy !!!
Il me regarde et me fait signe de la main.
Je me dirige vers lui.
Moi : Tu t'en vas ?
Tommy : Ben… oui.
Moi : Tu ne restes pas pour voir Sandrine ?
Il baisse la tête et dit :
– On va rester amis, t'inquiète pas. C'est juste que là…
Moi : C'est juste que là quoi ?
Tommy : Ben… toi et Nicolas. Je comprends, t'sais, ça va. J'ai toujours su qu'au fond…
Moi : Tommy… Tu te trompes. C'est toi, maintenant. C'est toi, mon chacun !
Tommy : Hein ?
Moi : Oui, à chacun sa chacune… Ben toi, t'es mon chacun !
Tommy : Ah scuse, je n'avais pas fait le lien.
Moi : Tu gâches ma réplique romantique !
Tommy : Je gâche tout le temps tout.

Moi : Oui, c'est vrai, ça !
Tommy : T'avais qu'à ne pas venir me chercher ! Dans ta face, Aurélie Laflamme !
On rit.
On se regarde longuement.
On s'embrasse.
Pidou pidoum pidou pidou pidoum.
Je recule, touche mon cœur et dis :
– T'as entendu ?
Tommy : Ton portable ? Oui.
Je souris gênée. Je crois qu'il a compris que j'avais l'impression que c'était dans ma tête parce que je suis totalement amoureuse de lui et que ça me fait penser à de nouvelles onomatopées étranges.
J'attrape mon téléphone qui annonce un texto.
J'ouvre le message. François m'écrit :
TA SŒUR EST NÉE !!!

2h14

Nous arrivons dans la chambre de ma mère. Au début, l'infirmière ne voulait pas faire entrer toute la bande, mais ma mère a accepté. François s'approche de moi pour me prendre dans ses bras, mais voyant qu'il a plein de sang sur lui, je refuse son étreinte. Il se regarde et éclate de rire. Un rire qui se transforme en pleurs. Il pointe ma mère et il me dit :
– Je te présente Sandrine.

2h15

Sandrine est dans les bras de ma mère. Un peu plissée. Elle semble aveuglée par les néons de la chambre d'hôpital. Ma mère a l'air fatiguée, mais comblée. Elle me sourit.

2h17

Nous nous approchons tous d'elle : Kat, Tommy, Jean-Félix, Jérémie, Barnaby et moi. Ma mère me tend ma sœur, et je la prends dans mes bras.

Sandrine ouvre et ferme les yeux, ouvre et ferme la bouche. Je caresse sa minuscule tête de mon doigt. Kat a les larmes aux yeux, et je lui tends à mon tour le bébé. Un sentiment de bonheur m'envahit. Une grande sérénité. Une impression que toutes mes émotions sont évacuées de cette chambre. Et je fais le simple souhait que ma sœur ait une belle vie. (Et que ma mère, désormais, dirige sur elle ses élans de dominatrice ménagère.)

Lundi 16 juin

Lettre à Sandrine Blais, alias ma petite sœur chérie.

Ma chère sœur,

Waouh, ton premier jour sur Terre, ça doit être excitant ! (Bon, je dis ça, évidemment, sans aucune preuve et en me demandant bien en quoi peut être excitant le premier jour sur Terre d'un bébé : il n'y a pas de cadeau à déballer, tu as l'air de ne rien voir du tout et d'être un peu surprise par toutes ces nouveautés qui t'entourent, mais tout le monde suppose que ça doit être excitant pour toi, alors je répète, car il doit vraiment y avoir quelque chose de spécial là-dedans pour que tout le monde le dise !)

1) Premièrement, mettons quelque chose au clair : il se peut qu'un jour, dans ta vie, on te dise que ta grande sœur est une extraterrestre. Je voudrais préciser : je ne le suis pas. Juste des fois. Un peu. Et pas dans le sens péjoratif du terme. Dans un sens positif. Je pense. Un peu. Disons dans le sens de « originale », genre. Et, de toute façon, est-ce que c'est si grave d'être extra-terrestre ?

2) Quand les gens vont te dire de te brosser les dents, tu vas essayer plein de trucs pour avoir l'air de l'avoir fait pour éviter de le faire pour de vrai. Comme mouiller ta brosse à dents, te mettre un peu de dentifrice sur la langue, ouvrir le robinet pendant que tes parents sont dans l'autre pièce, mais sans l'utiliser. Tu vas te sentir super intelligente et rebelle. Mais je t'avertis : tous les problèmes de dents sont ennuyeux. Dans la vie, s'il y a une catégorie de personnes que tu veux éviter, ce sont les dentistes. Brosse-toi bien les dents.

3) À sept ans, si un garçon te taquine, c'est qu'il tripe sur toi. À seize ans, si un garçon t'agace, c'est que peut-être il tripe sur toi, peut-être il veut te voler ton repas, peut-être il est jaloux de tes notes ou peut-être tu as fait souffrir un de ses amis. N'essaie surtout pas de trouver une signification à ça. Apprends juste à connaître les gens individuellement, tu finiras par les comprendre.

4) Ton père est une référence en matière de patience envers les femmes. Avec les années, on a appris à ne pas trop le malmener. J'espère que tu seras toi aussi indulgente envers lui.

5) Ton père n'est <u>PAS</u> diabolique.

6) Ta mère est la femme la plus généreuse que tu connaîtras dans ton existence. La plus cool aussi. Même si parfois, surtout

à cause de son obsession pour le ménage, il t'arrivera de penser le contraire.
7) Il se peut que tu remarques que ta mère a quelques problèmes de mémoire, et que tu songes toi-même à l'éventualité des séquelles que ce problème a pu te causer par voie génétique. C'est une pensée normale. Mais dis-toi que dans la famille, nous avons d'autres qualités héréditaires. (Par contre, les trouver est le projet de toute une vie…)
8) Ton père est un papa lion. Ce genre de personne qui en impose par sa prestance et qui protège les gens et les choses qu'il aime (surtout s'il s'agit de vieux tee-shirts) en un seul rugissement royal. (Je tenais vraiment, dans cette lettre, à faire une métaphore animale.)
9) « Quoi que tu rêves d'entreprendre, commence-le. L'audace a du génie, du pouvoir, de la magie. » C'est une citation inspirante de Goethe. (C'était juste pour ajouter un brin de culture aux points présentés.) Et elle pourrait un jour te servir dans un travail de première sur l'audace.
10) Ceux qui disent qu'on peut partir en voyage en emportant seulement son bikini et sa brosse à dents ne savent pas ce qu'ils disent (et ne sont jamais allés en Antarctique ni dans les Antilles où, selon notre mère, on a besoin d'au moins un million de crèmes de tous genres). Bref, méfie-toi des gens qui utilisent des phrases toutes faites.
11) Les céréales Lucky Charms, c'est bon. Je te souhaite sincèrement que la marque ne fasse pas faillite avant que tu aies terminé ce trip. Ça m'était arrivé avec des céréales dont j'oublie le nom. Une tragédie… je ne te raconte pas ! (Tu vois, mon côté extraterrestre ressort comme ça, parfois, sans raison valable !)
12) Ne coupe pas les cheveux de tes poupées, ça ne repousse pas. Ça donne juste l'impression que ta chambre est un cirque de freaks.

13) Un jour, tu seras obligée de faire le ménage dans ta chambre et de donner tes vieux jouets. C'est déchirant. Ça te fera de la peine (même pour les poupées aux cheveux coupés). Mais tu vas voir, on s'en remet. Comme de son premier chagrin d'amour. Et de tous les autres chagrins qui suivent.
14) L'histoire de ton prénom est assez cocasse et est issue d'une de mes (trop nombreuses) gaffes. Pourrais-tu attendre l'âge vénérable de dix-huit ans avant de nous demander de te la raconter, s'il te plaît ?
15) Si, à quatorze ans, tu te sens extraterrestre, et que ton père est occupé à protéger ses vieux tee-shirts, et que ta mère est occupée à travailler sur ses problèmes de mémoire ou à faire du ménage, dis-toi que ta sœur extraterrestre sera toujours là pour toi.
Je t'aime,
Aurélie
xxx

Mardi 17 juin

À : Janik Tremblay
De : Aurélie Laflamme
Objet : Photo de bal

Bonjour Janik,
J'espère que tu vas bien ! (Évidemment, car souhaiter à quelqu'un d'aller mal n'est pas mon genre !)

J'avais fait une multitude de blagues (dues à un mélange exotique de chocolat noir et de thé chai qui me réussit super bien), mais je les ai toutes effacées pour rendre ce courriel très concis. (Est-ce que ça s'écrit « concis » ou « conçis » ? Bon, pourvu que tu comprennes !) Et en plus, elles étaient toutes vraiment nulles !!! (En tout cas, vraiment inutile de te parler de mon cheminement courriélique, en plus ça annule totalement mes efforts pour rendre ça concis/conçis.)
Tel que tu me l'as demandé, voici en pièce jointe une photo de moi au bal avec mon copain, Tommy.
Je voudrais aussi te dire (même si je te l'ai déjà dit) que je te remercie de m'avoir permis de passer une journée de stage avec toi en février. Ça m'a grandement éclairée sur le genre de carrière que j'aimerais avoir. Surtout après tes encouragements. Aussi, je réalise qu'avoir travaillé pour un magazine rend tous les emplois étudiants un peu insipides. Alors, je me demandais si vous n'aviez pas une petite place pour moi au sein de votre entreprise cet été. Je suis même prête à passer le balai !
Bon, je comprends, si votre équipe est complète, je n'insisterai pas, car je ne veux pas te harceler et que tu rejettes ma candidature pour un stage l'an prochain, mais si jamais il n'y a aucun poste de disponible maintenant, mais que quelque chose se libère éventuellement et que tu as besoin de quelqu'un en urgence, pense à moi !
À bientôt,
Aurélie
xx

P-S : Dans le « Spécial bal », j'ajouterais un article où on comparerait nos attentes concernant le bal avec la réalité. Car cela m'a semblé être une soirée comme beaucoup d'autres, c'est juste qu'elle coûte plus cher et qu'on doit porter des chaussures inconfortables. Enfin, ce n'est pas pour critiquer le magazine (ni le bal en tant que tel), c'est juste que je me demande si cette soirée n'est pas un peu « moussée » médiatiquement, et si on ne nous pousse pas à avoir des attentes démesurées par rapport à ce que c'est vraiment.

PP-S : Évidemment, il se peut que la soirée se passe différemment pour les gens dont la sœur décide de naître un autre soir que celui du bal…

PPP-S : Qu'on me comprenne bien, je ne veux pas dire que le bal n'est pas « l'éclate », c'est juste que ce n'est pas, genre, « l'éclate grandiose » comme ce à quoi on pourrait s'attendre. C'est juste « l'éclate l'éclate », genre.

PPPP-S : J'ai acheté ma robe de bal en solde !!!

Mercredi 18 juin

À : Aurélie Laflamme
De : Janik Tremblay
Objet : Re : Photo de bal

Bonjour Aurélie,
Tu me fais bien rire, toi. :)

Waouh ! Très bon choix de robe ! Tu es magnifique ! Et mignon comme tout, ton copain ! ;)
Nous avons déjà quelqu'un pour passer le balai, mais nous t'avons tous beaucoup appréciée. Nous avons besoin de quelqu'un pour classer les photos, coordonner les shootings mode, envoyer les produits à nos journalistes. Ce n'est pas très excitant, mais c'est un début. Bref, nous allons te trouver une place. Tu pourras commencer dès que tes cours seront terminés.
Alors on se verra souvent cet été ?
Janik

P-S : Bonne idée d'article pour les attentes opposées à la réalité. Je vais soumettre ça à un de nos journalistes pour l'an prochain. À moins que tu l'écrives ? Il faudrait par contre que tu puisses étoffer un peu ta pensée et laisser tomber les « genre », hein ? Et, idéalement, que tu puisses vérifier dans un dictionnaire si tu veux écrire le mot « concis » dans un texte ! ;) On verra comment tu t'en tires cet été. Et on se reparlera de tout ça. On a le temps avant le prochain « Spécial bal » de toute façon.

PP-S : Félicitations pour ta petite sœur !

16 h 34
Euphorie totale.
Explosion de joie.
C'est la première fois que j'entrevois mon avenir positivement, même sans savoir exactement ce que je ferai comme travail dans la vie. J'ai l'impression qu'un monde de possibilités s'ouvre à moi. Je vais étudier dans quelque chose que j'aime ou, du moins, qui m'intéresse. Et cet été, je travaillerai au magazine que j'ai lu et aimé pendant

tout mon collège/lycée. ET PEUT-ÊTRE MÊME QUE J'Y ÉCRIRAI UN ARTICLE !!!!!!
LA VIE EST BELLE !!!!!!!!!!!!!

vendredi 20 juin

Dernière journée d'école. Dernier examen.
J'ai bien travaillé. J'ai fait de mon mieux.
Avant de partir, j'ai vidé mon casier. J'ai presque tout jeté. J'ai gardé mes livres et quelques souvenirs anodins que je rangerai et retrouverai un jour en me demandant pourquoi je les ai conservés. J'ai également gardé mon cadenas, celui que j'ai depuis la sixième. Ce sera pratique, car il est impossible que j'en oublie la combinaison, je l'ai utilisé trop souvent.
En refermant la porte du casier, je n'ai pu m'empêcher de me dire avec un certain pincement au cœur que, bientôt, tout va changer.

Mardi 24 juin

Je me demande pourquoi on se souvient seulement de certaines choses dans la vie. Comme si on n'avait gardé en mémoire que deux minutes d'un film de deux heures.

Nous sommes au chalet de François. Ma mère, François et Sandrine dorment. Sybil aussi. Elle tripe carrément sur ma sœur. Chaque fois qu'elle passe près d'elle, elle frotte son nez sur sa tête et ronronne. J'avoue que la tête de ma sœur sent super bon. Moi aussi, j'en prends de grandes sniffées.
Kat, Jérémie, Tommy, Jean-Félix, Barnaby et moi sommes dehors. Nous nous sommes dit que nous devions rattraper notre après-bal manqué.
Tommy joue de la guitare et nous chantons autour du feu. Un total cliché de moment de bonheur, qu'on enregistrera chacun d'une façon différente dans nos mémoires.
Je savoure ce moment en regardant vers le ciel. Il fait très noir, un peu nuageux, mais on aperçoit les étoiles et la lune à travers quelques nuages.
Et j'ai un flash.

Mon père. L'hiver. Ciel étoilé. Lune orange.
Mon père qui me serre contre lui.

Je ne me souviens plus de la date exacte. Je me souviens seulement qu'il faisait froid. Pas trop. Juste froid comme l'hiver peut l'être. Un froid normal. On faisait une promenade. Nous étions en visite chez ma grand-mère Laflamme, et il s'était senti mal. Il avait besoin d'aller prendre l'air. Je ne me souviens plus quelle était la raison de son malaise. Ça n'avait aucun rapport avec son embolie pulmonaire survenue l'année suivante, qui a causé son décès. Il avait simplement trop mangé. Enfin, j'imagine, car comme je l'ai mentionné, je ne me souviens plus trop des circonstances. Ma mémoire a seulement enregistré que je me promenais avec lui, le soir, sous un ciel étoilé. Et lorsque nous avons aperçu la lune, elle était orange et immense. Et nous avons tous deux été émus par ce spectacle. Mon père a même eu un élan d'affection pour moi. Il a mis un bras autour de mes épaules et m'a serrée contre lui. Il n'a rien dit d'autre que « Waouh, c'est beau », mais lorsque je me souviens de ce moment, j'ai l'impression que le fait qu'il me serrait contre lui signifiait en plus : « Je suis heureux qu'on partage ce moment ensemble. » Du moins, c'est mon interprétation de ce souvenir. Un des rares que j'ai de mon père.
La mémoire est une faculté qui oublie. Et je trouve fascinant ce qu'elle choisit de conserver. Des moments qu'on a en tête, sans savoir pourquoi on a choisi de préserver ce souvenir. Il y en a parfois des signifiants (comme celui-ci), et parfois des insignifiants (comme d'avoir un flash de mon père en train de préparer du porridge).
C'est étrange, car je ne pense pas très souvent à ce souvenir. Je crois que c'est la première fois qu'il me revient en tête depuis sa mort. Mais j'ai l'impression qu'il m'explique pourquoi, à la mort de mon père, je l'ai imaginé vivant dans l'espace. J'avais l'impression que le

spectacle du ciel le rendait heureux. Et il me rend heureuse, moi aussi. Car en le regardant, j'ai l'impression que mon père est ici, avec moi. Qu'il regarde ce que je suis, ce que j'ai été, ce que je suis devenue et ce que je serai.

Bref, je suis là, face à une nouvelle vie qui m'attend. La vraie vie. Celle d'après le lycée. Celle où on a une chance de vivre ce qu'on souhaite, armé de ce qu'on a appris, portant l'espoir de ce qu'on veut devenir.
Dans ma vie, est-ce que je serai mature et réfléchie ? Est-ce que je ferai encore plein de gaffes ? Est-ce que je serai capable de prendre les bonnes décisions ? D'avoir assez de jugement pour suivre le bon chemin ? Quelle sera ma place dans cet univers, où mon existence paraît perdue et minuscule dans cette immensité ?
Parfois, dans ma tête, ça va loin. Et quand je vais trop loin dans mes pensées, c'est là que je me fais peur et que je reprends le contrôle de mes émotions et que je me prends pour un robot.

Je n'ai jamais osé être ce que je suis vraiment. Toujours enfermée dans ma bulle et dans ma tête, emprisonnée par mes émotions. Je n'ai peut-être jamais su qui j'étais au fond. Je n'ai jamais pris ma place, car je n'ai jamais trop su où elle était. Mais ce que je sais, c'est que je n'arrêterai jamais de la chercher. Et aujourd'hui, j'entrevois mon avenir de façon tout à fait excitante, en pensant que, quoi qu'il arrive, ma place est celle que je déciderai de prendre.

Remerciements

Merci à :

Elsa Lafon, Dorothy Aubert, Clara Féquant et toute l'équipe des éditions Michel Lafon.

Lise Giguère, Gérard Desjardins, Gina Desjardins, Jean Authier et Patricia Rousseau.

Michel Brûlé et l'équipe des Intouchables.

Isabelle Maroger et Josée Tellier.

Judith Landry.

Ingrid Remazeilles.

Simon Olivier Fecteau.

Maude Vachon, Mélanie Robichaud, Mélanie Campeau, Mélanie Beaudoin, Nadine Bismuth, Nathalie Slight, Michelle-Andrée Hogue, Julie Blackburn, Emily Brunton, Claudia Larochelle et Pascale Lévesque.

Sonia Sarfati.

Élyse-Andrée Héroux et Annie Talbot.

Samuel Larochelle, Jade Fournier, Émilie Veilleux.

Cathleen Rouleau, Sébastien Denault, Jean Barbe, Francis-William Rhéaume, Stéphane Dompierre.

Marianne Verville, Aliocha Schneider, Geneviève Chartrand, Marianne Bourdon, Béatrice Lepage et Théo Lepage-Richer.

Tous mes lecteurs et lectrices… Avant d'écrire *Aurélie*, je me sentais comme une extraterrestre. Maintenant, j'ai une planète, la même que vous, et je me sens normale. Merci d'avoir rendu ma vie aussi belle. Merci pour ce lien que nous avons développé pendant l'aventure « aurélienne ». Vous êtes dans mon cœur pour toujours. (X 1 000.)

Composition PCA
44400 – Rezé

Imprimé en Espagne

Dépôt légal : février 2013
ISBN : 978-2-7499-1780-1
LAF 1534 F